Collage

CONVERSATION/ ACTIVITÉS

McGRAW-HILL PUBLISHING COMPANY

New York   St. Louis   San Francisco
Auckland   Bogotá   Caracas   Hamburg
Lisbon   London   Madrid   Mexico   Milan
Montreal   New Delhi   Oklahoma City
Paris   San Juan   São Paulo   Singapore
Sydney   Tokyo   Toronto

TROISIÈME
ÉDITION

Collage

LUCIA F. BAKER
Professor Emeritus/University of Colorado, Boulder

RUTH ALLEN BLEUZÉ
Moran, Stahl & Boyer International

LAURA L. B. BORDER
University of Colorado, Boulder

CARMEN GRACE
University of Colorado, Boulder

JANICE BERTRAND OWEN
University of Colorado, Boulder

MIREILLE A. SERRATRICE

ESTER ZAGO
University of Colorado, Boulder

This is an EBI book.

Collage: Conversation/Activités

1 2 3 4 5 6 7 8 9 0   DOH   DOH   9 4 3 2 1 0

ISBN 0–07–540838–4

Library of Congress Cataloging-in-Publication Data

Collage.   Conversation/activités / Lucia F. Baker . . . [et al.].—3e ed.
    p.   cm.
  English and French.
  One of four texts comprising a second-year college, French-language
program.
  ISBN 0-07-540838-4 : $12.00
  1. French language—Conversation and phrase books—English.
2. French language—Textbooks for foreign speakers—English.
I. Baker, Lucia F.
PC2121.C69   1990
448.3'421—dc20   89–13475
                                                       CIP

Manufactured in the United States of America

Developmental editor: Eileen LeVan
Copyeditor: Peninah Neimark
Senior editing supervisor: Richard S. Mason
Text and cover designer: Adriane Bosworth
Illustrator: Bill Border
Photo researcher: Judy Mason
Production supervisor: Tanya Nigh
Compositor: Interactive Composition Corporation
Printer and binder: R. R. Donnelley and Sons Company

Credits
Grateful acknowledgement is made for use of the following:

Photographs

Page 1 © Peter Menzel; *8* © Stuart Cohen / Comstock; *21* © Owen Franken / Stock, Boston; *25* © Ulrike Welsch; *38* © Mike Mazzaschi / Stock, Boston; *39* Owen Franken; *55* © Gene Heil / Photo Researchers, Inc.; *56* © Hugh Rogers / Monkmeyer; *57* (*left*) The Bettmann Archive; *57* (*right*) © Hugh Rogers / Monkmeyer; *58* The Bettmann Archive; *59* The Bettmann Archive; *62* The Bettmann Archive; *63* The Bettmann Archive; *66* (*top*) © Andrew Brilliant; *66* (*bottom*) © Peter Menzel; *67* © Ciccione / Rapho / Photo Researchers, Inc.; *74* © Ulrike Welsch; *90* © Monique Manceau / Photo Researchers, Inc.; *106* © Mark Antman / The Image Works; *121* © Peter Menzel; *133* © Mark Antman / Stock, Boston; *136* © Beryl Goldberg; *152* Gamma / Liaison; *166* © Mark Antman / The Image Works; *171* (*top left*) © Peter Menzel; *171* (*top right*) © Hartmann-DeWitt; *171* (*middle*) © Louis Henri / Rapho; *171* (*bottom left*) © Mike Mazzaschi / Stock, Boston; *171* (*bottom right*) © Owen Franken / Stock, Boston; *172* (*top left*) © Donald Dietz / Stock, Boston; *172* (*top right*) © Stuart Cohen / Comstock; *174* (*middle left*) © Judy Poe / Photo Researchers, Inc.; *174* (*middle right, bottom left*) © Stuart Cohen, Comstock.

(continued on p. 225)

Table des matières

General Preface to the Third Edition

Collage consists of four integrated texts, together with a workbook and tape program: *Révision de grammaire, Variétés culturelles, Lectures littéraires, Conversation/Activités,* and *Cahier d'exercices oraux et écrits.* The most comprehensive intermediate program available, *Collage* is designed to develop proficiency at the second-year college level of French, giving equal emphasis to all skills. The series is based on our belief that students master a foreign language best when all elements of the program (grammar, culture, literature, and oral activities) are coordinated thematically and linguistically. Each component approaches the chapter themes from a different angle, allowing for maximum exposure at a level intermediate students can both appreciate and enjoy.

Organization

The basic structure of the program remains unchanged. Corresponding chapters of the four books in the series focus on the same theme; Chapter 7, for example, always deals with *Le vingtième siècle*. These corresponding chapters illustrate and reinforce the same grammatical points, as well as related vocabulary and cultural information. Students therefore have many opportunities to work with important vocabulary and grammar in a variety of contexts designed to keep their interest alive.

The *Collage* program is broad, yet sufficiently flexible to allow teachers an individual and creative approach in the classroom. Each book in the series can be used alone; used together, however, the four books give students diverse models of language use, ranging from everyday conversations to literature, and they expose students to cultural information presented from varying points of view. Each combination of books will reinforce different groups of skills (reading, listening, writing, structural analysis, oral proficiency, and so on). For example, in a course emphasizing oral skills, instructors often combine *Variétés culturelles* and *Conversation/Activités*; in a reading course, *Variétés culturelles* and *Lectures littéraires* are often paired. Most users of *Collage* view the *Révision de grammaire* and the *Cahier d'exercices oraux et écrits* as the pivotal elements of the program and use them with one or more of the other books. Here are some possible combinations.

1. *Lectures littéraires, Révision de grammaire,* and *Cahier d'exercices* develop an appreciation of literary texts while providing related grammar review and practice.
2. *Variétés culturelles, Révision de grammaire,* and *Cahier d'exercices* present historical and contemporary aspects of French culture, in France and in other French-speaking countries, with integrated grammar review and practice.
3. *Conversation/Activités, Révision de grammaire,* and *Cahier d'exercices* emphasize oral proficiency at the intermediate and advanced levels, based on the corresponding grammar chapters, through a wide variety of activities including skits, trivia bowl, word games, discussion topics, spontaneous role-playing, and much more.

Supplements to *Collage*

- The *Cahier d'exercices oraux et écrits* is a combined workbook and lab manual. The workbook portion contains exercises to supplement those in the student grammar text. Exercises have been revised to make them more meaningful; for example, language is often used in real-life contexts. As they practice vocabulary and grammar in this edition, students are encouraged to express their own ideas whenever possible. The third edition also includes activities based on authentic materials and a new section, *La composition française,* designed to build paragraph- and essay-writing skills. The laboratory program offers a new section that focuses on listening comprehension. Other activities have been added or rewritten to offer more listening practice. New sketch-based activities should make laboratory work more interesting for students. (A *Tapescript* for the laboratory program and cassette or reel-to-reel tapes (on loan) are provided free to institutions that adopt *Collage.* Cassette tapes are also available for students to purchase.
- The *Instructor's Manual* has been enriched. It offers ideas about teaching with authentic materials and about conducting group work in the classroom, guidelines for testing, suggestions for constructing a course syllabus and lesson-planning, and a set of detailed, page-by-page comments on how to use the *Collage* series in the classroom. We hope that new instructors will find these suggestions especially useful.
- Two *computer-assisted instructional programs* are available with this edition: an interactive program with a game format that emphasizes communication in French, *Jeux communicatifs* (available for Apple IIe™ and IIc™ computers), and a program featuring all the single-response grammar exercises in *Révision de grammaire, McGraw-Hill Electronic Language Tutor* (*MELT* — available for IBM™, Macintosh ™, Apple IIe™ and IIc™ computers).
- A video program about the French Revolution, *Pleins Feux sur la Révolution,* is available to adopters of *Collage.*
- A set of slides, with an accompanying manual containing questions and commentary, is available to each department adopting *Collage.*

The authors wish to thank the following people who have assisted with the third edition of *Collage*:

- Christiane Dauvergne, who contributed to Chapters 4, 7, 10, and 12 of *Variétés culturelles.*
- Frédérique Chevillot, Annick Manhen, and Sylvie Château, who read the manuscript for linguistic and cultural accuracy.
- Patricia Brand, Margaret Heady, Nadia Turk, Véronique Sélou, and Elisabeth Tornier, instructors at the University of Colorado who have taught with *Collage* and who offered many insights gleaned from using the books in the classroom.
- Sylvie Carnegie, a second-year French student who provided insights from a student's viewpoint.

The following reviewers generously offered suggestions and constructive criticism that helped shape the third edition. The inclusion of their names here does not constitute an endorsement of the *Collage* program or its methodology.

Harriet Allentuch, *SUNY*; Catherine J. Barrier, *Rutgers University*; John Boitano, *Columbia University*; Marylin C. Brown, *Eastern Connecticut State University*; Robert Corum, Jr., *Kansas State University;* Vincent J. Errante, *Columbia University*; Cheryl Henson, *University of Utah*; Marie France Hilgar, *University of Nevada*; Hannelore Jarausch, *University of North Carolina, Chapel Hill*; Clelland E. Jones, *University of Utah;* Mary R. Kaufman, *University of California at Davis*; Sister Helen Kilzer, *University of Mary*; Earl D. Kirk, *Baker University*; Natalie Lefkowitz, *Michigan State University*; Susan Leger, *Northern Illinois University*; James Madison, *U.S. Military Academy*; Claire-Lise Malarte, *University of New Hampshire*; Milorad Margitic, *Wake Forest University*; Martine Meyer, *University of Wisconsin, Milwaukee*; W. Michael, *University of Utah*; Marie Rose Myron, *Adelphi University*; Mary Jo Netherton, *Morehead State University*; Kenneth Rivers, *Rollins College*; Rosemarie Scullion, *University of Iowa, Iowa City*; William D. Shenk, *Columbia University*; Stuart Smith, *Austin Community College*; Mary Ann Soloman; Emese Soos, *Tufts University*; Yvonne C. Stebbins, *Sinclair Community College*; Karen Temple-Higgins, *Clatsop Community College*; Marie-Chantal Walker, *Brigham Young University*; Dr. Margaret M. Willen, *Eastern New Mexico University*; J. Thomas York, *Kearney State College*.

We especially want to thank Eirik Børve and Thalia Dorwick of McGraw-Hill, who have supported our endeavors during the last twelve years, and Leslie Berriman, who assisted us with the third edition. We are grateful to the McGraw-Hill editorial production and design staff, most especially to Richard Mason for excellent editorial and design suggestions, and also to Jamie Sue Brooks, Karen Judd, and Phyllis Snyder. A special debt of gratitude is owed to Eileen LeVan, our editor, whose attention to the changes in the field of foreign language teaching encouraged us to make *Collage* more interactive.

Finally, we would like to thank our families and friends, whose constant support and patience have sustained us through three editions of the *Collage* series. Special thanks are due Charles Baker; his unerring eye for detail and his personal interest in the quality of our work have been invaluable.

Preface to
Conversation /Activités

Collage: Conversation/Activités helps students build their oral proficiency to intermediate and advanced levels through a wide variety of personalized and interactional activities that progress logically from easier, structured situations to more complex, open-ended situations.

Each chapter contains

- *Mots et expressions,* a list of vocabulary for active use that is related to the theme and followed by a short exercise to aid acquisition.
- Several *Activités,* the focal point of every chapter. The activities have a two-fold purpose: to provide students with stimulating opportunities to increase their mastery of French and to offer feedback for both students and teachers about the level of proficiency they have attained. Since the activities require students to use the structures of the corresponding chapter of the *Révision de grammaire,* their ability to perform the activities indicates how well they have mastered the grammar topics.

  It is recommended that the activities be done in small groups, usually two students to a group, because research has shown that students generate the highest percentage of target language communication working in pairs. While students are working, the teacher can circulate to monitor everyone's activity and to help where needed. When all the groups have finished, it is a good idea to reunite the class to compare results. Students are generally more motivated in group work when they expect to report back to the class. There are more activities in each chapter than the typical class can use; thus instructors can vary their classes from one term to another, according to the needs of each class.
- *Devinez un peu,* a series of multiple-choice questions on French culture that combine facts and fun. This section may be used as a game played in "College Bowl" fashion, with teams of students answering questions put to them by the instructor or another student. Students can find many of the answers in the cultural index or end vocabulary of this text; other answers are assumed to be part of the students' general knowledge. Answers to the questions in this section appear in the *Instructor's Manual,* available from the publisher.
- *Jeux de mots,* word-building activities and composition topics that allow students to build their fluency in both oral and written French.

  Sujets de composition examine the theme of the chapter from several different points of view and may be discussed orally or in writing.

They help students to develop and express in increasingly sophisti-
cated language their own ideas about issues that range from simple,
everyday questions to complex, abstract concepts.

Les faux amis (Chapters 1–6), vocabulary-building exercises focusing
on French words that often confuse the anglophone.

Les vrais amis (Chapters 7–12), vocabulary-building exercises and activities that illustrate cognate patterns.

In addition, a short preliminary chapter offers several activities for use
during the first few days of class. These activities will allow students and
teachers to start getting acquainted . . . in French, of course!

Appendices

The *Index culturel* contains information about important French people, places,
and things that will be useful in doing many of the *Activités,* especially *Devinez
un peu*.

The *Lexique* is a French-English vocabulary that lists the French words and
expressions used in this book, with contextual meanings.

Changes in the Third Edition

- A new section, *La vie pratique,* presents a variety of strategies for oral
  communication to help students to express themselves at the intermediate/
  advanced level, as defined by the American Council on the Teaching of
  Foreign Languages (ACTFL). Built around ACTFL proficiency guidelines,
  these activities give students practice in skills such as narrating, initiating
  conversation, explaining a point of view, and using circumlocutions. *La
  vie pratique* appears early in each chapter and uses the previous chapter's
  grammar, thus offering students a chance to review many of the main
  structures presented in *Révision de grammaire*.
- *L'actualité* is a new section based on current, easy-to-read excerpts from
  French and francophone publications. Chosen to expose students to authentic French used in everyday contexts, these excerpts include newspaper
  headlines, polls, brochures, election materials, etc. A follow-up activity
  encourages students to react to the materials.
- Several new *Sujets de composition* have been added to keep these discussions
  or essays lively and topical.
- New realia and photographs give the experienced user of *Collage* a fresh
  way to focus on each chapter's theme and grammar.

Chapitre
préliminaire

La conversation, un art chez les Français
PETER MENZEL

Prélude

Conversation/Activités will help you to think, to react, to question, to won-
der, to communicate, and even to fantasize in French. Each chapter asks you
to examine and to discuss your opinions, beliefs, and experiences, and to discover that French is a living language in which you can express those ideas
and experiences. For this reason, the vast majority of the activities presented
have no right or wrong answers, but are open-ended. The types of activities
featured vary from chapter to chapter and include writing original dialogues,
captioning cartoons, understanding and identifying attitudes of the French,
convincing others of yours; word games, role-playing, problem solving, making negotiations, trivia bowl, and so on. This preliminary chapter allows you
to begin improving your communication skills in French on day one. Read
over the following activities. Any or all of them can be done on the very first
day of class. You and the other members of your class will be speaking to
each other in French before you can say **un, deux, trois!**

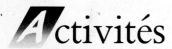ctivités

Qu'est-ce que c'est?

Analysez aux pages suivantes des choses que l'on peut voir en France tous les
jours. Pouvez-vous identifier tous ces objets? Faites la correspondance entre les
images et les expressions. Vous avez deux minutes pour finir cette activité.
Bonne chance!

a. un ticket de métro
b. un timbre
c. un passeport français ✗
d. un passeport américain
e. un permis de conduire
f. le drapeau français
g. le drapeau québécois ✗
h. un aérogramme
i. une carte postale ✗
j. un béret ✗

k. un kiosque à journaux
l. un cimetière
m. un arrêt d'autobus
n. une note bancaire
o. une deux-chevaux
p. une pièce de dix centimes
q. une pièce de dix francs
r. un vélo
s. un vélomoteur ✗
t. une station de métro ✗

Connaissez-vous la France et les Français?

Toutes les catégories suivantes se réfèrent à la France. Essayez de trouver deux ou trois noms pour chaque sujet en moins de cinq minutes. Ensuite, mettez-vous deux par deux et comparez vos listes. Faites une liste de cinq à dix noms dans chaque colonne en moins de cinq minutes. Tous les groupes peuvent ensuite comparer et compléter leurs listes.

	FILMS	MONUMENTS DE PARIS	PERSONNAGES HISTORIQUES	VILLES	ALIMENTS/ BOISSONS
1.	_____	_____	_____	_____	_____
2.	_____	_____	_____	_____	_____
3.	_____	_____	_____	_____	_____
4.	_____	_____	_____	_____	_____
5.	_____	_____	_____	_____	_____
6.	_____	_____	_____	_____	_____
7.	_____	_____	_____	_____	_____
8.	_____	_____	_____	_____	_____
9.	_____	_____	_____	_____	_____
10.	_____	_____	_____	_____	_____

Des interviews

Vous allez vous interviewer à tour de rôle pour faire connaissance avec vos camarades de classe. Mettez-vous deux par deux et regardez la liste suivante.

Vous avez trois minutes pour poser des questions à un(e) camarade de classe, en vous servant des renseignements indiqués ci-dessous. Suggestion: pour obtenir chaque réponse, ne dites pas simplement «Nom!», «Prénom!» Faites une question complète que votre camarade peut comprendre. Par exemple, «Comment vous appelez-vous?», etc.

Nom _____   Prénom _____

Age _____   Ville d'origine _____

Nationalité _____   Spécialité à l'université _____

Nombre de sœurs _____   Nombre de frères _____

PREFERENCES

Couleur _____   Distraction _____

Film _____   Jour _____

Saison _____   Sport _____

Ville américaine _____   Ville française _____

Après six minutes, chaque étudiant(e) présente la personne interviewée aux autres groupes en cinq ou six phrases.

MODELE: Je vous présente _____ . Il (Elle) a _____ ans et il (elle) vient
de _____ . Il (Elle) aime...

Quelques expressions utiles

Savoir dire les choses suivantes en français est essentiel si l'on veut établir de bons contacts avec les Français. Etudiez les expressions de gauche; ensuite faites-les correspondre avec les traductions de droite.

_____ 1. I'm late. Sorry.	a. Un instant, s'il vous plaît.
_____ 2. What's happening?	b. Vraiment?
_____ 3. How are you?	c. Vous êtes très aimable!
_____ 4. Hello. (*on the phone*)	d. Attention!
_____ 5. Great!	e. Bonjour!
_____ 6. What (did you say)?	f. Ce n'est pas grave.
_____ 7. Excuse me.	g. Je suis en retard. Désolé(e).
_____ 8. Okay?	h. Je ne comprends pas.
_____ 9. Certainly!	i. Qu'est-ce qui se passe?
_____ 10. No way! (*informal*)	j. Super!
_____ 11. Really?	k. Vous devez/Vous ne devez
_____ 12. You must (not) . . .	pas... Tu dois/Tu ne dois pas...
_____ 13. How nice of you!	l. Allô!
_____ 14. It doesn't matter, no problem.	m. Je vous en prie./Je t'en prie.
_____ 15. Careful!	n. Combien?
_____ 16. How does one say . . . ?	o. Comment allez-vous? Ça va?
_____ 17. Just a minute, please.	p. Bien sûr!
_____ 18. Hello!	q. Pas question!
_____ 19. Delighted.	r. Interdit/Défendu de...
_____ 20. . . . prohibited.	s. Excusez-moi.
_____ 21. I don't understand.	t. Comment dit-on...?
_____ 22. How much? How many?	u. Je ne sais pas.
_____ 23. I don't know.	v. Enchanté(e).
_____ 24. What does . . . mean?	w. Comment?
_____ 25. You're welcome./It's all right.	x. Que veut dire...?
	y. D'accord?

Que dites-vous dans les circonstances suivantes? Utilisez une (ou deux) des expressions de communication que vous venez de voir ci-dessus.

1. Vous êtes invité(e) au restaurant.
   YVES: Tu sais, il y a un nouveau restaurant près de l'Etoile. Est-ce que tu veux y aller avec nous?

   VOUS: _____

2. Vous et un(e) ami(e) devez descendre du métro, mais il y a beaucoup de gens devant la porte.
   VOTRE AMI(E): Regarde! Nous voici à la station du Louvre.

   VOUS: _____

3. Un ami français vous présente à un de ses copains.
   VOTRE AMI: Michel, je te présente mon ami Patrick.

   VOUS: _____

4. Quelqu'un vous marche sur les pieds et s'excuse.
   IL (ELLE): Oh pardon, monsieur/madame/mademoiselle! Je ne faisais pas attention.

   VOUS: _____

5. Vous arrivez à votre rendez-vous dix minutes en retard.
   VOTRE AMI(E): Il est déjà neuf heures et demie!

   VOUS: _____

6. Un Français vous pose une question mais il y a un mot que vous ne comprenez pas.
   LE FRANÇAIS: Est-ce que tu te *débrouilles* à Paris?

   VOUS: _____

Anecdote

Dans une ville en France que beaucoup de touristes visitent, la porte d'un hôtel porte l'inscription suivante:

> Ici on parle anglais, allemand, russe, italien, espagnol.

Un Anglais entre et demande l'interprète.

—Nous n'avons pas d'interprète, répond l'hôtelier.
—Comment? demande l'Anglais. Mais qui parle toutes les langues mentionnées sur la porte?
—Mais… les voyageurs, monsieur, répond l'hôtelier.

La vie de tous les jours

«*Le Penseur*» *dans une station de métro près du musée Rodin, Paris*

STUART COHEN/COMSTOCK

Mots et expressions

LES DIRECTIONS

à droite/en face/à gauche/tout droit right/opposite/left/straight ahead

(re)descendre to go down (again)

(re)monter to go up (a street)

se trouver to be found

EN VILLE

le bâtiment building
la boutique shop

le carrefour intersection
l'endroit (*m.*) place
faire les courses (*f.*) to do errands; to go shopping
la place plaza; seat
le pont bridge
le quartier neighborhood

POT-POURRI

l'aller (*m.*) **simple** one-way ticket
l'aller-retour (*m.*) round-trip ticket

la caisse cash register
la carte map
la consigne baggage lockers
épuisé(e) exhausted
le guichet ticket window
le métier trade, business
le panneau (posted) sign
la plupart de(s) most
potable drinkable
le renseignement information
les soldes (*m.*) (clearance) sales

*A*ctivités

Les panneaux

Si vous allez en France un jour, vous allez certainement voir la plupart des panneaux présentés ci-dessous. Est-ce que vous pouvez les identifier?

Regardez chaque panneau, ensuite faites la correspondance avec les images et les expressions données.

1.

2.

3.

4.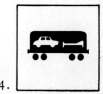

 5.    6.    7.    8.

a. Toilettes pour dames
b. Téléphone public
c. Equipés pour handicapés
d. Consigne automatique
e. Bureau de change
f. Guichet des billets
g. Non fumeurs
h. Bureau de renseignements
i. Train autos couchettes
j. Eau non potable

9. 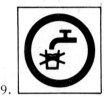   10.

*L*a vie pratique

Comment s'adresser aux gens?

Si jamais vous voyagez en France, vous allez sûrement avoir l'occasion d'entrer en contact avec des gens que vous ne connaissez pas. En France, comme aux Etats-Unis, il y a certaines formules de savoir-dire à connaître pour faciliter vos contacts avec les inconnus que vous rencontrez.

* Par exemple, quand vous avez besoin d'un renseignement, vous pouvez engager la conversation ainsi:

  Pardon, monsieur, à quelle heure part le train pour Lyon?
  Excusez-moi, mademoiselle, pour aller au Louvre, je vous prie?
  Bonjour, madame, où est le bus pour le centre-ville, s'il vous plaît?

* Si vous voulez vous procurer quelque chose, par exemple dans un bureau de poste, vous pouvez dire:

  Bonjour, madame. Cinq aérogrammes, s'il vous plaît.
  Bonsoir, monsieur. Je voudrais cinq aérogrammes, s'il vous plaît.

* Ou peut-être qu'une personne va vous demander quelque chose, par exemple:

  LE CONTROLEUR: Votre passeport, s'il vous plaît.
  VOUS: Le voici, monsieur.
  LE CONTROLEUR: Bon, ça va. Merci, monsieur.
  VOUS: Je vous en prie. (Au revoir, monsieur.)

> *A noter:* Il est déconseillé de tutoyer des inconnus et des gens que vous venez juste de rencontrer.

Entraînez-vous à deux

A. Voici six dialogues qui ont lieu dans des endroits différents à Paris. Avec un(e) camarade de classe, lisez la phrase de gauche et trouvez à droite la réponse qui correspond; ensuite, nommez un endroit où ces phrases et questions peuvent s'entendre ou se dire.

1. Pardon, monsieur. Où est-ce que je peux changer des dollars en francs français?
2. Avez-vous une chambre pour deux personnes, s'il vous plaît?
3. Je voudrais une baguette et deux croissants, s'il vous plaît.
4. Excusez-moi, madame, pour aller à l'opéra de la Bastille, je vous prie?
5. Voici votre passeport. Merci, mademoiselle.
6. Bonjour, madame. Une livre de pommes, s'il vous plaît.

a. Ça fait 14 f, 60.
b. Rouges ou jaunes?
c. Vous montez cette rue jusqu'à la place de la Bastille et c'est là.
d. Certainement. A quel nom, s'il vous plaît?
e. Au bureau de change, au coin de la rue.
f. Je vous en prie, monsieur.

Endroits: 1. _____ 4. _____

2. _____ 5. _____

3. _____ 6. _____

B. Un Américain (Une Américaine) passe sa première journée à Paris et il (elle) a besoin de certaines choses. Formez des équipes de deux et essayez de formuler ce dont vous avez besoin de deux façons différentes, tout en suivant le modèle proposé.

MODELES: Vous ne savez pas comment aller à Notre-Dame. →
Pardon, mademoiselle, pour aller à Notre-Dame, je vous prie?
Excusez-moi, monsieur, où se trouve Notre-Dame, s'il vous plaît?

Vous voulez acheter un sandwich au pâté. →
Je voudrais un sandwich au pâté, s'il vous plaît.
Bonjour monsieur. Est-ce que vous servez des sandwiches au pâté?

1. Vous ne savez pas aller à la tour Eiffel.

a. _____

b. _____

2. Vous voulez acheter des francs suisses au bureau de change.

   a. _____

   b. _____

3. Vous voulez savoir les heures d'ouverture du Louvre.

   a. _____

   b. _____

4. Au restaurant, vous voulez une table pour quatre personnes.

   a. _____

   b. _____

5. Vous ne savez pas aller à la station de métro la plus proche.

   a. _____

   b. _____

A Paris

Vous êtes à Paris depuis une semaine et vous commencez à connaître les rues, les quartiers, les monuments, etc. A la page 13 il y a un plan de Paris qui montre quelques rues et sites importants.

Mettez-vous en groupes et répondez à tour de rôle aux questions suivantes en regardant le plan. Donnez autant de détails que possible en répondant à chaque question.

MODELE: Combien de gares y a-t-il sur ce plan? →
   Il y a six gares. Elles s'appellent la gare Montparnasse, la gare d'Austerlitz, la gare de Lyon, la gare de l'Est, la gare du Nord et la gare Saint-Lazare.

1. Sur quelle île se trouve Notre-Dame?
2. Combien de rues mènent à l'Arc de Triomphe?
3. Quelle basilique domine Paris sur la colline de Montmartre?
4. Quelle rue prenez-vous pour aller de la Place de la Concorde à l'Arc de Triomphe?
5. Sur quelle rive de la Seine se trouve la tour Eiffel? le Louvre?
6. Quelle rue prenez-vous pour aller du Louvre à la Place de la Concorde?
7. Comment allez-vous de l'Opéra au Parc de Monceau?
8. Comment allez-vous du Jardin des Tuileries au Bois de Boulogne?

Si vous faites un séjour de trois jours à Paris, quels monuments allez-vous visiter? Commentez votre réponse.

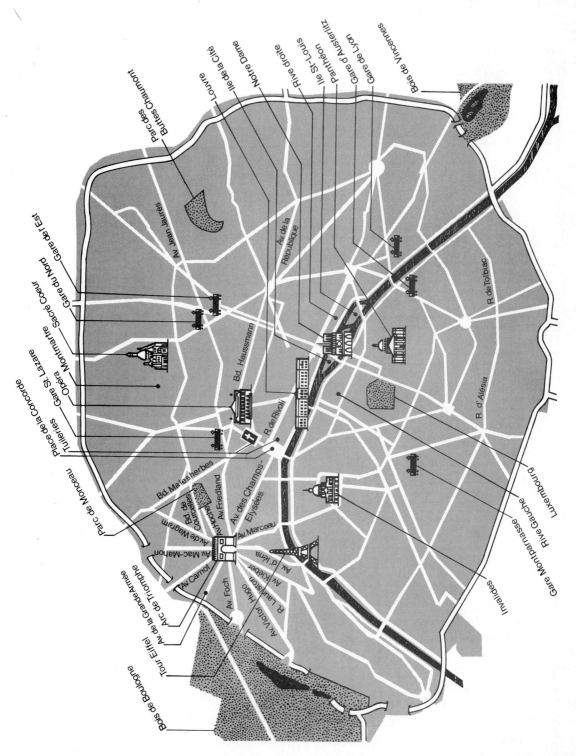

Parc des Buttes Chaumont
Île de la Cité
Louvre
Notre Dame
Rive droite
Île St-Louis
Panthéon
Gare d'Austerlitz
Gare de Lyon
Bois de Vincennes

Av. Jean Jaurès
Parc des Buttes Chaumont
Gare de l'Est
Gare du Nord
Sacré Cœur
Opéra Montmartre
Gare St. Lazare
Place de la Concorde
Tuileries
Av. de la République
Bd. Haussmann
R. de Rivoli
R. de Tolbiac
R. d'Alésia

Parc de Monceau
Bd Malesherbes
Bd de Courcelles
Av. Hoche
Av de Wagram
Av.Friedland
Av des Champs-Élysées
Av. Marceau
Av.Mac-Mahon
Av. Carnot
Av. Foch
R. Lauriston
Av. Kléber
Av. d'Iéna
Av Victor Hugo
Arc de Triomphe
Tour Eiffel et la Grande Armée
Bois de Boulogne
Luxembourg
Rive Gauche
Gare Montparnasse
Invalides

L'actualité

Le guichet automatique

En France, comme aux Etats-Unis, les guichets automatiques constituent une partie importante de la vie quotidienne. Lisez rapidement le texte qui suit. Ensuite, répondez aux questions sur le fonctionnement de cette machine.

24 heures sur 24, avec votre carte, vous pouvez désormais utiliser le "Service Livret"[b] dans tous les guichets automatiques dépendant de votre Caisse d'Epargne.[c] (Voir liste en dernière page).
Ce service vous offre les opérations suivantes :
- Dépôt[d] d'espèces et de chèques.
- Retraits sur livret dans les conditions correspondant à votre carte et dans la limite de 5 retraits successifs entre chaque mise à jour du livret à nos guichets.
- Interrogation sur la position de votre livret.
- Virements[e] vers d'autres livrets.

[a]*from now on*

[b]*pass-book*

[c]*savings bank*

[d]dépot ≠ retrait

[e]*transfers*

Appuyez bien à fond sur les touches du clavier.[f] Vous devez entendre un signal sonore à chaque pression.

[f]*keyboard*

Vrai ou faux?

Dites si les affirmations suivantes sont vraies. Dans les cas contraires, corrigez-les.

1. Les guichets automatiques ne sont pas ouverts le week-end à Paris. *faux*
2. Vous pouvez déposer de l'argent sur votre compte à un guichet automatique. *vrai*

3. Vous pouvez retirer autant d'argent que vous voulez aux guichets automatiques. *faux*

4. Vous ne pouvez pas poser de questions à cette machine en ce qui concerne votre compte. *Faux*

Après, comparez vos réponses avec celles d'un(e) camarade de classe. Etes-vous d'accord avec lui (elle)?

Comment retirer de l'argent

Avec votre partenaire, regardez la liste ci-dessous des instructions à suivre pour retirer de l'argent. Lisez à haute voix les huit opérations. Ensuite, mettez-les dans l'ordre.

8 Vous retirez votre carte.

5 Vous tapez le montant désiré.

2 Vous tapez votre code secret.

7 La banque traite votre demande.

3 Vous choisissez l'opération désirée.

6 Vous validez l'opération s'il n'y a pas d'erreur.

4 Vous choisissez le compte à débiter.

1 Vous introduisez votre carte.

Comparez votre liste avec celles des autres groupes de la classe. Est-ce qu'il y a plus d'une seule possibilité? C'est à vous de décider, mais soyez logique!

Les activités de tous les jours

La vie quotidienne des autres ressemble-t-elle à la vôtre? Vous allez découvrir la réponse à cette question en parlant avec vos camarades de classe.

Chaque étudiant(e) a sept minutes pour poser des questions à ses camarades sur leurs activités quotidiennes. Commencez avec la question suivante.

Que fais-tu chaque jour?

N'hésitez pas à aider vos camarades pendant qu'ils vous répondent.

Est-ce que tu parles français? Tu viens à l'université en voiture? etc.

Notez les réponses très brièvement ci-dessous.

Activités: _____

_____

_____

_____

_____

_____

_____

_____

Après sept minutes, mettez-vous en groupes et faites une liste des choses que vous faites *chaque jour*. Les groupes peuvent ensuite comparer leurs listes.

Qui sont-ils? Que font-ils?

Voici quelques images de Français(es) au travail. Pouvez-vous identifier la profession ou le métier de chaque personne représentée? Faites correspondre les images avec les expressions données.

_____ a. boulanger   _____ i. hôtelier

_____ b. artiste   _____ j. agent de police

_____ c. étudiant   _____ k. chauffeur de taxi

_____ d. boucher   _____ l. garagiste

_____ e. gardien de zoo   _____ m. caissier

_____ f. interprète   _____ n. guide touristique

_____ g. journaliste   _____ o. médecin

_____ h. secrétaire

Ensuite, dites ce que ces gens font quand ils exercent leur métier. Faites des phrases complètes selon le modèle.

> MODELE: Le facteur distribue le courrier. Il apporte les télégrammes et les paquets. Il ramasse les lettres que vous voulez envoyer.

Dialogues

Les touristes sont souvent très occupés parce qu'ils veulent profiter de chaque minute de leurs vacances. Imaginez que vous êtes à Paris pendant une semaine et que vous avez beaucoup à faire avant de quitter cette ville. Mettez-vous en groupes et étudiez les situations présentées. Ecrivez un dialogue de trois à cinq minutes qui développe une des idées données en vous aidant des listes de vocabulaire suivantes.

1. Vous entrez dans une librairie pour acheter un plan de Paris. Le vendeur (La vendeuse) vous montre beaucoup de plans différents. Avec un(e) camarade de classe, jouez les rôles du client (de la cliente) et du vendeur (de la vendeuse).
2. Vous allez dans une papeterie pour acheter du papier à lettres, des enveloppes et des timbres. Le vendeur (La vendeuse) vous montre du papier et des enveloppes, mais il (elle) vous dit qu'il faut aller à la poste ou dans un bureau de tabac pour acheter des timbres. Avec un(e) camarade de classe, jouez les rôles du client (de la cliente) et du vendeur (de la vendeuse).

Voici une liste de vocabulaire qui pourra vous être utile dans les situations 1 et 2.

VENDEUR (VENDEUSE)

Bonjour, monsieur. Vous désirez?
   madame.
   mademoiselle.

Voici... qui est très bon(ne).
joli(e).
commode.
populaire.

Quelle couleur préférez-vous?
Nous avons aussi...
Est-ce que vous prenez...?
Autre chose?
Vous payez à la caisse, monsieur.
madame.
mademoiselle.

CLIENT(E)
Avez-vous...?/Je voudrais...
cherche...
Je n'aime pas ça./Je préfère.../Je trouve ça trop petit.
cher.
grand.
Je n'arrive pas à me décider./Vous n'avez pas ce que je cherche.
veux.

Oui, c'est parfait.
très bien.
ce que je cherche.
veux.
D'accord, je prends...
donnez-moi...
C'est combien?/Combien coûte...?
Acceptez-vous les chèques de voyage?
des dollars américains?

3. Vous demandez à une personne dans la rue comment aller des Invalides au musée du Louvre en métro. Utilisez le plan à la page 20 pour trouver les indications nécessaires. Avec un(e) camarade de classe, jouez les rôles du (de la) touriste et de la personne dans la rue.

4. Aujourd'hui, vous voulez visiter les Tuileries et vous voulez y aller en métro. Votre hôtel se trouve en face de la gare de Lyon. Demandez à votre hôtelier (hôtelière) à quelle station vous devez prendre le métro, où il faut descendre et s'il est nécessaire de changer de ligne. L'hôtelier (L'hôtelière) va se servir du plan à la page 20 pour vous donner les indications nécessaires. Il (Elle) vous explique aussi que vous devez acheter un carnet de dix billets de métro de deuxième classe dans la première station où vous allez. Avec un(e) camarade de classe, jouez les rôles du (de la) touriste et de l'hôtelier (l'hôtelière).

Voici une liste de vocabulaire qui pourra vous être utile dans les situations 3 et 4.

TOURISTE
Excusez-moi, monsieur.   Pouvez-vous me dire comment aller... en métro,
madame.   s'il vous plaît?/Pour aller... en métro,
mademoiselle.   s'il vous plaît?

Je ne comprends pas./Qu'est-ce que vous dites?/Est-ce que vous pouvez
    répéter plus lentement?/Comment?
Où est-ce que je dois prendre le métro?
                    acheter des billets?
                    attraper ma correspondance?
                    descendre?
Merci, monsieur.   Vous êtes très aimable.
    madame.   gentil(le).
    mademoiselle.

HABITANT(E) DE PARIS/HOTELIER (HOTELIERE)

Oui, bien sûr.
    avec plaisir.
    volontiers.
    c'est facile.
D'abord... Puis... Ensuite... Après...
Vous allez jusqu'à la station (Opéra).
    prenez la direction (Neuilly).
    prenez la ligne de correspondance (Mairie d'Ivry).
    descendez à (Palais Royal).
(Le musée) se trouve juste en face de la station de métro.
                    à deux minutes.
De rien, monsieur./Je vous en prie.
    madame.
    mademoiselle.

Déjà vu

Les quatre situations d'un(e) touriste à Paris présentées aux pages 19–20
ressemblent beaucoup aux dialogues que vous venez de voir dans ce chapitre.
Cette fois-ci, vous allez vous mettre à la place d'un de ces personnages et vous
allez jouer spontanément dans une petite scène avec un(e) camarade de classe.
Les accessoires (plan du métro, menus, etc.) sont permis et parfois nécessaires.
Ces sketchs vous font peut-être un peu peur, mais il ne faut pas vous laisser
intimider. Vous connaissez déjà assez de français pour exprimer tout ce que
vous voulez; vous êtes simplement en train d'apprendre à parler plus vite et
plus facilement. Courage!
    Groupez-vous par deux et étudiez les quatre situations ci-dessous.

1.   Vous voulez acheter un plan de la ville. Vous entrez dans une librairie et
    l'employé(e) vous montre plusieurs plans, mais vous êtes fatigué(e) et vous
    ne pouvez pas décider. L'employé(e) veut absolument vous vendre un
    plan, même si ce n'est pas ce que vous voulez.
2.   Vous avez besoin de papier à lettres et de timbres. Vous entrez dans une
    librairie. L'employé(e) vous montre du papier et dit qu'il (elle) ne vend pas

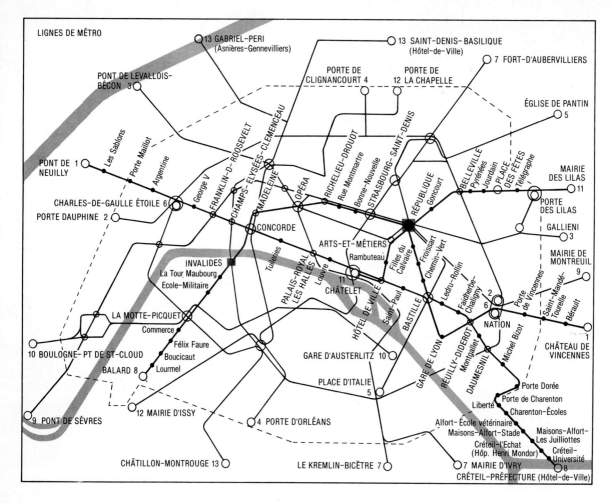

de timbres. L'employé(e) ne donne jamais de renseignements; il (elle) ne fait que répondre à vos questions. Vous devez savoir exactement où et quand vous pouvez acheter des timbres. L'employé(e) finit par vous donner l'adresse d'une poste. Vous devez demander comment y aller.

3. Vous êtes dans une station de métro et vous voulez savoir comment aller des Invalides à la Place de la République. Vous posez des questions à un employé (une employée). Plus vous parlez, plus la queue (*line*) de gens qui veulent acheter des billets devient longue. Faites-lui parler plus lentement et avec des phrases plus faciles à comprendre.

4. Vous êtes à la terrasse d'un café et vous consultez votre guide de Paris parce que vous voulez aller aux Tuileries en métro. Un vieil homme est assis à la table voisine. Vous lui demandez comment utiliser le métro et quel itinéraire suivre. Il est très gentil mais un peu sourd (*deaf*).

Avec votre partenaire, décidez du rôle que vous allez jouer et esquissez en quelques minutes votre dialogue de la scène choisie. Un conseil: N'écrivez pas tout le dialogue. Choisissez les idées importantes à communiquer et notez-les brièvement.

Au métro Concorde on peut attraper beaucoup de correspondances...ou dormir!
OWEN FRANKEN/STOCK, BOSTON

MODELE: ETUDIANT(E) A: demander un plan (pas cher, facile à utiliser, etc.)
ETUDIANT(E) B: montrer beaucoup de plans; décrire ces plans.
ETUDIANT(E) A: hésitation... fatigue...
ETUDIANT(E) B: vendre un plan ou... conséquence désastreuse!

Ensuite, l'un après l'autre, chaque groupe d'étudiant(e)s présentera sa situation en classe.

Devinez un peu

Groupez-vous par quatre. Choisissez un nom d'équipe et entrez dans la folie d'un «trivia bowl» français. Il y a dix questions dans chaque chapitre. Participez soit[1] après un chapitre, soit après quelques chapitres, soit à la fin du livre. L'équipe avec le plus grand nombre de réponses correctes gagne. Cette fois, il faut peut-être aller à la bibliothèque chercher les réponses à certaines questions dans une encyclopédie française ou dans un autre livre de référence. Ceci est permis et même recommandé. Bonne chance!

1. Un carnet est
   a. un plat à base de viande
   b. un ensemble de dix tickets
   c. les alignements de Carnac
   d. un masque de carnaval

---

[1] soit... soit... soit *either . . . or . . . or*

2. *Le Monde, Le Figaro* et *France-Soir* sont
   a. des aéroports français
   b. des cigarettes françaises
   c. des journaux parisiens
   d. des magazines français
3. Qui n'est pas un couturier célèbre?
   a. Fouquet
   b. Cardin
   c. Saint-Laurent
   d. Chanel
4. Une rue piétonne est réservée
   a. aux alpinistes
   b. aux mobylettes
   c. aux camions
   d. aux promeneurs
5. TF1, FR3 et la 5 sont
   a. des bateaux officiels du président de la France
   b. des groupes de rock populaires en France aujourd'hui
   c. des chaînes de la télévision française
   d. des lignes du métro parisien
6. Un mètre est l'équivalent de
   a. 36 pouces (*inches*)
   b. 4 pieds
   c. 3 pieds
   d. 39 pouces
7. Les heures de pointe indiquent
   a. une circulation intense
   b. la première clarté du jour
   c. l'heure d'un rendez-vous
   d. le Nouvel An
8. Cent vingt-cinq livres égalent
   a. 56,7 kilos
   b. 250 kilos
   c. 67,5 kilos
   d. 125 kilos
9. Le premier étage en France est le _____ aux Etats-Unis.
   a. premier
   b. deuxième
   c. troisième
   d. sous-sol
10. Sur les routes départementales en France, la vitesse est limitée à 90 kilomètres à l'heure. Quel est l'équivalent en miles par heure?
    a. 55 mph
    b. 90 mph
    c. 130 mph
    d. 65 mph

eux de mots

Sujets de composition

Faites une composition écrite ou orale sur un ou deux des sujets suivants.

Les répondeurs téléphoniques Etes-vous pour ou contre l'usage de ces machines qui répondent au téléphone pendant votre absence? Quels en sont les avantages? les inconvénients? Quelle est votre réaction quand cette machine répond à la place d'une personne? Raccrochez-vous? Pouvez-vous parler na-turellement? Commentez. Que préférez-vous entendre quand le secrétariat téléphonique vous répond? De la musique? Une salutation amusante? Une salutation brève? Avec toutes les machines actuellement utilisées (chez nous, à la banque, au travail, dans nos rencontres amoureuses, etc.), notre vie quoti-dienne ne devient-elle pas trop mécanisée? Justifiez votre réponse.

Le travail   Paris n'est pas seulement le centre culturel principal de la France; c'est aussi un centre de travail avec tous ses ateliers, ses usines, ses boutiques, ses bureaux, etc. Quels sont les grands centres de travail aux Etats-Unis? Où allez-vous travailler dans cinq ans? Dans un de ces centres industriels? Ex-pliquez. Comment allez-vous choisir une carrière? Selon le salaire? le prestige? la créativité? l'emplacement? Justifiez votre réponse.

Les priorités de la vie   Selon vous, quelle est la chose la plus importante dans la vie? Gagner un million de dollars avant l'âge de trente-cinq ans? Se marier? Voyager? Avoir beaucoup d'expériences différentes? Pourquoi? Qu'est-ce que vous faites pour réaliser vos rêves? Quelle est la chose la plus impor-tante selon vos parents et vos amis? Pourquoi avez-vous (n'avez-vous pas) les mêmes priorités?

Les faux amis

Est-ce que les faux amis sont vraiment des amis? Pas du tout. Ils peuvent causer beaucoup de problèmes à l'anglophone qui apprend à parler français. Pourquoi? Parce que les faux amis ne veulent pas dire la même chose en anglais et en français bien qu'ils se ressemblent beaucoup.

   Lisez attentivement les phrases suivantes; chacune contient un faux ami de la vie de tous les jours en France. Ensuite choisissez l'expression (a, b, c, d) qui correspond le mieux au sens de la phrase modèle.

   Suggestion: Essayez de comprendre le contexte de chaque phrase sans la traduire en anglais. Si vous pensez trop en anglais, vous risquez de faire beau-coup de fautes. Bonne chance!

1. C'est à *la librairie* que les étudiants français peuvent aller
   a. acheter du café
   b. acheter des livres
   c. emprunter (*borrow*) des livres
   d. payer le loyer
2. La *Place* de la Concorde se trouve
   a. à Paris, entre les Champs-Elysées et le jardin des Tuileries
   b. dans l'avion supersonique
   c. dans un musée
   d. à Londres
3. Mon père adore faire des portraits d'enfants. C'est un(e) _____ amateur.
   a. photographe
   b. photographie
   c. photostat
   d. phototype

4. Chaque *conducteur* de véhicule en France a besoin d'un
   a. chef d'orchestre
   b. chef de train
   c. permis de conduire
   d. chef de cuisine

5. En français, vous pouvez *visiter* un pays, une ville, un musée, etc. Vous ne pouvez pas visiter une
   a. maison
   b. région
   c. cathédrale
   d. personne

6. Je ne peux pas *rester*. Ma voiture est mal garée. *Rester* est synonyme de
   a. se reposer
   b. continuer d'être dans un lieu
   c. se détendre
   d. conduire

7. Ce touriste cherche un bureau de *change* avant d'acheter le costume qu'il aime. Où trouve-t-on des bureaux de change?
   a. dans les cafés
   b. dans les boutiques
   c. au marché
   d. dans les banques

8. La secrétaire s'occupe du *courrier* tous les matins. Le courrier est
   a. un messager
   b. l'ensemble des lettres, journaux, etc., envoyés par la poste
   c. un service de reproduction des documents
   d. une boisson

9. Un bon chien de garde *dresse* les oreilles à chaque petit bruit. C'est-à-dire qu'il _____ les oreilles.
   a. couvre de vêtements
   b. déguise
   c. lève
   d. lave

10. Paul _____ parce que son chien est mort.
    a. crie
    b. fait la cuisine
    c. dort
    d. pleure

Famille et amis

Les livres sont un pont entre les générations
ULRIKE WELSCH

Mots et expressions

LE CARACTERE

à l'aise ≠ gêné(e) comfortable ≠ embarrassed
accommodant(e) ≠ exigeant(e) easy to please ≠ demanding
chaleureux (-se) ≠ froid(e) warm ≠ cold
détendu(e) ≠ nerveux (-se) relaxed, informal ≠ nervous
encore jeune ≠ mûr(e) immature ≠ mature
modeste ≠ vaniteux (-se) modest ≠ conceited
ouvert(e) ≠ renfermé(e) open ≠ uncommunicative

LE PHYSIQUE

délicat(e) ≠ robuste frail ≠ hardy
grand(e) ≠ petit(e) tall ≠ short
gros(se) ≠ maigre big, stout ≠ thin
moyen(ne) average
avoir les cheveux blonds/bruns/châtains/ noirs/roux/frisés/ raides to have blond/ dark brown/brown/ black/red/curly/straight hair
avoir le teint clair/foncé to have a light/dark complexion
avoir les yeux noisette/ gris/marron to have hazel/gray/brown eyes

LES RELATIONS

s'entendre avec qqn to get along with someone
être déçu(e) par qqn to be disappointed by s.o.
être fâché(e) contre qqn to be angry with s.o.
se fier à qqn to rely on s.o.
poser un lapin à qqn to stand s.o. up
rompre avec qqn to break off (a relationship) with s.o.
tomber amoureux (-se) de qqn to fall in love with s.o.

*A*ctivités

Descriptions

Trouvez l'adjectif qui correspond le mieux à chaque phrase présentée ci-dessous. Utilisez les adjectifs donnés au-dessus.

1. L'Américain moyen a <u>exigeant, vaniteux, grand</u>.

2. Le (La) camarade de chambre idéal(e) n'est pas <u>encore jeune</u>, <u>vaniteux</u>.

3. Une femme fatale est <u>petite, mûre, blonde, les yeux bleu</u>.

4. De bons parents doivent être _accommodants, chaleureux, détendus_

5. J'aime les gens _à l'aise_

6. Je ne suis pas à l'aise avec les personnes _froids_.

7. Je voudrais me marier avec une personne _ouvert,_.

8. Je ne veux pas être _grosse_

Comparez vos réponses avec les réponses de vos camarades de classe. Quelles réponses sont similaires? différentes? surprenantes?

Associations

Formez un groupe de quatre personnes, trois participants et un chef d'équipe (*leader*). Le chef va lire l'un après l'autre les mots de la liste ci-dessous. Les trois participants vont répondre avec le premier adjectif ou nom qui se présente à leur esprit. Par exemple, si le chef dit «la famille», les participants vont peut-être répondre «grande!», «bizarre!» ou «les réunions!», etc. Le chef doit écrire très rapidement les réponses de tout le monde.

Etes-vous prêt(e)? Ne regardez pas la liste suivante si vous êtes un(e) des participant(e)s. Répondez spontanément et faites attention à l'accord de l'adjectif!

1. la mère
2. le père
3. les enfants
4. la communication
5. l'argent
6. votre anniversaire
7. une femme libérée
8. un homme libéré
9. le mariage
10. l'amour
11. le voyage de noces
12. le mari idéal
13. la femme idéale
14. le divorce
15. une bonne amie
16. un bon ami
17. les rendez-vous
18. les priorités de la vie

A la fin de l'expérience, trouvez les réponses les plus originales ou les plus surprenantes.

Rendez-vous avec M./Mme/Mlle X

Imaginez que vous devez rencontrer une personne que vous ne connaissez pas dans un restaurant. Il (Elle) vous demande par téléphone: «Il y a toujours beaucoup de monde dans ce restaurant. Comment est-ce que je peux vous reconnaître?» Pour aider cette personne, vous décidez de faire votre description.

Faites votre portrait en cinq à sept lignes. Décrivez votre physique, votre personnalité, les vêtements que vous allez probablement porter, etc. Ensuite, la classe va s'asseoir en cercle. Un étudiant (Une étudiante) va choisir au hasard une des descriptions qui ont été rendues au professeur. Tout le monde va essayer d'identifier la personne décrite dans chaque portrait. Est-il possible d'établir l'identité de tout le monde?

*L*a vie pratique

Comment poser des questions?

Pour connaître et pour mieux comprendre les gens, il est nécessaire de pouvoir leur poser des questions. En français, il y a deux sortes de questions possibles:

- Questions avec la réponse **oui** ou **non** (l'intonation monte):

    Etes-vous libre ce soir? (avec inversion)

    Est-ce que tu connais la sœur de Catherine?

    Gérard sort avec Evelyne ce soir, **n'est-ce pas?**

- Questions d'information (l'intonation descend):

    Quand vont-ils se fiancer?

    Pourquoi est-ce qu'elle a rompu avec Jean-Loup?

    Qui fait le ménage chez toi?

Entraînez-vous à deux

Les trois activités suivantes vous aideront à savoir comment poser des questions.

A. Etudiez les catégories des verbes ci-dessous et écrivez autant d'infinitifs et d'expressions interrogatives que possible dans chaque catégorie.

-ER	-IR	-RE	IRREGULIER	MOTS INTERROGATIFS
tomber amoureux (-euse) de	sortir	rendre visite à	recevoir	combien?

B. A deux, préparez-vous pour un concours de questions! La personne **A** regarde sa liste d'infinitifs et pendant trois minutes il (elle) pose autant de questions que possible à la personne **B**. **B** répond à chaque question et en même temps il (elle) note le nombre de questions posées. **A** doit utiliser une seule fois le même verbe (conjugué au présent), et il est recommandé de poser toutes sortes de questions (Pourquoi/A quelle heure/Où/Est-ce que/etc.). Après les trois minutes, comparez le nombre de questions que chaque groupe a posées.

C. Maintenant, changez de rôles. **B** pose les questions et **A** y répond. Utilisez une seule fois le même verbe, mais cette fois-ci conjuguez les verbes au futur proche ou au passé récent (Viens-tu de travailler au labo? Où vas-tu dîner ce soir? etc.). La personne **A** compte le nombre de questions posées. Quels groupes ont fait des progrès?

*L'*actualité

Les petites annonces

Etudiez les annonces matrimoniales suivantes, et ensuite, donnez votre réaction à côté de chaque annonce: 1 = presque irrésistible; 3 = intéressante, éveille ma curiosité; 5 = pas la bonne personne. Ensuite, discutez de vos choix avec un partenaire. Vos réactions sont-elles similaires? Puis, choisissez une célébrité parmi les catégories suivantes et imaginez que vous devez écrire une annonce matrimoniale pour lui (elle) parce qu'il (elle) veut se marier.

acteurs(actrices)   comiques
athlètes   femmes et hommes politiques
chanteurs(chanteuses) musicien(ne)s

Imitez le style des annonces ci-dessous. Ensuite portez-les toutes sur le bureau du professeur. Chaque étudiant(e) va en choisir une et va la lire à haute voix. Essayez d'identifier de qui il s'agit.

Femmes 20 à 30 ans

Douce, sensible, sentimentale, *une ravissante J.F.[a] au regard gris[b] plein de rêves.* 21 ans, profession para-médicale, *mélomane,[c] musicienne,* sportive, *elle croit à l'amour, au couple et à la famille.* Vous êtes comme elle, déterminé, sentimental, intelligent *et aussi attaché à la réussite de votre vie privée que professionnelle. 12250*

Non seulement Caroline est ravissante, *mais elle a un charme, un humour et un talent fous.* 23 ans, dessinatrice. *C'est une J.F. raffinée qui a le goût et le sens du beau. Ses sports préférés :* ski, planche à voile. *Elle veut aller loin, vite et haut avec un H[d] responsable et déterminé. 12253*

Ce que j'aime ? *soleil, humour, sable fin,[e] ciné, ballades, voyages... et plein d'autres choses, mais pas seule, plus jamais seule. Ce que je veux ? une vie simple, tendre, dynamique, ouverte avec un garçon sympa et sentimental.* 23 ans, style sportif, joli visage, élancée[f] et harmonieuse, je m'appelle Patricia. *Mon métier :* secrétaire. *12254*

Hommes 20 à 30 ans

22 ans. Il est encore tôt dans ma vie, mais sûrement pas trop tôt pout te rencontrer. *Sportif (basket, tennis, volley, squash), j'adore le cinéma, la musique, la danse, les voyages et mon métier (analyste).* 1 m 86, bien bâti, très tendre, *je ne veux pas multiplier les expériences, mais vivre intensement une véritable histoire d'amour avec une JF très jolie, pleine de vie, d'humour et de douceur. 12373*

Ensemble, on pourra tout faire : *rire, descendre une piste de ski ou se renvoyer la balle au tennis (si tu ne sais pas, je t'apprendrai), aller au cinéma, rencontrer des amis, ou simplement se ballader main dans la main, et ce sera la fête.* Gérant de société,[g] 26 ans, 1 m 82, beau garçon solide et bien bâti, *j'ai à offrir, avec mon amour, un cadre[h] et un style de vie fantastiques à la JF ravissante et de bon niveau qui sera ma femme. 12316*

Ça commence par « *Il était une fois* »[i] *et ça se termine par « Ils vécurent heureux et eurent beaucoup d'enfants ».* Alors commençons par le commencement : moi : médecin, 29 ans, *pas très grand (1 m 72) mais beau garçon, responsable, efficace[j] dans ma vie* professionnelle, *tendre et incorrigiblement sentimental dans ma vie privée. Toi : très jolie, douce, féminine et pleine de charme. Si tu crois aussi fort que moi au couple et à l'amour, nous nous aimerons jusqu'à la fin des temps. 12320*

[a]jeune fille [b]aux yeux gris [c]amateur de musique classique [d]homme [e]la plage [f]mince et grande [g]Gérant... *company manager* [h]un environnement [i]*once upon a time* [j]compétent

Femmes 30 à 40 ans

Vous aimez la gaieté, *la douceur et la simplicité ? Alors ne passez pas à côté de* Marie. *Tendre, généreuse, facile à vivre, elle est toujours d'humeur égale*[l] *et son plus grand bonheur sera de vous rendre heureux.* 38 ans, Marie est employée. *12286*

Technicienne, 33 ans, *cheveux chatains, yeux verts, beaucoup de charme, une J.F. calme, posée,*[m] *compréhensive, auprès de laquelle on se sent bien. Tendre et sentimentale, elle ne* conçoit plus de vivre seule alors qu'elle a tant à donner et à recevoir. *12279*

Hommes 30 à 40 ans

Cadre sup. *(40 000 F/M). 1 m 90.* Trés bel H solide et bien bâti, un regard très bleu, une élégance confortable, un rire sonore et communicatif. 34 ans, *sécurisant,*[n]*chaleureux, il possède autant d'éducation que de culture (a énormément voyagé). Sportif, passionné de musique et de littérature.* Sa priorité est aujourd'hui de vous rencontrer. *Fine, élancée, pleine d'humour et de vie, vous avez autant d'élégance physique que morale. 12336*

Il ne fait rien pour séduire, mais il est terriblement séduisant.[o]*34 ans, 1 m 83, un regard bleu-vert pénétrant, il méne une vie passionnante. Son pays, c'est la terre entière. Naviguant (30 000 F/M), il recherche la JF saine,*[p] *sensuelle, fine élégante et responsable qui* sera sa femme et la mère de ses futurs enfants. *Goût des voyages et de la vie sociale, impératif. 12337*

[k]*Alors... Don't miss the chance to meet* [l]qui ne varie pas   [m]qui ne s'énerve pas pour un rien   [n]qui apporte la sécurité [o]charmant   [p]équilibrée

Etes-vous d'accord?

Formez un cercle. Lisez chaque phrase à haute voix. Si vous êtes d'accord avec l'affirmation, dites-le. Si vous n'êtes pas d'accord, corrigez-la. Justifiez vos réponses.

1. Il ne faut pas se marier avant l'âge de vingt-cinq ans.
2. On rencontre le grand amour une fois dans sa vie.
3. Quand on est fiancé, on ne doit pas sortir avec d'autres personnes.
4. Il n'est pas normal qu'une jeune fille téléphone à un jeune homme pour lui demander de sortir avec elle.
5. La vie de famille est importante dans l'éducation des enfants.
6. Un mari qui reste chez lui pour s'occuper de ses enfants est ridicule.
7. Il est normal que les amoureux se disputent de temps en temps.
8. Quand on vient juste de se marier, il est préférable de ne pas avoir d'enfants tout de suite.
9. La place de la femme est à la maison.
10. Il ne faut pas divorcer si on a des enfants.
11. Il est normal de poser un lapin à quelqu'un.
12. L'argent est nécessaire au bonheur conjugal.

Qu'est-ce qu'on fait? On joue aux dames, on regarde la télé, on va faire un tour ou on se dispute?

Les sympathies et les antipathies

A. Mettez-vous à trois. Ecrivez les noms de sept personnes bien connues (Sylvester Stallone, Madonna, François Mitterrand, Martina Navratilova, etc.). Un des étudiants lit un nom de sa liste aux autres membres du groupe. Ces étudiants essaient d'imaginer ce que cette célébrité aime ou déteste. Utilisez un nom et un adjectif commençant par les mêmes lettres que le nom propre.

MODELES: **B**rigitte **B**ardot...aime les **b**elles **b**êtes/déteste les **b**onbons **b**résiliens.

Arnold **S**chwarzenegger...adore les **a**natomies **s**ouples/déteste les **a**nciens **s**kieurs.

Bien sûr, vous n'êtes pas obligé(e) de connaître la personnalité présentée. Même si vous ne la connaissez pas du tout, vous pouvez toujours inventer quelque chose qui correspond à son nom. Ecrivez toutes les réponses données puis comparez vos résultats avec ceux des autres groupes.

B. Ensuite faites de même avec votre propre nom en essayant de trouver cinq choses que vous aimez ou détestez. Dire la vérité ou tout inventer? C'est à vous de décider. A la fin, choisissez la liste la plus originale de la classe.

Dialogues

Ecrivez un dialogue d'une dizaine de lignes pour offrir une solution à un des problèmes présentés ci-dessous.

1. Deux camarades de chambre demandent à un(e) troisième camarade de chambre pourquoi il (elle) ne fait jamais rien dans l'appartement (la vaisselle, le ménage, les courses, etc.).
2. Trois personnes ont besoin de la voiture familiale. La mère doit travailler, la fille a un match de tennis, le fils va à une manifestation contre l'énergie nucléaire à dix kilomètres de sa maison.
3. Un jeune homme explique à une jeune fille pourquoi il ne veut/peut pas sortir avec elle.
4. Une femme qui pense à sa carrière explique à son «ami» pourquoi elle ne veut pas se marier avec lui.
5. Un de vos amis (Une de vos amies) arrive chez vous pour discuter. Vous avez envie de faire autre chose.
6. Vous travaillez dans une salle de classe avec trois camarades. Un(e) camarade allume une cigarette. Vous ne supportez pas la fumée.

L'actualité

Le stress

Le stress fait partie de la vie quotidienne. Nous le connaissons tous. Quand vous êtes stressé(e), qui est le premier (la première) à le reconnaître? Vous? Un membre de votre famille? Un ami (Une amie)? Reconnaissez-vous toujours les signes du stress? Voici un test qui va vous permettre de mesurer et d'identifier le niveau et la nature du stress dans votre vie.

A. Avec votre partenaire, catégorisez cette liste d'événements et de phénomènes qui peuvent provoquer le stress. Si l'événement se rapporte

1. à la famille ou aux amis, mettez un **F-A** à côté
2. à la santé, mettez un **S** à côté
3. à l'argent, mettez un **A** à côté
4. au travail ou à l'université, mettez un **T-U** à côté
5. à tout un ensemble de choses, mettez un **E** à côté

Nous avons commencé la liste pour vous à la page 33.

B. Etes-vous trop stressé(e)? Complétez le tableau suivant en y mettant plusieurs choses que vous pouvez faire sur un plan physique et/ou moral pour réduire le niveau de stress dans votre vie. Nous l'avons commencé pour vous.

STRESS	POUR REDUIRE CE STRESS
familial/social	éviter les conflits avec les camarades de chambre
scolaire/professionnel	_____
financier	_____
physique/santé	_____
général	faire de la musique, _____

Maintenant, comparez vos idées avec celles de votre camarade de classe. Discutez de chaque type de stress; quels en sont les meilleurs remèdes? Le stress: nous contrôle-t-il ou pouvons-nous le dominer? N'est-il jamais bienfaisant? Qu'en pensez-vous?

C. Ensuite passez ce test sur votre stress. Lisez chaque fait présenté et encerclez les éléments qui vous touchent personnellement ou qui vous ont touché(e) récemment (limitez-vous aux douze derniers mois). Par exemple, si vous avez célébré Noël l'année dernière ou si vous venez de vous marier cette année, encerclez «Noël, 12 points» ou «Mariage, 50 points».

Puis, faites le total de vos points et lisez le commentaire y correspondant.

100 ou moins—Bravo! Continuez comme ça! Votre vie est exemplaire.

101–150—Bien! Il y a du stress mais pas trop.

151–200—Pas mal. Résultat moyen.

201–250—Attention! Vous risquez de tomber malade ou d'avoir un accident.

251 ou plus—Ne sortez pas de la maison! Votre vie est en danger!

L'ÉCHELLE DES STRESS

Le mariage, un stress important

F-A	Mort d'un conjoint	100
F-A	Divorce	73
F-A	Séparation d'avec sa femme ou son mari	65
E	Temps passé en prison	63
F-A	Mort d'un parent proche	63
S	Blessure ou maladie	53
F-A	**Mariage**	**50**
T-U	Licenciements[a]	47
F-A	Réconciliation avec sa femme ou son mari	45
T-U	Retraite	45
S/F-A	Ennui de santé d'un parent proche	44
	Grossesse[b]	40

Arrivée d'un nouveau membre dans la famille ... 39
Problèmes d'affaires ... 39
Modification de situation[c] financière ... 38
Mort d'un ami intime ... 37
Changement de situation ... 36
Multiplication des disputes familiales ... 35
Hypothèque[d] ou dette de plus de 50 000 F ... 31
Saisie d'une hypothèque ou échéance[e] d'un emprunt ... 30
Changement de responsabilités professionnelles ... 29
Fils (ou fille, quittant la maison ... 29
Problèmes avec les beaux-parents ... 29
Exploit personnel marquant ... 28
Epouse se mettant à travailler ou s'arrêtant ... 26
Début ou fin de scolarité ... 26
Changement de conditions de vie ... 25

Modification d'habitudes personnelles ... 24
Difficultés avec un patron ... 23
Changement d'horaires ou de conditions de travail ... 20
Déménagement[f] ... 20
Changement d'école ... 20
Changement de loisirs ... 19
Changement religieux ... 19
Changement d'activités sociales ... 18
Hypothèque ou emprunt de moins de 50 000 F ... 17
Changement dans les habitudes de sommeil ... 16
Changement de rythme des réunions de famille ... 15
Changements des habitudes alimentaires ... 14
Vacances ... 13
Noël ... 12
Amendes[g] et contraventions[h] ... 11

(Selon les Drs Holmes et Rahe : *in* Stress, Soly Bensabat, Hachette 1980.)

[a]*being laid off* [b]*pregnancy* [c]*job* [d]*mortgage* [e]*falling due* [f]*move* [g]*fines* [h]*tickets*

Déjà vu

Pour faire cette activité, relisez les paragraphes d'introduction à **Déjà vu,**
pages 19–21.

1. Vous décidez avec votre ami(e) de votre emploi du temps du lendemain. Il
(Elle) veut visiter Versailles mais vous préférez aller acheter des souvenirs
pour votre famille et vos amis parce que vous n'avez plus que deux jours à
passer à Paris.

2. Votre ami(e) et vous venez de discuter avec un jeune Français (une jeune
Française) dans une boîte de nuit; vous le (la) trouvez formidable mais
votre camarade est moins enthousiaste. Il (Elle) essaie de vous convaincre
de ne pas chercher à revoir cette personne et de partir avec lui (elle) sur la
Côte d'Azur.

3. Pour le (la) remercier, vous voulez inviter à sortir un soir un(e) jeune
Français(e) qui vous a aidé(e) à trouver un hôtel. Il (Elle) vous explique
que son petit ami (sa petite amie) n'aimerait pas beaucoup ça. Vous essayez
de le (la) convaincre.

4. Vous êtes dans le train et un de vos voisins (une de vos voisines) fran-
çais(e) allume une cigarette. Vous lui demandez poliment de ne pas fumer
parce que cela vous rend malade. Il (Elle) vous ignore, puis il (elle) refuse;
mais finalement vous gagnez la partie et il (elle) sort.

Devinez un peu

Formez des équipes de quatre personnes pour jouer au «trivia bowl». Deux
équipes se font concurrence. La personne qui lève la main le plus vite a le droit
de répondre à une question. L'équipe avec le plus grand nombre de réponses
correctes gagne.

1. Napoléon et elle divorcent en 1809 parce qu'il n'y a pas d'héritier né de
leur union.
   - a. Marie-Louise
   - b. Marie-José
   - c. Joséphine
   - d. Désirée

2. Elle est guillotinée comme son mari Louis XVI pendant la Révolution
française.
   - a. Mme de Pompadour
   - b. Mme Récamier
   - c. Charlotte Corday
   - d. Marie-Antoinette

3. Ma mère l'Oie est célèbre parce qu'elle
   - a. est très sotte
   - b. aime bien raconter des histoires aux gosses
   - c. a écrit des fables
   - d. a écrit un livre de cuisine

4. On écrit au Père Noël
   - a. vers la fin de l'année
   - b. juste avant le 14 juillet
   - c. après une retraite
   - d. quand il est parti en voyage

5. La bru est
   a. la recette très ancienne d'un punch servi traditionnellement aux mariages
   b. un terme spécial pour une jeune fille qui va se marier bientôt
   c. la femme de votre fils
   d. une étrangère qui se marie avec un Français et qui garde sa nationalité d'origine
6. Votre cousin germain
   a. a un drôle de nom
   b. vient de Berlin
   c. est le fils du frère de votre père
   d. a toujours le même nom que vous
7. La fille de la sœur du mari de votre sœur aînée
   a. est votre nièce
   b. est votre cousine
   c. n'est pas votre parente
   d. n'est pas votre parente si elle se marie
8. «Tel père, tel fils» veut dire:
   a. Ce que vous dites au père, il faut le dire au fils.
   b. Un grand-père a toujours un petit-fils.
   c. Un père et son fils se ressemblent beaucoup.
   d. Un père passe son autorité paternelle seulement à son fils.
9. En France, le mariage catholique est célébré
   a. à la synagogue
   b. à la mairie et éventuellement une deuxième fois à l'église
   c. chez les parents du marié
   d. chez la sœur de la mariée
10. La marraine (*godmother*) de Cendrillon
    a. habite au nord de la France
    b. aime beaucoup la mer
    c. transforme un gros légume de son jardin pour aider sa filleule à s'amuser
    d. prépare le dîner chaque dimanche chez Cendrillon comme toute bonne marraine

Jeux de mots

Sujets de composition

Faites une composition orale ou écrite sur un ou deux des sujets suivants.

Le mariage   Cette année, 38 pourcent des familles à Bordeaux sont mono-parentales, composées pour la plupart de mères et d'enfants; c'est un record.

L'institution du mariage va-t-elle disparaître? Commentez votre réponse. Pour quelles raisons se marie-t-on aujourd'hui? Est-ce vraiment pour la vie? Expliquez. Quel est l'âge idéal pour se marier? Pourquoi? Imaginez que vous pouvez vous marier avec n'importe qui (*anyone*) dans le monde entier. Décrivez cette personne (nationalité, qualités, profession, etc.). Expliquez votre choix.

Les amis   Quelles qualités trouvez-vous importantes pour un ami (une amie)? Pourquoi? D'habitude, comment rencontrez-vous vos amis? Combien d'amis peut-on avoir en même temps? Expliquez. Pendant combien de temps faut-il connaître une personne avant de la considérer comme un ami (une amie)? Commentez.

Les concours de beauté   D'après les concours tels que Miss America et Miss Universe, comment nous est présentée la jeune fille idéale? Aimez-vous regarder ces compétitions? Pourquoi (pas)? Selon vous, quel est le but de ces spectacles? Quels en sont les avantages et les inconvénients pour les participantes? Voudriez-vous que votre fille participe un jour à un tel concours? Expliquez.

Les cadeaux   Préférez-vous recevoir ou offrir des cadeaux? Pourquoi? Que faites-vous quand vous recevez un cadeau que vous n'aimez pas? Imaginez que vous pouvez recevoir comme cadeau l'objet de votre choix. (Ce cadeau est pour vous, non pas pour votre famille ou l'humanité.) Qu'est-ce que vous allez choisir et pourquoi?

Les faux amis

Choisissez l'expression qui correspond le mieux au mot en italique. Attention: Dans chaque phrase, le terme en italique est un faux ami.

1. Le dimanche, la famille Durand *assiste à* la messe de dix heures. *Assister à* est synonyme de
   a. chanter à
   b. être présent à
   c. être assis à
   d. aider quelqu'un à
2. Marie éprouve une grande *déception* en ce moment parce qu'elle vient de rompre avec Bruno. Elle est
   a. décevante
   b. déçue
   c. déchaussée
   d. décorée
3. Pauvre Jeanne! Elle vient d'une famille très riche et tout le monde sait qu'Eric veut se marier avec elle seulement pour sa *dot*. La *dot* de Jeanne, c'est
   a. un grain de beauté
   b. un joli point sur les i
   c. l'argent qu'elle apporte en se mariant
   d. une tache de rousseur

4. Lise a vraiment le sens de l'humour. C'est une fille *spirituelle* qui raconte toujours des histoires
   - a. religieuses
   - b. drôles
   - c. tristes
   - d. ennuyeuses

5. Martin est mince, mais il a *la figure* toute ronde. Il ressemble à une tomate. *La figure,* c'est
   - a. le volume
   - b. la surface
   - c. la ligne
   - d. le visage

6. Mon frère et moi n'avons pas le même *caractère:* il est calme et timide; je suis plutôt exubérante. *Caractère* est synonyme de
   - a. moralité
   - b. environnement
   - c. personne
   - d. personnalité

7. En France des milliers de *bacheliers* entrent à l'université tous les ans au mois d'octobre. Ces *bacheliers*
   - a. viennent d'obtenir leur baccalauréat
   - b. vont se marier en octobre
   - c. vont entrer dans un monastère en octobre
   - d. renoncent au mariage

8. Le médecin de Patrice pense qu'il est trop *sensible* et qu'il a besoin de calmants. *Sensible* est synonyme de
   - a. émotif
   - b. sage
   - c. intelligent
   - d. raisonnable

9. Olivier veut *s'engager* comme chauffeur chez les Bérard cet hiver. Olivier veut
   - a. se marier avec le chauffeur des Bérard
   - b. épouser Mlle Bérard cet hiver
   - c. s'occuper du chauffeur des Bérard
   - d. travailler comme chauffeur chez les Bérard

10. Ils ont le même nom mais ils ne sont pas *parents*. Ici *parents* veut dire:
    - a. le père et la mère
    - b. des personnes liées aux autres par des liens de consanguinité *(blood)* ou d'alliance *(marriage)*
    - c. des connaissances
    - d. des amis

CHAPITRE

3

Les Français
à table

Déjeuner en plein air, c'est la santé!
MIKE MAZZASCHI / STOCK, BOSTON

Mots et expressions

LA NOURRITURE

l'aliment (*m.*) (an item of) food

la consistance consistency, texture

déjeuner (vers une heure) to have lunch (about one o'clock)

difficile à digérer difficult to digest

dîner (vers vingt heures) to have dinner (about eight in the evening)

faire grossir/maigrir to cause a weight gain/loss

le goût taste, flavor

gras(se) fatty; greasy

grignoter to snack; to munch

se mettre au régime to go on a diet

nutritif (nutritive) nutritious

les pâtes (*f.*) pasta

prendre le petit déjeuner to have breakfast

riche rich, heavy

sain(e) healthy

salé(e) salty

la santé health

sucré(e) sweet

LA PREPARATION

l'apparence (*f.*) appearance

bon marché/cher (-ère) inexpensive/expensive

la calorie calorie

le couvert place setting

cru(e) raw, uncooked

cuit(e) à la vapeur steamed

au four baked

frit(e) fried

grillé(e) grilled

rôti(e) roasted

saignant(e)/à point/bien cuit(e) rare/medium/well-done

Paul Bocuse, un des plus grands chefs français, et son équipe devant les fournaux
OWEN FRANKEN/STOCK, BOSTON

ctivités

Au château du Domaine de la Tortinière

Voici l'addition d'un restaurant français. Etudiez-la, puis répondez aux questions suivantes.

1. Combien de personnes sont représentées sur cette addition? Comment le savez-vous?
2. Quelle est la date de ce repas?
3. Combien coûtent quatre plats d'asperges?
4. Nommez un autre hors-d'œuvre.

R   020636

Date : 2.6.1988

Table : 6

Nombre de couverts : 4

Numéro de chambre : 4

LE DOMAINE
DE LA TORTINIÈRE

MONTBAZON-EN-TOURAINE
37250
TÉL. (47) 26.00.19 +

REPAS :

4 asperges	110
1 terrine de bœuf	40
1 foie gras	85
1 saumon	85
1 mousseline	60
1 veau	85
1 carreau	60
1 brioche 1 Fromage	25
	25
	ST 675

Vins : ½ Chinon 1982   35
2 ½ Vouvray   98

Bar :

Café :

Eaux :

Divers :

TOTAL

5. Combien coûtent les quatre plats principaux?
6. Quelle boisson consomment ces clients? Combien de bouteilles comman-
   dent-ils?
7. Si chaque personne paie sa part, combien paie-t-elle?
8. Trouvez l'adjectif qui correspond le mieux à chaque aliment présenté ci-
   dessous. Utilisez les adjectifs donnés à la page 39.

   a. Les asperges sont _____ .

   b. Le foie gras est très _____ .

   c. Le saumon est _____ .

   d. La brioche est _____ .

Test d'observation

Etudiez ces deux dessins. Ils ne sont pas identiques. Dans le deuxième dessin il
y a huit changements par rapport au premier. Avec un(e) camarade de classe,
trouvez ces huit différences et faites-en une liste.

1. _____

2. _____

3. _____

4. _____

5. _____

6. _____

7. _____

8. _____

La vie pratique

Comment décrire les gens, les endroits et les choses?

Les Français qui vous parlent veulent souvent connaître plus de choses sur l'Amérique ou sur les Américains. Pour leur parler, il faut pouvoir décrire les caractéristiques importantes ou intéressantes des gens et des choses.

Entraînez-vous à deux

A. Etudiez la liste et décrivez brièvement chaque sujet. A côté de chaque chose, écrivez plusieurs adjectifs qui la décrivent. Enfin, à deux, comparez vos résultats.

1. un supermarché américain typique
2. votre restaurant préféré
3. la cuisine au restaurant universitaire
4. votre dessert préféré (la glace? un fruit? un gâteau?)

B. Que font-ils? Avec un(e) partenaire, décrivez ces personnes que vous allez rencontrer dans un restaurant en suivant le modèle.

> MODELE: une caissière →
> Elle bavarde, discute, prend l'argent des clients et leur rend la monnaie.

1. un serveur (une serveuse)
2. un chef

3. un sommelier (une sommelière)
4. les clients

C. Mettez-vous deux par deux. L'un(e) d'entre vous joue le rôle d'une créature de Pluton tandis que l'autre sera un(e) Américain(e) qui sait tout. Le Plutonien(ne) pose une grande variété de questions à l'Américain(e) afin d'avoir une meilleure idée de l'objet ou de la personne désignée. L'Américain(e) essaie de répondre très exactement à toutes les questions.

Sujets possibles: un livreur de pizza/la viande rouge/du beurre/du vin blanc/des bonbons/un pourboire/une hôtesse/un critique gastronomique/etc.

> MODELE: LA CREATURE: Pourriez-vous m'expliquer ce que c'est qu'un livreur de pizza?
> L'AMERICAIN(E): Avec plaisir. C'est une personne qui...
> LA CREATURE: Attendez, attendez. Qu'est-ce que c'est qu'une personne?
> L'AMERICAIN(E): Euh, c'est un être avec deux bras et deux jambes qui se tient debout pour faire toutes sortes de choses.
> LA CREATURE: Par exemple?
> L'AMERICAIN(E): Par exemple, livrer une pizza.
> LA CREATURE: Qu'est-ce que c'est, une pizza? Où habite une pizza?...

Je l'aime un peu, beaucoup, énormément, pas du tout...

Beaucoup d'Américains connaissent et apprécient la cuisine et les vins français. Et vous? Vous avez sans doute déjà toutes sortes d'opinions en ce qui concerne la cuisine française. Mettez-vous deux par deux. Chaque étudiant(e) dit à tour de rôle s'il (si elle) aime ou n'aime pas les choses suivantes et s'il (si elle) en mange. Servez-vous du vocabulaire ci-dessous et indiquez pourquoi vous avez certaines préférences culinaires.

MODELES: la quiche → Je l'aime bien. J'en mange souvent quand je vais au restaurant.

les cervelles → Je ne les aime pas du tout! Je n'en achète jamais
↳ BRAINS   parce que j'en déteste l'apparence et le goût.

J'aime...	Je n'aime pas...
J'aime bien...	Je n'aime pas beaucoup...
J'aime beaucoup...	Je n'aime pas vraiment...
J'aime énormément...	Je n'aime pas du tout...
J'apprécie...	Je déteste...
J'apprécie beaucoup...	J'ai horreur de...
J'adore...	

Je ne sais pas si j'aime... Peut-être que je dois l'essayer.

1. les escargots
2. le coq au vin
3. les éclairs
4. le filet mignon
5. le bœuf bour-guignon
6. la soupe à l'oignon
7. le Grand Marnier
8. le champagne
9. les crêpes
10. la crème de menthe
11. la mousse au chocolat
12. le brie
13. le cognac
14. les cuisses de grenouille
15. le pâté
16. le camembert
17. le chocolat
18. le café

L'actualité

Pour garder la forme

Pour garder la forme, il faut faire attention à ce que vous consommez et pratiquer un sport. Avec un minimum de trois sessions d'activité aérobique par semaine et un maximum de 1,800 calories par jour (pour la jeune fille moyenne; 2,300 pour le jeune homme moyen), vous aurez des chances de vivre longtemps en bonne santé. Mais savez-vous compter les calories? Voici une activité qui va vous y aider.

Lisez rapidement le texte qui suit et étudiez la liste d'aliments et de calories respectives. Ensuite, composez un repas équilibré pour ceux qui veulent garder la forme et un repas mal équilibré pour ceux qui préfèrent le «junk food». Ecrivez vos choix dans les cases appropriées.

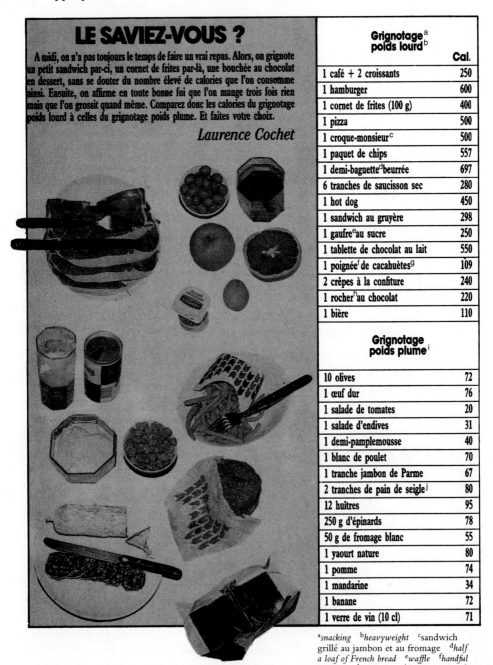

LE SAVIEZ-VOUS ?

A midi, on n'a pas toujours le temps de faire un vrai repas. Alors, on grignote un petit sandwich par-ci, un cornet de frites par-là, une bouchée au chocolat en dessert, sans se douter du nombre élevé de calories que l'on consomme ainsi. Ensuite, on affirme en toute bonne foi que l'on mange trois fois rien mais que l'on grossit quand même. Comparez donc les calories du grignotage poids lourd à celles du grignotage poids plume. Et faites votre choix.

Laurence Cochet

Grignotage[a] poids lourd[b]	Cal.
1 café + 2 croissants	250
1 hamburger	600
1 cornet de frites (100 g)	400
1 pizza	500
1 croque-monsieur[c]	500
1 paquet de chips	557
1 demi-baguette[d] beurrée	697
6 tranches de saucisson sec	280
1 hot dog	450
1 sandwich au gruyère	298
1 gaufre[e] au sucre	250
1 tablette de chocolat au lait	550
1 poignée[f] de cacahuètes[g]	109
2 crêpes à la confiture	240
1 rocher[h] au chocolat	220
1 bière	110

Grignotage poids plume[i]	
10 olives	72
1 œuf dur	76
1 salade de tomates	20
1 salade d'endives	31
1 demi-pamplemousse	40
1 blanc de poulet	70
1 tranche jambon de Parme	67
2 tranches de pain de seigle[j]	80
12 huîtres	95
250 g d'épinards	78
50 g de fromage blanc	55
1 yaourt nature	80
1 pomme	74
1 mandarine	34
1 banane	72
1 verre de vin (10 cl)	71

[a]*snacking* [b]*heavyweight* [c]*sandwich grillé au jambon et au fromage* [d]*half a loaf of French bread* [e]*waffle* [f]*handful* [g]*peanuts* [h]*candy bar* [i]*featherweight* [j]*rye*

	EQUILIBRE	DESEQUILIBRE
PETIT DEJEUNER		
DEJEUNER		
DINER		

Puis mettez-vous à trois et discutez de vos choix des aliments, des boissons, du nombre de calories, de l'absence de caféine, de cholesterol, de sucre, de sel, etc. ou vice versa. Choisissez le meilleur repas et présentez-le à la classe. Est-ce que ce repas ressemble à votre repas habituel?

La cuisine française

Si vous combinez habilement les dessins ci-dessous, vous allez trouver une expression qui se réfère à la cuisine française. Avec un(e) camarade de classe, essayez d'identifier ces termes le plus vite possible. Vous avez dix minutes pour les trouver. Ensuite, comparez vos solutions avec celles des autres étudiants. Qui les a découvertes le plus rapidement?

MODELE:

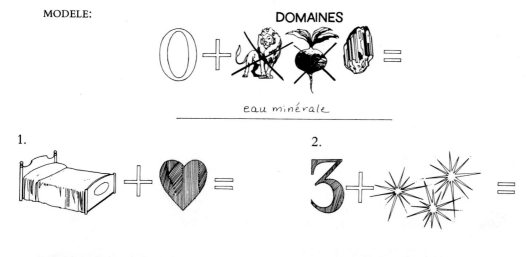

DOMAINES

eau minérale

1.

2.

3.

4.
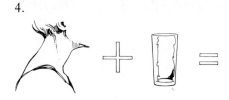

____ _____   _____

5.

6.
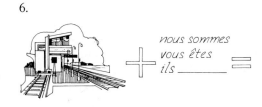

_____ _____   _____

7.

8.
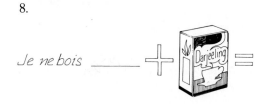

_____   _____

Qu'est-ce que c'est?

Regardez les phrases ci-dessous. Chaque phrase contient un pronom qui remplace un aliment, une boisson, un endroit où l'on peut consommer, un produit de luxe ou un repas (nommés dans la liste de droite). Lisez chaque phrase, puis trouvez dans la colonne de droite l'expression que le pronom a remplacé. Si vous n'êtes pas sûr(e) de la réponse exacte, n'hésitez pas à deviner un peu.

MODELE: Les Français *en* achètent à la boulangerie tous les jours. →
Les Français achètent *du pain* à la boulangerie tous les jours.

1. La plupart des Français *en* mettent dans leur café.
2. Beaucoup de Français *en* prennent au petit déjeuner.
3. Les Français n'*en* mangent jamais au petit déjeuner.
4. Les Français *les* apprécient comme hors-d'œuvre.
5. En France, on *la* mange avec une sauce vinaigrette après le plat principal.
6. Les Français *en* boivent avec du poisson.
7. En France, on *le* sert après le dessert pour aider la digestion.
8. Les Français *le* préparent d'habitude pour vingt heures.
9. Les Français *y* vont pour boire quelque chose, pour discuter ou pour regarder les passant(e)s.
10. Les Français n'*en* fument pas pendant les repas parce qu'elles changent trop le goût des aliments.

a. vin rouge
b. thé
c. céréales
d. dîner
e. cigarettes
f. café (endroit; boisson)
g. vin blanc
h. sucre
i. cuisine
j. digestif
k. escargots
l. salade
m. tarte aux pommes

Ensuite, comparez vos réponses avec celles de vos camarades de classe.

Vrai ou faux?

Les Français parlent très souvent de cuisine. Voici quelques stéréotypes que font certains Français au sujet de la cuisine américaine. Etes-vous d'accord avec tout ce qu'ils en disent? Discutez de ces remarques et (1) déterminez si chaque observation est vraie ou fausse; (2) donnez les raisons pour lesquelles vous acceptez ou vous rejetez chaque généralisation.

Les Américains

1. ne peuvent pas se passer de ketchup
2. grignotent toute la journée
3. n'achètent au supermarché que des conserves et des produits surgelés
4. vont bientôt pouvoir faire leur marché (*to go grocery shopping*) en restant dans leur voiture
5. prennent du Coca-Cola et du lait aux repas (même quand ils sont adultes), et boivent du café pendant tout le repas
6. ne mangent en effet que des hamburgers, des hot dogs, des sandwichs et du beurre de cacahuète (*peanut butter*)
7. mélangent le sucré et le salé
8. mangent trop au petit déjeuner

9. mangent de la salade au début du repas
10. sont gourmands puisqu'ils
    a. mangent toujours trop
    b. ne font pas suffisamment attention à leur ligne (*figure*)
11. ne sont pas civilisés puisqu'ils
    a. ne savent pas apprécier les plaisirs de la table
    b. mangent trop vite
    c. passent toujours la fourchette de la main gauche à la main droite

Maintenant vous avez la parole. D'après ces remarques, quelle idée peut-on se faire des goûts et des préjugés français? Faites une liste pour critiquer les habitudes alimentaires françaises de la même façon. Vous pouvez peut-être commencer par: «Les Français ont ce qu'ils appellent «la grande cuisine», qui ne sert à rien d'autre qu'à déguiser (*to disguise*) le goût des aliments sous des sauces diverses et variées...»

Dialogues au restaurant

Regardez la carte d'un restaurant français à la page 49. Les situations suivantes décrivent trois groupes de gens qui vont dîner dans ce restaurant. Mettez-vous en groupes et lisez chaque scène présentée. Choisissez la situation que vous préférez et avec votre groupe, écrivez un dialogue de trois à cinq minutes qui développe une des idées données. Dans le dialogue, vous allez (1) commander le repas, (2) commenter le repas et (3) résoudre le problème présenté. Voir les suggestions suivantes.

Situation I	Deux paires de jumeaux (*twins*) dînent dans ce restaurant pour célébrer leur anniversaire. Le serveur (La serveuse) se trompe de client(e) chaque fois qu'il (elle) apporte un plat.
Situation II	Quatre touristes dînent dans ce restaurant. A la fin du repas, ils se rendent compte qu'ils ont oublié tout leur argent à l'hôtel.
Situation III	Quatre amis veulent dîner dans ce restaurant, mais ils (elles) n'ont pas de chance. Tout va mal dans le restaurant ce soir-là; il y a des problèmes avec les plats, le vin, le service, l'addition, etc.

SERVEUR (SERVEUSE)	CLIENT(E)S
	POUR COMMENCER
Combien êtes-vous?	Nous sommes...
Voici le menu à prix fixe.	Que me recommandez-vous?
Que désirez-vous?	
	POUR CONTINUER
Que prenez-vous comme viande?	Je voudrais/Moi, je vais prendre...
Et comme...?	Monsieur/Madame...

Ensuite…

Vous me voyez désolé(e)…

Puis-je renvoyer votre plat à la cuisine?

[Ce couteau] n'est pas propre.

Ce n'est pas assez cuit/frais.

C'est trop salé/sucré.

POUR FINIR

Voulez-vous commander autre chose?

Voici l'addition.

Est-ce que le service est compris?

Je pense qu'il y a une erreur…

Que représente cette somme?

Acceptez-vous les chèques de voyage? cartes de crédit?

Menu Prix Net 120 F

Foie Gras de Canard Maison (supplément 10 F)

Saumon Fumé avec Toasts (supplément 10 F)

Soupe de Poisson

Saumon Mariné à l'Aneth[a]

Assiette de Crustacés Tièdes[b]

Ballotine[c] *de Canard au Foie Gras*

⌘

6 Escargots de Bourgogne

Escalope de Saumon Beurre Blanc

Filet de Sole au Chablis

Lotte[d] *à l'Américaine*

Saint-Jacques à la Provençale

⌘

Filet Mignon au Poivre Vert

Rognons[e] *de Veau à l'Estragon*

Pavé de Bœuf au Roquefort

Turbot[f] *Grillé ou Poché* (supplément 10 F)

Magret de Canard à la Bordelaise

Noisette d'Agneau aux Morilles[g] (supplément 10 F)

⌘

Salade de Saison

ou Plateau de Fromages

⌘

Dessert (voir la carte)

Soufflé au Grand Marnier (supplément 15 F)
à commander au début du repas

MAISON

BOUCHARD PERE & FILS

NÉGOCIANT AU CHATEAU BEAUNE COTE-D'OR

DEPUIS 1731

PROPRIÉTAIRE DES DOMAINES DU CHATEAU DE BEAUNE

92 HECTARES DONT 71 HECTARES DE GRANDS CRUS ET DE PREMIERS CRUS

[a]*dill* [b]entre le chaud et le froid [c]*Meatballs* [d]poisson d'eau douce
[e]*kidneys* [f]*halibut* [g]champignons des bois

Déjà vu

Avant de faire cette activité, relisez les paragraphes d'introduction à **Déjà vu,** pages 19–21.

1. Il y a apparemment un malentendu entre votre hôtelier (hôtelière) et vous. Il est dix heures et vous attendez toujours qu'on vous apporte votre petit déjeuner dans votre chambre. Quand vous descendez à la réception, on vous explique que le petit déjeuner n'est servi que dans la salle à manger. Vous lui dites que le gardien de nuit vous a indiqué le contraire. Impossible! répond-il (elle) et il (elle) vous montre la salle du doigt. Quand vous y entrez, le serveur (la serveuse) vous explique que le petit déjeuner se sert de sept à dix heures et qu'il est déjà 10h10. Convainquez-le (la) de vous servir.

2. Vous descendez à la salle à manger de votre hôtel pour le petit déjeuner. Beaucoup d'autres clients sont déjà en train de manger. Vous commandez votre café et vous commencez à organiser votre première journée à Paris. Tout sent très bon dans la petite salle, les croissants, le café, etc., mais le serveur (la serveuse) est très lent(e) et vous vous rendez compte que vous avez très faim. Il (Elle) s'occupe enfin de vous. Quelle déception! Le café est imbuvable et alors que tous les autres clients mangent des croissants, on vous donne seulement du pain. Vous essayez d'appeler le serveur (la serveuse), mais il (elle) vous ignore. Soyez ferme mais poli(e) et faites renvoyer votre café et servir un croissant.

3. Un ami français (Une amie française) vous invite à déjeuner dans son restaurant préféré. Il (Elle) vous explique que la cuisine est bonne, que l'ambiance est unique et que les prix sont très raisonnables. Lorsque vous y arrivez ensemble, vous devez d'abord faire la queue. Vous attendez une demi-heure et enfin vous arrivez à trouver une table. Ce restaurant est extrêmement bruyant. En plus, vous êtes assis(es) près de la cuisine et le va-et-vient des serveurs est très pénible. Vous regardez le menu mais rien ne vous intéresse. Vous hésitez à le dire à votre ami(e), mais vous avez vraiment envie de partir. Votre ami(e), qui a maintenant très faim, vous demande alors ce que vous allez commander. Qu'allez-vous lui répondre?

4. Un ami français (Une amie française) vous interroge sur vos préférences en matière de cuisine française. Il (Elle) vous pose des questions générales et précises sur les aliments français (hors-d'œuvre, viandes, desserts, boissons, etc.). Vous lui répondez honnêtement; dites ce que vous aimez (n'aimez pas), ce que vous voudriez (ne voudriez pas) goûter, etc. Ensuite, il (elle) critique la façon de manger des Américains (la quantité et la qualité des choses, le temps, les régimes à la mode, etc.). Vous lui répondez.

Devinez un peu

Formez des équipes de quatre personnes pour jouer au «trivia bowl». Deux équipes se font concurrence. La personne qui lève la main le plus vite a le droit de répondre à une question. L'équipe avec le plus grand nombre de réponses correctes gagne.

1. Avec les grappes de raisin on fait
   a. du vin et des liqueurs
   b. de la moutarde de Dijon
   c. de la soupe à l'oignon
   d. de la mayonnaise
2. Au restaurant, vous avez commandé du vin. Le serveur ouvre la bouteille et il vous donne le bouchon (*cork*). Vous
   a. le jetez en l'air et faites un vœu (*wish*)
   b. demandez à votre entourage qui veut le garder comme souvenir
   c. le rendez au serveur après l'avoir lu
   d. le sentez et dites au serveur si le vin est bon ou mauvais
3. La choucroute est une spécialité de quelle province?
   a. L'Alsace-Lorraine
   b. La Bretagne
   c. La Bourgogne
   d. Le Jura
4. Pour porter un toast à quelqu'un en France, on peut dire:
   a. Salut!
   b. C'est si bon!
   c. Santé!
   d. Sacré bleu!
5. Un restaurant à trois étoiles dans le guide Michelin
   a. reçoit presque tous les soirs de grandes vedettes françaises
   b. emploie toujours trois chefs spécialisés dont un pour les sauces, un pour les entrées et un pour les desserts
   c. offre toujours des entrées provenant de trois différentes provinces de France
   d. sert la meilleure cuisine de France
6. En général, on boit du vin blanc avec les hors-d'œuvre, les viandes blanches et les poissons et on boit du vin rouge avec
   a. le dessert
   b. les fruits de mer
   c. les viandes rouges et la plupart des fromages
   d. le café
7. Les huîtres
   a. se récoltent dans les Alpes
   b. se mangent vivantes
   c. se mangent accompagnées d'un vin rouge, comme tous les fruits de mer
   d. se mangent comme entrée ou comme dessert selon le goût de l'individu
8. Laquelle de ces provinces n'est pas une région vinicole?
   a. L'Aquitaine
   b. L'Anjou
   c. La Bourgogne
   d. La Normandie ?
9. Une école de cuisine très renommée à Paris s'appelle
   a. Chez Maxim's
   b. Le Cordon Bleu
   c. L'Orangerie
   d. Le Forum
10. Le brie, le chèvre et le gruyère sont
    a. des gibiers de passage
    b. trois différentes sortes de pâtés
    c. trois liqueurs fortes
    d. des fromages français

> *B*on estomac et mauvais cœur, c'est le secret pour
> vivre longtemps.
>
> Proverbe français

eux de mots

Sujets de composition

Faites une composition orale ou écrite sur un ou deux des sujets suivants.

La cuisine internationale   Quels pays ont une bonne réputation culinaire?
Quelle(s) sorte(s) de cuisine(s) aimez-vous manger tous les jours? de temps en
temps? Etes-vous pour ou contre l'établissement de chaînes de restaurants
américains en France? Pourquoi?

Vous et la cuisine   Quel est votre plat préféré? Pourquoi? Depuis quand
l'aimez-vous? Qu'est-ce que vous n'aimez pas manger? Expliquez. Si un ami
français (une amie française) veut manger un repas dans un restaurant typiquement américain, dans quel restaurant allez-vous l'envoyer? Qu'est-ce qu'il (elle)
doit manger? Commentez.

Les régimes   Pourquoi est-ce que les gens se mettent au régime? Quelles
sortes de régimes y a-t-il? Quel régime est sain? est dangereux? est populaire
actuellement? fait mourir de faim? Discutez de cette opinion: «Dans la société
actuelle, il faut être mince.»

Les valeurs nutritives de chaque aliment   Si vous avez un problème de
santé persistant (maux de tête, troubles de digestion, ulcères, insomnie, etc.),
que faites-vous? (Si vous n'avez pas ces problèmes, que recommandez-vous?)
Consultez-vous un médecin? Prenez-vous des médicaments? Allez-vous au lit?
Que pensez-vous d'aller chez un nutritionniste? Voyez-vous des rapports entre
votre santé et ce que vous mangez? Expliquez. Si un nutritionniste vous disait
qu'il fallait éliminer la caféine, le chocolat, l'alcool, la viande rouge et tous les
aliments frits pour résoudre votre problème, quelle serait votre réaction? Pourriez-vous le faire? Commentez. Doit-on faire certains sacrifices pour être en
bonne santé? Expliquez.

Les faux amis

Choisissez l'expression qui correspond le mieux au mot en italique. Attention:
Dans chaque phrase, le terme en italique est un faux ami.

1. Dans ce restaurant, c'est le *patron* qui fait la cuisine. *Patron* est synonyme de
   a. client
   b. propriétaire
   c. prêtre
   d. serveur

2. Personne n'aime ni les aliments ni les boissons *fades*. *Fade* est synonyme de
   a. insipide
   b. brillant
   c. intéressant
   d. vivant

3. Beaucoup de Français conservent des _____ dans leur *cave*.
   a. chaises
   b. verres
   c. couteaux
   d. vins et des liqueurs

4. Au restaurant, un client solitaire commande un *quart* de vin, qui représente
   a. 32 onces de vin
   b. un quart de litre de vin
   c. 40 onces de vin
   d. une bouteille de vin

5. Pour commencer, je voudrais du saumon fumé. Ensuite, je vais prendre du bœuf *à la mode*. *A la mode* signifie
   a. couvert de fruits
   b. avec du fromage
   c. mariné au vin rouge
   d. couvert de glace

6. En France, le champagne se sert dans des *flûtes*. Dans ce cas, une *flûte* est
   a. un instrument à vent
   b. un pain
   c. un verre à pied, haut et étroit
   d. une glace

7. Pour *la farce* de la dinde, il faut de la mie de pain, du persil, des oignons, du beurre, des champignons et des marrons. Il s'agit ici
    a. d'une préparation de légumes hachés très fin
    b. d'une petite pièce comique
    c. d'une sauce vinaigrette
    d. d'un sandwich

8. Comme *entrée,* les Français prennent souvent une salade de tomates. Que veut dire *entrée*?
    a. le plat principal
    b. un dessert
    c. un petit plat pour se mettre en appétit
    d. un plat végétarien

9. Aimez-vous la *Chartreuse*?—Non, je préfère le Grand Marnier ou le Courvoisier. La *Chartreuse*, le Grand Marnier et le Courvoisier sont des
    a. couleurs
    b. liqueurs
    c. chansons
    d. cathédrales

10. Un repas français commence souvent par un plat de *crudités,* c'est un assortiment de légumes frais qui sont
    a. indigestes
    b. grossiers
    c. crus
    d. barbares

CHAPITRE

4

La France
d'autrefois

La Galerie des glaces à Versailles
GENE HEIL / PHOTO RESEARCHERS, INC.

Mots et expressions

COMMENT ON RACONTE
L'HISTOIRE

(s')agir (de) to act (to be
   a question of)
car (+ *sujet/verbe*) because
   (*conj.*)
le début beginning
faire partie de to be a
   part of
moindre least
mondial(e) (*adj.*) world
se passer to happen
**quelque chose
   (d'impressionnant)**
   something (impressive)

se référer à to relate to
le tour turn

CE QU'ON DIT

assassiner to assassinate
le bourreau executioner
(se) cacher to hide (oneself)
le citoyen (la citoyenne)
   citizen
emprisonner to imprison
engager to hire

l'ennemi(e) enemy
guillotiner to guillotine
l'impôt (*m.*) tax
la mort death
la perruque wig
la plaisanterie joke
poser sa candidature (à)
   to apply (for)
la tâche duty, task
la tour tower
tuer to kill

*La Salle des armes à
Cheverny, château
Renaissance et clas-
sique* ROGERS / MONK-
MEYER PRESS

ctivités

Qui sommes-nous?

Voici des images de personnages et d'endroits importants de l'histoire de France entre 1400 et 1900. Avec un(e) camarade de classe, faites correspondre ces images et les dix descriptions de gens et d'endroits ci-dessous.

Ensuite étudiez ces dessins et trouvez deux images correspondantes. Cinq de ces personnages sont liés à cinq autres personnages ou endroits. Expliquez en une ou deux phrases la raison de vos choix. Est-ce que tout le monde a fait les mêmes assortiments?

1. Empereur des Français (1804 à 1815). *Napoléon*
2. Le Roi-Soleil (1643 à 1715). A fait construire Versailles. *Louis XIV*
3. Roi français (1774 à 1792). Condamné à mort et exécuté en 1793. *Louis XVI*
4. En 1796 elle est devenue la femme du général Bonaparte. *Joséphine*
5. Reine de France (1774 à 1792). *M-A*
6. Président des Etats-Unis (1801 à 1809). *T. Jefferson*
7. Navigateur français (1491 à 1557). *Cartier*
8. La cour la plus brillante du dix-septième siècle. *du Louis XIV*
9. Vendue par l'Empereur français aux Etats-Unis en 1803. *La Louisiane*
10. Découvert par un Français en 1534. *Canada*

Le château de Versailles vu du bassin de Neptune
ROGERS / MONKMEYER PRESS

Thomas Jefferson THE BETTMANN ARCHIVE

Marie-Antoinette THE BETTMANN ARCHIVE

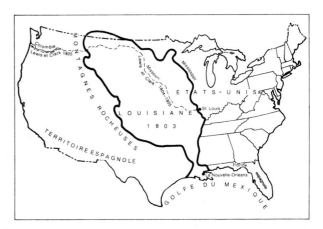

Joséphine THE BETTMANN ARCHIVE

Jacques Cartier THE BETTMANN ARCHIVE

Louis XVI THE BETTMANN ARCHIVE

Louis XIV, le Roi-Soleil THE BETTMANN ARCHIVE

Napoléon Ier THE BETTMANN ARCHIVE

↳a vie pratique

Comment raconter une histoire?

to tell a story [handwritten]

Raconter une histoire en français est facile si vous suivez les suggestions suivantes:

- En racontant des événements, c'est-à-dire en répondant à la question «Qu'est-ce *what happened?* [handwritten] qui s'est passé?», utilisez le passé composé.
- Organisez chronologiquement la série d'actions que vous présentez: un début, l'action principale et une fin.

MOTS UTILES

d'abord	ensuite/puis	alors
en 1789	quelques instants après	après
un matin	immédiatement/tout	finalement
pendant (une	de suite	enfin
heure)	plus tard	
	soudain *suddenly* [handwritten]	
	bientôt *soon* [handwritten]	
	peu de temps après	

Entraînez-vous à deux

A. Un peu d'histoire. Avec un(e) partenaire, étudiez la vie des personnages historiques présentés et racontez ce qui s'est passé, en suivant le modèle. Utilisez le plus de verbes possible au passé composé et employez le plus grand nombre d'expressions de temps possible des listes ci-dessus.

MODELE: ANNE DE BRETAGNE: mariage avec Charles VIII, 1491 / veuve en 1498 / remariage avec Louis XII, 1499 / mort à l'âge de trente-huit ans →

D'abord, Anne de Bretagne **a épousé** Charles VIII en 1491.
Puis, elle **est devenue veuve** en 1498.
Un an plus tard, elle **s'est remariée** avec Louis XII.
Finalement, elle **est morte** à l'âge de 38 ans.

1. Louis IX: naissance en 1214 / roi de France en 1226 / en Egypte pour la 7ᵉ croisade (*crusade*) / retour en France / mort pendant la 8ᵉ croisade
2. Marquise de Maintenon: naissance en 1635 / veuve en 1660 / remariage avec Louis XIV / grande influence sur le roi
3. Henri IV: naissance à Pau en 1553 / roi de France en 1589 / mariage avec Marie de Médicis en 1600 / quatre enfants / son assassinat par Ravaillac en 1610

B. Votre arbre généalogique. Mettez-vous à deux et racontez-vous les événements importants de la vie d'une personne de votre famille (un de vos parents, un grand-parent, etc.). En imitant le style de l'activité A ci-dessus, utilisez une variété de verbes au passé composé et d'adverbes de temps.

C. Mettez-vous à deux et racontez votre propre histoire ou une histoire choisie dans la liste ci-dessous:

1. une histoire que vous avez lue   2. vendredi dernier   3. un film que vous avez vu
4. un rendez-vous avec quelqu'un   5. une bande dessinée que vous avez lue   6. votre dernier voyage   7. le premier rendez-vous de vos parents (ou de deux de vos amis)
8. la vie amoureuse de deux personnes que vous connaissez

N'oubliez pas les trois parties principales de l'action: le début, les événements principaux et la fin. Mettez tous les verbes au passé composé et utilisez des expressions de temps appropriées.

Mon royaume pour un titre!

Vous travaillez comme rédacteur (rédactrice) (*editor*) et vous avez reçu récemment les cinq résumés suivants des chapitres qui feront partie d'un texte sur l'histoire de France. Vous avez lu ces brefs sommaires et votre tâche maintenant est de trouver un titre pour chaque épisode, un titre différent et imaginatif qui va à la fois attirer l'attention du public et l'intéresser à l'étude de l'histoire.

Mettez-vous à deux et choisissez un titre pour les cinq situations. Ensuite chaque groupe va lire ses propres titres aux autres groupes en expliquant pourquoi il a intitulé ainsi ces chapitres. A la fin on va déterminer ensemble le meilleur titre pour chaque texte. Ce résumé peut vous servir d'exemple.

> Le Roi-Chevalier, François Ier, a acquis sa renommée comme protecteur des arts. Il a fait bâtir les grands châteaux de Blois, Chambord et Fontainebleau. Il a fait venir en France de grands artistes italiens tels que Léonard de Vinci, qui a laissé la Joconde (*Mona Lisa*) à la France.

Quelques titres possibles sont: L'Ange protecteur des arts, Le Trésor de François Ier, Chronique d'un sourire mystérieux, Sous la robe royale, La Dame souriante, François Ier, Souvenirs de splendeur, La Belle et le Roi, Les Rois préfèrent les Italiennes. Maintenant, à vous.

1. En 1588, Henri, duc de Guise, a obligé Henri III, son ennemi mortel, à convoquer les Etats Généraux dans le château de Blois. Il comptait ainsi obtenir la déchéance (*downfall*) du roi. Le roi s'en est aperçu et a fait assassiner le duc dans le château même, au deuxième étage. Huit mois après, le roi était assassiné à son tour.

2. En 1595, Henri IV a décidé de renoncer au protestantisme pour la deuxième fois. Il est redevenu catholique et a été couronné roi de France. Il a pleuré au départ de son ministre huguenot en disant: «Paris vaut bien une messe.»

3. En 1671, Vatel, le célèbre cuisinier du Grand Condé (descendant de Charles de Bourbon, comme Henri IV) a fait des efforts surhumains pour recevoir au château de Chantilly Louis XIV et sa cour de 5 000 personnes d'une façon digne du roi. Puis, un matin, le poisson prévu pour le dîner n'est pas arrivé. Epuisé et déprimé, Vatel s'est suicidé dans sa chambre.

4. Une des maîtresses de Louis XIV s'est probablement servie de poisons et de magie pour se faire aimer du roi. Elle a aussi participé à des rites sataniques et elle a essayé d'assassiner non seulement le roi mais aussi une jeune rivale. On a commencé une enquête sur ces accusations, mais le roi l'a suspendue en 1679 et rien n'a été prouvé.

5. La nuit du 10 août 1792, la famille royale s'est enfui des Tuileries pour se réfugier à Paris mais elle a été arrêtée peu de temps après. Le roi Louis XVI a perdu tout son pouvoir et l'Assemblée l'a condamné à mort. Le 21 janvier 1793, le bourreau l'a guillotiné. Neuf mois après, la reine Marie-Antoinette a subi le même destin.

François Ier, roi de la Renaissance française
THE BETTMANN ARCHIVE

Louis XIV THE BETTMANN ARCHIVE

Louis XVI THE BETTMANN ARCHIVE

*Henri IV est devenu pour la postérité le
plus populaire des rois de France*
THE BETTMANN ARCHIVE

Un week-end inoubliable

Paris, le 3 mai 1694: Quelques collègues de travail et vous avez fondé depuis
peu de temps un des premiers journaux de France. Récemment, une de vos
connaissances a eu la chance de passer un week-end tout à fait extraordinaire à
Versailles dans le magnifique palais du roi Louis XIV. Vous voulez publier
dans votre journal un compte-rendu personnel sur ce week-end passé à Versailles.

Suivant vos instructions, votre «envoyé spécial» a pris quelques notes pendant sa visite au château. Maintenant, vous et vos confrères allez étudier tous
ensemble ces notes et compléter toutes les phrases afin de préparer cet article
pour l'édition du lendemain. Lisez chaque phrase à haute voix en essayant
plusieurs verbes différents pour trouver celui qui décrira le mieux les situations
proposées. Voici des verbes qui pourront vous aider à faire cet exercice.

admirer	durer	quitter
aller	s'ennuyer	remarquer
s'amuser à	entrer	se rendre compte
arriver	être frappé par	rentrer
assister à	faire	se reposer
se balader	offrir	retourner
donner	porter	venir
dormir	se promener	voir

Le week-end dernier, je _____ à une grande fête qui, comme les précédentes, _____ trois jours environ et _____ une série incroyable de divertissements. Evidemment, tout le monde _____ de nouveaux vêtements et des bijoux pour cette occasion. Le soir, je _____ à une pièce de Molière et après je _____ danser. Le lendemain, nous _____ dans les jardins et je _____ dans les parcs et les allées. Ensuite, nous _____ toute l'après-midi; puis le soir, ils _____ un grand feu d'artifice. A la fin de la soirée, nous _____ près du grand canal. Le lendemain matin je _____ dans la chapelle pour écouter les sermons de Bossuet. Nous _____ toute la journée et on _____ un pique-nique au Grand Trianon.[1] Ensuite, le roi _____ dans la Galerie des Glaces.[2] Je ne _____ tout le week-end. Je _____ Versailles le lendemain et _____ Paris. En traversant Paris, je _____ la pauvreté et la misère de certains quartiers. Est-ce que le roi _____ de cela? Qui sait?

Qu'est-ce qui se passe?

Voici quatre dessins humoristiques qui ont chacun besoin d'un commentaire. Regardez les images et inventez une légende pour chaque dessin. Ensuite tout le monde va les lire aux autres en classe. Quelles légendes est-ce que tout le monde a préférées et pourquoi?

Qui suis-je?

Dans cette activité, il s'agit de deviner en vingt questions le nom d'un personnage, d'un objet, d'un endroit ou d'une date. Chaque mot à deviner doit faire référence à l'histoire française ou américaine.

---

[1] **Le Grand Trianon** est un château dans le parc de Versailles.
[2] **La Galerie des Glaces** est une salle avec d'un côté des miroirs et de l'autre des fenêtres donnant sur le parc.

Mettez-vous à quatre. Chaque étudiant(e) du groupe écrit sur une feuille une date ou le nom d'un endroit, d'un objet ou d'un personnage importants de l'histoire. Ensuite un membre du groupe commence l'activité en disant: «Qui suis-je?» Les autres membres du groupe à tour de rôle lui posent une question qui va les aider à découvrir son identité. Attention: La personne qui répond aux questions ne peut répondre que par «oui» ou par «non». Si on demande, par exemple, «Où êtes-vous né?», l'étudiant(e) ne peut pas répondre. Mais si on demande, «Etes-vous né en France?», l'étudiant(e) peut répondre «oui» ou «non».

Suggestion: Commencez avec une question comme «Etes-vous un objet (un personnage, etc.)?» Voici quelques possibilités dans chaque catégorie. Bien sûr, il y en a beaucoup d'autres!

PERSONNAGES	DATES	ENDROITS	OBJETS
Henri IV	1776	Versailles	les châteaux de la Loire
Betsy Ross	1914	La Bastille	du thé
Louis XIV	1865	Valley Forge	le drapeau américain
John Wilkes Booth	1492	Gettysburg	la Maison blanche
Marie-Antoinette	1789	Philadelphia	le Mayflower

Comparaisons

Trouvez dans ce chapitre les illustrations correspondant aux personnages historiques ci-dessous, et faites les comparaisons suggérées. N'hésitez pas à vous servir des renseignements dans l'Index culturel à la page 194 ou des faits historiques que vous avez appris. Notez vos idées ci-dessous. Ensuite partagez-les avec le reste de la classe. Toutes les comparaisons sont-elles identiques? Lesquelles ont été les plus surprenantes? originales?

MODELE: Marie-Antoinette / Jeanne d'Arc →
Marie-Antoinette a vécu plus longtemps que Jeanne d'Arc.

François Ier / Henri IV / Louis XIV →
Louis XIV est la personne la plus flamboyante du groupe.

1. Napoléon / Louis XIV
2. Louis XVI / Marie-Antoinette
3. Louis XIV / Henri IV
4. Thomas Jefferson / Napoléon
5. Jacques Cartier / François Ier
6. ces hommes / ces femmes
7. Marie-Antoinette / Joséphine / Jeanne d'Arc
8. François Ier / Henri IV / Louis XIV

Trois châteaux différents

Avec (un)e camarade de classe comparez ces trois châteaux français. Commentez d'abord ce que vous voyez en utilisant des comparatifs et des superlatifs. Ensuite imaginez que vous décidez tous les deux d'acheter une de ces demeures. Laquelle préférez-vous et pourquoi? Parlez-en dans vos groupes, et partagez vos comparaisons ainsi que vos différents points de vue avec le reste de la classe.

Azay-le-Rideau ANDREW BRILLIANT

Chambord PETER MENZEL

Versailles CICCIONE/RAPHO/PHOTO RESEARCHERS, INC.

	AZAY-LE-RIDEAU	CHAMBORD	VERSAILLES
la façade	délicate	majestueuse	vaste
l'intérieur	simple	élégant	somptueux
construit à partir de	1518	1519	1624
les jardins/ les bois	jolis	beaux	incomparables
le confort	minime	inexistant	insuffisant
le prix	avantageux	raisonnable	exorbitant

MODELE: Versailles est le plus grand château mais Azay-le-Rideau a plus de charme que Versailles. →

Vous cherchez un emploi

Versailles, 1661: Vous êtes ambitieux (ambitieuse) et vous avez appris que si le roi vous remarquait, il pourrait vous faire duc (duchesse) ou comte (comtesse) par caprice. Justement, le Grand Chambellan recherche des employés pour Versailles. Vous avez envie de vous faire engager à la cour et vous décidez de poser votre candidature à un des postes offerts. Voici ce que vous devez faire.

1. Avec un(e) camarade de classe, choisissez l'offre d'emploi qui vous intéresse le plus.
2. Vous et votre camarade allez écrire le dialogue de l'interview pour ce poste. L'un(e) d'entre vous va jouer le rôle du Chambellan et l'autre va jouer le rôle du candidat (de la candidate).

3. Pendant l'interview, le candidat (la candidate) va essayer de montrer qu'il (elle) est la meilleure personne pour ce travail. Il est permis d'inventer toutes sortes de raisons. Le candidat (La candidate) va utiliser autant de comparatifs et de superlatifs que possible: Je suis la personne la plus énergique du monde... J'ai le plus d'imagination... Je travaille le mieux..., etc.
   Le Chambellan va poser des questions sur les références, la formation professionnelle, etc., du candidat (de la candidate). Il doit aussi décrire les conditions du travail, c'est-à-dire les heures, le salaire, etc.
4. A la fin de l'interview, le Chambellan doit décider d'engager ou de ne pas engager ce candidat (cette candidate). Pendant ce temps, le candidat (la candidate) décide à son tour d'accepter ou de refuser l'emploi. Chacun explique son choix.
5. Présentez votre dialogue au reste de la classe.

Maître d'hôtel

Aimez-vous regarder les gens manger? Prenez-vous plaisir à être servi(e) avant les autres? Nous recherchons quelqu'un pour goûter à tous les plats préparés pour le roi (il y en a trente ou quarante) deux fois par jour. Vous aurez également la responsabilité d'accompagner le cortège de la viande de Sa Majesté de la cuisine aux appartements du roi. Solide appétit et estomac de fer absolument nécessaires.

Perruquier

30 ans min. Dix à quinze ans d'expérience dans la fabrication et l'entretien des perruques. Connaissance des perruques de toilette, de matinée, de chasse, de promenade, de conseil, de soirée, etc. Amenez deux perruques ou deux dessins de perruques à l'interview.

Collecteur d'impôts

Le candidat idéal (La candidate idéale) a plus de 25 ans/aime voyager/a le sens de l'organisation/est fort(e) en mathématiques/est souriant(e), et aime les contacts humains. Une connaissance de la région sera appréciée.

Comédien

Vous avez une personnalité gaie et vous aimez faire rire le monde. Vous êtes imaginatif, créateur, drôle. Présentez-vous. Vous allez jouer des pièces comiques pour le roi et ses invités. Une expérience de quelques années dans une activité similaire est nécessaire. Les candidat(e)s à ce poste doivent prouver leur talent comique: pendant l'interview vous allez raconter deux plaisanteries.

Déjà vu

Pour faire cette activité, relisez les paragraphes d'introduction à Déjà vu, page 19.

1. Une famille française recherche quelqu'un pour donner des leçons d'anglais à leurs deux enfants âgés de dix et de treize ans, et ce travail vous intéresse. Le mari (La femme) vous intervieue aujourd'hui. Il (Elle) va vous poser beaucoup de questions au sujet des emplois que vous avez déjà eus, de qui/quoi vous avez dû vous occuper, de votre salaire, etc. Répondez-lui avec autant de détails que possible. N'hésitez pas à expliquer pourquoi vous avez posé votre candidature à ce poste. Parlez-lui de vos qualités et de vos talents et convainquez-le (la) que vous êtes exactement la personne qu'ils recherchent.
2. Vous voulez travailler en France cet été à restaurer un monument classé en Dordogne. Aujourd'hui le responsable des travaux va vous interviewer. Il (Elle) va vous poser quelques questions sur l'histoire de France (les personnages, les endroits et les dates importants) pour savoir quelles en sont vos connaissances dans ce domaine. Soyez honnête; dites-lui ce que vous savez et admettez ce que vous ne savez pas. Expliquez-lui pourquoi vous voulez participer à ce projet de restauration et ce que vous pouvez y apporter. Parlez-lui de votre expérience professionnelle, et convainquez-le (la) que vous êtes assez qualifié(e) pour faire ce travail.
3. Vous êtes en France pour y faire un film sur la vie tragique de Louis XVI et de Marie-Antoinette. Vous avez récemment choisi l'acteur et l'actrice qui vont jouer les rôles principaux—deux Américains. Aujourd'hui, un critique cinématographique français va vous interviewer pour comprendre la raison de ces choix. Pourquoi n'avez-vous pas engagé des Français pour ces rôles? Comparez les acteurs que vous avez choisis aux acteurs qu'il (elle) préférerait. Convainquez-le (la) que vos acteurs sont plus compétents.
4. Vous avez pu voyager dans le temps pour rencontrer le personnage historique français ou américain de votre choix. Un(e) de vos amis est très intéressé(e) par votre voyage et vous pose des questions à ce sujet (où? quand? qui? pourquoi? etc.). Vous lui répondez avec autant de détails que possible; n'oubliez pas d'expliquer pourquoi vous avez choisi ce personnage en particulier. Puis votre ami(e) vous interroge sur vos réactions personnelles vis-à-vis de cette expérience extraordinaire. Vous finissez par lui demander quel personnage historique français ou américain l'intéresse le plus et pourquoi.

Devinez un peu

Formez des équipes de quatre personnes pour jouer au «trivia bowl». Deux
équipes se font concurrence. La personne qui lève la main le plus vite a le droit
de répondre à une question. L'équipe avec le plus grand nombre de réponses
correctes gagne.

1. La France a vendu ce territoire immense à la jeune république des Etats-
   Unis en 1803 pour 15 millions de dollars
   a. le Territoire nord-ouest
   b. la Californie, le Texas et le Mexique
   c. la Louisiane
   d. la Floride et les Caraïbes
2. En 1598, l'Edit de Nantes
   a. a mis fin au siège de Nantes
   b. a décidé de la construction d'une forteresse à Nantes pour défendre la
      ville contre les Anglais
   c. a introduit un nouvel impôt sur la viande et sur le vin
   d. a garanti la liberté religieuse dans certaines villes de France, telles que
      La Rochelle et Montpellier
3. Après les guerres d'Italie, il a ramené en France des maîtres italiens, y
   compris Léonard de Vinci. Ce grand roi s'appelait
   a. François Ier c. Henri III
   b. François II   d. Henri IV
4. «L'état, c'est moi» a dit un monarque absolu français qui a régné pendant
   cinquante-quatre ans, de 1661 à 1715. Il s'agit de
   a. Napoléon   c. Louis XIV
   b. le Cardinal Duc de Richelieu   d. Louis XV
5. Ce général et homme politique est parti aux Etats-Unis en 1777 pour aider
   les Américains à battre les Anglais dans la guerre d'Indépendence
   américaine
   a. La Salle   c. Jacques Laffitte
   b. Louis Jolliet   d. La Fayette
6. En 1801, Napoléon a commencé à parler du «code civil»,
   a. qui a établi des lois de propriété, de mariage, d'héritage, etc.
   b. le premier manuel de termes militaires à l'usage des civils
   c. un programme pour aider les anciens combattants à retrouver une vie
      normale après leur service militaire
   d. mais ceci n'a jamais abouti à rien
7. Combien de Napoléon ont régné au dix-neuvième siècle?
   a. un: Napoléon Bonaparte
   b. deux: Napoléon Bonaparte et Napoléon II
   c. deux: Napoléon Bonaparte et Napoléon III
   d. trois: Napoléon Bonaparte, Napoléon II et Napoléon III
8. Au dix-huitième siècle, Louis XVI s'est servi de lettres de cachet pour
   a. donner rendez-vous à une maîtresse
   b. faire un traité secret avec un souverain étranger

c. emprisonner un sujet à jamais et sans procès
d. correspondre avec le premier ministre
9. Le Siècle des Lumières se réfère
   a. à l'époque qui vient immédiatement après le Moyen Age
   b. au début du dix-neuvième siècle, après l'invention de l'électricité, de la machine à coudre, etc.
   c. au développement des doctrines philosophiques sur le rationalisme, l'individualisme, le nationalisme
   d. à l'époque de Louis XIV, le Roi-Soleil
10. «Allons enfants de la patrie, le jour de gloire est arrivé!»
    a. est une phrase qui souhaite la bienvenue à ceux qui visitent l'Arc de Triomphe et le tombeau du soldat inconnu
    b. est le début de la Marseillaise, l'hymne national français
    c. est le début du célèbre discours de Napoléon après son sacre (*coronation*)
    d. est le titre d'une chanson qui fête la fin de la guerre prussienne en 1871

Jeux de mots

Sujets de composition

Faites une composition orale ou écrite sur un ou deux des sujets suivants.

Les femmes, les hommes et l'histoire

Jeanne d'Arc	Charles VII
Catherine de Médicis	Henri II
la Marquise de Maintenon	Louis XIV
Marie-Antoinette	Louis XVI
Joséphine	Napoléon

Qui sont tous ces personnages historiques? Quelle importance ont-ils eue? Dans cette liste, les femmes ont-elles joué un rôle plus, moins ou aussi important que les hommes? Si les femmes sont dans l'ensemble moins connues, à quoi est-ce dû? Expliquez. Connaissez-vous des femmes célèbres dans le monde actuel? Commentez. Comment la femme influence-t-elle l'histoire du monde contemporain?

Le français et l'anglais   L'Académie française, fondée en 1635, a eu un rôle dominant dans l'évolution de la langue française. Depuis, c'est elle qui détermine l'usage des mots et les règles de grammaire, et qui contrôle l'orthographe et la prononciation. Qui décide de cela aux Etats-Unis? Est-il nécessaire d'imposer des lois strictes à la grammaire d'une langue? Pourquoi? Comment avez-vous appris la grammaire anglaise? la grammaire française? Selon vous, est-il nécessaire d'habiter dans un pays pour en apprendre la langue? Pourquoi?

Les faux amis

Choisissez l'expression qui correspond le mieux aux mots en italique. Attention: Dans chaque phrase, le terme en italique est un faux ami.

1. Après la mort de Clovis, roi des Francs (481–511), son grand royaume a été ravagé à cause de disputes entre ses héritiers. Pendant plusieurs siècles, les guerres, les massacres et les vengeances *se sont succédé*. L'ordre politique s'est démantelé. La période après la mort de Clovis a été marquée par
    a.   des troubles qui sont arrivés les uns après les autres
    b.   un beau succès
    c.   beaucoup de prospérité
    d.   la bonne fortune
2. La Maison de *Bourbon* remonte au onzième siècle; cette famille a régné sur la Navarre, la France, l'Espagne, Naples et Parme. Les *Bourbon* ont influencé le cours de l'histoire parce qu'
    a.   ils ont fabriqué le meilleur whisky du monde
    b.   il s'agit d'une famille royale
    c.   ils ont vendu la Navarre et la France à Thomas Jefferson
    d.   ils ont acheté l'Espagne, Naples et Parme à Thomas Jefferson
3. En 1066 le duc de Normandie, Guillaume le Conquérant, a *lancé* une expédition qui s'est terminée par la conquête de l'Angleterre. Il est devenu roi d'Angleterre (1066 à 1087). En 1066, Guillaume le Conquérant
    a.   s'est mutilé
    b.   a percé un tunnel entre la France et l'Angleterre
    c.   a participé à une épreuve d'athlétisme internationale
    d.   a commencé une attaque contre l'Angleterre
4. A l'âge de treize ans, Jeanne d'Arc a entendu une voix divine qui lui a ordonné de chasser les Anglais hors de France. Le Dauphin, Charles VII, a accepté de lui donner une petite escorte de soldats et elle a réussi à *délivrer* Orléans et plusieurs autres villes françaises. Jeanne d'Arc
    a.   a dénoncé sa patrie
    b.   a fait cadeau d'Orléans au Dauphin
    c.   a libéré Orléans et d'autres villes françaises
    d.   a livré de la marchandise à Orléans
5. François Ier a fait venir beaucoup d'artistes italiens comme Léonard de Vinci. *Actuellement,* on peut admirer leurs œuvres au Louvre. *Actuellement* est synonyme de (d')
    a.   en réalité
    b.   aujourd'hui
    c.   réellement
    d.   heureusement

6. En 1559, Henri II, roi de France (1547–1559) marié à Catherine de Médicis, a été mortellement *blessé* au cours d'un tournoi. Trois de leurs dix enfants ont régné: François II, Charles IX et Henri III. Cette petite anecdote raconte _____ d'Henri II.

   a. la canonisation   c. la mort
   b. la conversion   d. le sacre

7. «Paris vaut bien une *messe*» a dit Henri IV au moment de sa conversion au catholicisme. Quand il a prononcé cette phrase, Henri IV (qui est devenu le roi de France le plus populaire) parlait

   a. du chaos politique à Paris à cette époque
   b. de la pollution à Paris à ce moment-là
   c. d'un service religieux
   d. de la restauration de plusieurs bâtiments à Paris

8. Louis XVI, de caractère timide et indécis, a eu un *sort* tragique. On l'a exécuté le 12 janvier 1793. Le *sort* de ce roi de France se réfère à

   a. sa destinée   c. un accident
   b. une maladie   d. sa colère

9. Les touristes qui visitent Paris ne voudraient pas manquer d'aller voir l'*hôtel particulier* du grand écrivain Victor Hugo, où rien n'a changé depuis sa mort en 1885. Les visiteurs d'un *hôtel particulier* vont dans

   a. un hôtel touristique distinctif
   b. un grand hôtel international
   c. un café-hôtel
   d. une résidence privée

10. Le 14 juillet 1789, le *peuple* de Paris a pris la Bastille. Qui a pris la Bastille?

   a. les habitants de Paris
   b. la classe pauvre de la ville
   c. les nobles et les bourgeois
   d. les provinciaux qui étaient à Paris à ce moment-là

En somme, c'est tout ce que vous savez sur Napoléon?

La vie scolaire

On passe un examen de chimie à l'université d'Orléans ULRIKE WELSCH

Mots et expressions

EN COURS

améliorer to improve
l'argot (*m.*) slang
les connaissances (*f.*)
  knowledge
efficace effective
l'enseignement (*m.*)
  teaching
enseigner to teach
épeler to spell
l'extrait (*m.*) excerpt
le niveau level
l'orthographe (*f.*)
  spelling
la règle rule

le sens meaning

L'ANNEE SCOLAIRE

le but goal, purpose
**le conseiller (la con-
  seillère)** counselor
le critère criterion
l'école (*f.*) **(maternelle,
  primaire, secondaire)**
  (nursery, primary,
  secondary) school
la Faculté de Droit
  School of Law
La Faculté des Lettres
  College of Liberal Arts

La Faculté de Médecine
  Medical School
La Faculté des Sciences
  College of Sciences
les frais (*m.*) expenses
les inscriptions (*f.*) registration
le projet plan
la remise des diplômes
  graduation ceremony
la rentrée reopening (of
  schools)
universitaire belonging to
  (of) the university

ctivités

Les abréviations

Savoir prendre des notes est essentiel pour réussir à l'université. Pour cela, il faut être attentif, bien sûr, aux informations données. Il est aussi nécessaire de pouvoir vite noter afin de ne rien perdre d'essentiel. Les abréviations ci-dessous pourraient vous aider à prendre des notes en français d'une manière claire et efficace.

A. Etudiez les abréviations et les signes et faites la correspondance entre eux et les expressions à droite.

_____	1. ch	_____	9. bcp	a.	numéro	k.	vous
_____	2. >	_____	10. ∅	b.	beaucoup	l.	nécessaire
				c.	paragraphe	m.	chose
_____	3. vs	_____	11. ex	d.	heure	n.	problème
_____	4. %	_____	12. n°	e.	exemple	o.	plus ou moins
				f.	égal	p.	c'est-à-dire
_____	5. pb	_____	13. <	g.	conséquence	q.	rien
_____	6. ±	_____	14. =	h.	quand	r.	théorie
				i.	pourcentage	s.	inférieur
_____	7. qq(s)	_____	15. h	j.	quelque(s)	t.	supérieur
_____	8. ⇒	_____	16. θ				

B. Ensuite mettez-vous à deux. Dictez les trois premières phrases ci-dessous à votre camarade; il (elle) va utiliser autant d'abréviations que possible pendant la dictée. Puis il (elle) va vous dicter les phrases 4 à 6. Combien d'abréviations avez-vous employées?

1. Beaucoup de problèmes nous troublent.
2. Je vais vous en donner quelques exemples.
3. Venez à 7 heures à la porte numéro 1 pour voir M. Martin.
4. Cela a eu pour conséquence de l'obliger à réfléchir.
5. Cette chose est plus ou moins décidée.
6. Les petits scouts marchaient d'un pas égal.

La vie pratique

Comment présenter vos félicitations?

Connaissez-vous le calendrier français? Savez-vous quelles fêtes sont célébrées en France et comment offrir vos vœux à vos amis français à l'occasion d'une de ces fêtes? Les activités suivantes vous aideront à reconnaître les jours de fêtes et les formules qui peuvent être utilisées alors.

Voici les principales fêtes françaises: Fête du travail, Armistice, Noël, Epiphanie, Nouvel an, Fête nationale, Toussaint, Pâques/Pâque.

Voici les expressions à utiliser à l'occasion d'une fête religieuse:

Joyeux Noël.   Joyeuse Pâque (Joyeuses Pâques).
Bonne Année.   Bonne et heureuse Année.
Bonne fête.   Joyeuse fête (Joyeuses fêtes).

Voici ce que l'on dit pour des fêtes familiales:

Joyeux anniversaire.
Heureux anniversaire.

Toutes mes félicitations pour

- votre anniversaire.
- votre mariage.
- la naissance de votre petit(e)... avec
- tous mes vœux de bonheur.

Meilleurs vœux.
Permettez-moi de vous féliciter pour...
Félicitations.

Entraînez-vous à deux

A. Le tableau suivant indique les dates principales du calendrier français. Complétez-le en y ajoutant le nom des fêtes indiquées ci-dessus. Ensuite comparez vos réponses avec celles d'un(e) camarade de classe.

DATE	FETE
le 1er janvier	
le 6 janvier	
le 1er mai	
le 14 juillet	
le 1er novembre	
le 11 novembre	
le 25 décembre	
variable	

B. A certaines occasions on offre ses vœux ou des cadeaux. Etudiez chaque situation présentée et choisissez les expressions que vous pourriez utiliser pour féliciter quelqu'un. Ensuite comparez vos résultats avec ceux d'un(e) camarade en justifiant vos choix.

1. Votre meilleur ami (meilleure amie) a obtenu son diplôme.
   a. Bonne fête!
   b. Toutes mes félicitations!
   c. Tous mes vœux à l'occasion de la nouvelle année!
   d. a et b.
2. Vous célébrez le Réveillon avec vos amis.
   a. Bonne Année!
   b. Tous mes vœux pour la nouvelle année!
   c. Tous mes vœux de bonheur!
   d. a, b et c.
3. Des parents fêtent leur 50ᵉ anniversaire de mariage.
   a. Joyeux anniversaire!
   b. A votre santé!
   c. Toutes mes félicitations à l'occasion de votre anniversaire de mariage.
   d. a et c.

4. Un ami (Une amie) a eu vingt-et-un ans hier.
   a. Heureux anniversaire!
   b. Joyeux anniversaire!
   c. Toutes mes félicitations pour ton (votre) anniversaire!
   d. a, b et c.

C. Préparez une causerie d'une minute sur un des sujets suivants. Décrivez vos activités de ce jour-là... qui vous avez vu(e), où vous êtes allé(e), ce que vous avez fait, mangé, acheté, etc., en mettant tous les verbes au passé. Puis racontez ces événements à un(e) camarade de classe.

1. Noël dernier   2. Mon dernier anniversaire   3. La dernière fête que j'ai célébrée en famille   4. Le Nouvel an   5. Le jour le plus mémorable de ma vie   6. Le mariage de...

Un peu d'administration

Vous faites partie du comité chargé des admissions à l'université. Ce comité se réunit demain pour la dernière fois avant que le semestre ne commence. Il y a un problème. Vous avez en ce moment devant vous dix dossiers d'étudiant(e)s qui ont posé leur candidature, mais il ne reste que six places. Votre tâche est de choisir six personnes parmi les dix pour les admettre à l'université l'année prochaine.

Maintenant groupez-vous par quatre et éliminez un candidat (une candidate) à la fois jusqu'à ce qu'il ne vous reste que six personnes. Vous ne pouvez refuser quelqu'un que si la majorité du groupe est d'accord pour le faire. Faites une liste des candidat(e)s que vous allez accepter et expliquez les raisons pour lesquelles vous avez choisi ces personnes. Ensuite partagez vos décisions avec le reste de la classe.

1. Talia Reed, 38 ans, divorcée, 3 enfants. Il y a 20 ans qu'elle a abandonné ses études secondaires. Elle n'a jamais fait d'études universitaires.
2. Lila Malilo, 19 ans, célibataire. C'est une réfugiée qui est récemment arrivée du Laos sans sa famille. Elle parle très peu anglais.
3. Craig «Moose» Pendleton, 25 ans, joueur de football, célibataire. Il a déjà essayé deux fois et sans succès de finir un semestre à l'université.
4. Ben Black Otter, 18 ans, célibataire, indien américain. Il vient de quitter la réserve pour la première fois. Il ne voulait pas poser sa candidature; sa famille l'a fait pour lui.
5. Ron Baker, 31 ans, marié, 2 enfants. Il est assistant social (*social worker*) depuis 10 ans; il veut commencer une autre carrière qui lui permettra de passer plus de temps avec sa famille.
6. Mary Micellie, 27 ans, religieuse; elle a un diplôme d'éducatrice spécialisée.

Elle voudrait faire des études d'économie pour s'occuper des affaires financières de son ordre.

7. Paul Woosten, 60 ans, veuf, géologue. Il a passé ces 25 dernières années à prendre soin de sa femme handicapée. Maintenant il voudrait élargir ses connaissances.

8. Jean Wheeler, 22 ans, célibataire. Depuis qu'elle a quitté la *high school* elle n'a pas pu trouver un emploi qui l'intéresse vraiment. Elle n'aime pas beaucoup l'université, mais elle ne voit pas d'autres possibilités.

9. Matt Buren, 18 ans, fils de votre voisin. Il y a toujours eu des avocats dans sa famille. Il préfère étudier la musique et veut devenir un musicien «rock».

10. Fr. Frank Bolmin, 29 ans, prêtre. Il ne s'intéresse pas au contenu des cours. Il voudrait connaître les jeunes d'aujourd'hui pour mieux les servir.

Considérez-vous le dictionnaire comme votre ami?

Avez-vous pensé récemment au rôle du dictionnaire dans votre vie? Pour vous qui apprenez une langue et qui faites beaucoup de devoirs pour tous vos cours, le dictionnaire est un instrument très important. Dans un dictionnaire, vous pouvez vérifier l'orthographe, le sens, l'étymologie et la partie du discours pour chaque mot. Savez-vous comment y trouver tous ces renseignements? Vous allez voir.

Mettez-vous en groupes et regardez le texte à la page 80. C'est un extrait d'un dictionnaire français. Familiarisez-vous avec les mots. Ensuite répondez le plus vite possible aux questions qui suivent ce texte. Vous avez dix minutes pour faire cette activité.

1. Est-ce que *moutard* et *moutarde* se prononcent de la même façon? Où cela est-il indiqué dans le dictionnaire?

2. Quel est le féminin de *mousseux*?

3. Certains liquides moussent; nommez-en deux.

4. Trouvez un mot d'origine latine, un mot d'origine italienne et un mot d'origine espagnole.

5. Combien de verbes pouvez-vous trouver? Nommez-les. Comment savez-vous que ce sont des verbes?

6. Quel est le genre du mot *mousse*?

7. Comment se nourrit la femelle des moustiques? et le mâle?

8. Quelle était la différence entre les mousquetaires gris et les mousquetaires noirs?

9. D'après ce dictionnaire, qui peut porter une moustache?

10. Trouvez un synonyme du verbe *se mourir*.

MOULEUR n. m. Ouvrier qui exécute des moulages.

MOULIÈRE n. f. Etablissement, au bord de la mer, où l'on pratique l'élevage des moules.

MOULIN [mulɛ̃] n. m. (lat. *molinum*; de *mola*, meule). Machine à moudre le grain, à piler, à pulvériser certaines matières ou à en exprimer le suc, etc. : *moulin à huile.* ‖ Edifice où cette machine est installée : *moulin à vent.* ● *Moulin à café, à poivre*, petit moulin pour moudre le café, le poivre. ‖ *Moulin à paroles*, personne bavarde.

MOULINAGE n. m. Opération de consolidation de la soie grège, consistant à réunir et à tordre ensemble plusieurs fils.

MOULINER [muline] v. t. Faire subir le moulinage à la soie grège.

MOULINET [mulinɛ] n. m. Tourniquet que l'on place à l'entrée de certains chemins dont l'accès est réservé aux piétons. ‖ Appareil servant à mesurer la vitesse des cours d'eau. ‖ Sorte de bobine fixée au manche d'une canne à pêche, et sur laquelle s'enroule la ligne. ● *Faire le moulinet*, donner à un bâton, à une épée, etc., un mouvement de rotation rapide.

MOULINEUR, EUSE ou **MOULINIER, ÈRE** n. Ouvrier, ouvrière transformant en fil, par doublage et torsion, la matière textile.

MOULT [mult] adv. (lat. *multum*). Beaucoup, très (vx).

MOULU, E adj. (de *moudre*). Rompu, brisé de fatigue : *avoir le corps moulu.* ● *Or moulu*, or réduit en poudre, employé au XVIIIᵉ s. pour la dorure des métaux.

MOULURE [mulyr] n. f. (de *mouler*). Saillie faisant partie d'une ornementation de serrurerie, d'architecture, d'ébénisterie, etc.

MOULURER v. t. Orner d'une moulure.

MOURANT, E adj. et n. Qui se meurt; qui va mourir. ‖ — Adj. *Fig.* Languissant : *regards mourants.* ● *Voix mourante*, voix langoureuse et traînante.

MOURIR [murir] v. i. (lat. *mori*) [conj. 19]. Cesser de vivre : *mourir de vieillesse.* ‖ *Par exagér.* Souffrir beaucoup de : être tourmenté par : *mourir de faim, de peur.* ‖ En parlant des choses, cesser d'être : *la gelée a fait mourir ces fleurs.* ‖ — *Fig.* Cesser d'exister, disparaître : *les empires naissent et meurent.* ‖ Finir peu à peu, s'affaiblir : *les vagues venaient mourir sur la grève.* ● *Mourir de sa belle mort*, mourir de mort naturelle et non de mort accidentelle ou violente. ‖ *Mourir de peur*, éprouver une peur extrême. ‖ *Mourir de rire*, rire aux éclats. ‖ — **Se mourir** v. pr. Etre près de mourir. ‖ S'éteindre, disparaître.

MOURON [murɔ̃] n. m. (empr. au germ.). Petite plante commune dans les cultures et les chemins, à fleurs rouges ou bleues, toxique pour les animaux. (Famille des primulacées. Le *mouron des oiseaux*, ou *morgeline*, à petites fleurs blanches, appartient au genre *stellaire* [famille des caryophyllacées].) ● *Se faire du mouron* (Pop.), se faire du souci.

MOUSMÉ [musme] n. f. Jeune fille, au Japon.

MOUSQUET [muskɛ] n. m. (ital. *moschetto*, émouchet). Arme à feu portative, employée aux XVIᵉ et XVIIᵉ s. (Les légions provinciales de François Iᵉʳ en introduisirent l'usage en France. Jusque vers 1650, on l'appuyait pour le tir sur une fourche fixée en terre.)

MOUSQUETAIRE [muskɛtɛr] n. m. Autref., fantassin armé d'un mousquet. ‖ Gentilhomme d'une des deux compagnies à cheval de la maison du roi,

distinguées par la couleur des chevaux : *mousquetaires gris, noirs.* ● *A la mousquetaire*, se dit des gants à large crispin, des bottes ou de poignets à revers.

MOUSQUETERIE [-kɛtri ou -kɛtri] n. f. Décharge de plusieurs fusils qui tirent en même temps.

MOUSQUETON n. m. (ital. *moschettone*). Arme à feu individuelle, semblable au fusil, mais plus légère et plus courte. ‖ Crochet maintenu fermé par un ressort.

MOUSSAILLON n. m. *Fam.* Petit mousse.

MOUSSE [mus] n. m. (ital. *mozzo*). Jeune marin de quinze à seize ans.

MOUSSE n. f. (francique *mossa*). Plante formée d'un tapis de courtes tiges feuillues serrées l'une contre l'autre, vivant sur le sol, les arbres, les murs, les toits. (Les mousses appartiennent à l'embranchement des bryophytes.)

MOUSSE n. f. (du précédent). Ecume qui se forme à la surface de certains liquides. ‖ Crème fouettée parfumée au chocolat ou au café. ● *Mousse de platine*, platine spongieux, obtenu par la calcination de certains de ses sels.

MOUSSE adj. (du lat. *mutilus*, tronqué). Qui n'est pas aigu ou tranchant : *lame mousse.*

MOUSSEAU ou **MOUSSOT** [muso] adj. m. Se dit d'un pain fait avec de la farine de gruau.

MOUSSELINE [muslin] n. f. (ital. *mussolina*, tissu de Mossoul). Tissu peu serré, léger, souple et transparent : *mousseline de soie, de coton.* ‖ — Adj. inv. *Verre mousseline*, verre très fin. ‖ Se dit d'une sauce, d'une sorte de brioche légère.

MOUSSER [muse] v. i. Former, produire de la mousse : *le champagne mousse.* ● *Faire mousser quelqu'un* ou *quelque chose* (Fam.), faire valoir, vanter : *faire mousser ses amis.*

MOUSSERON [musrɔ̃] n. m. (bas lat. *mussirio*; d'orig. obscure). Champignon comestible délicat, poussant en cercle dans les prés, les clairières. (Famille des agaricacées, genre *tricholome*.)

MOUSSEUX, EUSE adj. Qui mousse : *bière mousseuse.*

MOUSSEUX n. m. Vin mousseux.

MOUSSOIR n. m. Cylindre de bois pour délayer une pâte, pour faire mousser le chocolat.

MOUSSON [musɔ̃] n. f. (arabe *mausim*, saison). Nom donné à des vents qui soufflent, surtout dans l'Asie du Sud-Est, alternativement vers la mer et vers la terre pendant plusieurs mois : *la mousson d'été est humide.*

MOUSSU, E adj. Couvert de mousse : *pierre moussue.*

MOUSTACHE [mustaʃ] n. f. (ital. *mostaccio*, empr. au gr.). Partie de la barbe qui pousse au-dessus de la lèvre. ‖ Poils longs et raides de la gueule de certains animaux : *les moustaches du chat.* (Syn. VIBRISSES.)

MOUSTACHU, E adj. et n. Qui porte une forte moustache : *soldat moustachu.* ‖ Qui a de la moustache : *une femme moustachue.*

MOUSTIÉRIEN [mustjerjɛ̃], **ENNE** [-ɛn] ou **MOUSTÉRIEN, ENNE** adj. et n. m. (de *Moustier*, village de Dordogne). *Préhist.* Se dit de la période du paléolithique moyen, correspondant à la seconde moitié du dernier interglaciaire.

MOUSTIQUAIRE n. f. Rideau de mousseline dont s'entoure des lits pour se préserver des moustiques.

MOUSTIQUE [mustik] n. m. (esp. *mosquito*, petite mouche). Insecte de l'ordre des diptères, à abdomen allongé et à longues pattes fragiles, dont la femelle pique la peau de l'homme et des

animaux pour se nourrir de leur sang. (Le mâle se nourrit du nectar des fleurs. Le moustique ordinaire est le *cousin*; l'*anophèle* est un moustique qui transmet le microbe du paludisme.)

MOÛT [mu] n. m. (lat. *mustum*). Vin doux qui n'a pas encore fermenté. ‖ Suc de certains végétaux, avec lequel on fabrique des boissons alcooliques.

MOUTARD [mutar] n. m. *Pop.* Petit garçon.

MOUTARDE [mutard] n. f. (de *moût*). Nom donné à diverses crucifères qui fournissent le condiment du même nom : *la moutarde noire*, ou

mouron

mousquet

mousquetaire

moustique

moutarde

blanche (fleur)　　sauvage (fruit)

Vous et la lecture

Lisez-vous beaucoup? Voici quelques livres que vous pouvez acheter dans des librairies françaises. Jetez-y un coup d'œil, puis rangez-les selon les catégories ci-dessous.

CATEGORIES	LIVRES
Livre de référence	_____
Littérature	_____
Philosophie	_____
Sciences sociales	_____
Beaux-arts	_____
Langues	_____
Cinéma	_____
Musique	_____
Tourisme/Voyages	_____

Médecine   _____

Cuisine/Gastronomie   _____

Intérêts spéciaux   _____

Ensuite comparez vos résultats avec ceux de votre partenaire. Etes-vous d'accord avec lui (elle)?

Maintenant interviewez deux camarades de classe afin de savoir quelles sont leurs habitudes en ce qui concerne la lecture. Posez-leur les questions suivantes et écrivez brièvement les réponses.

1. Combien d'heures par semaine passez-vous à lire (pour vos cours et pour le plaisir)? à regarder la télévision?

   _____ lecture   _____ télévision

2. Que lisiez-vous quand vous étiez plus jeune? Bandes dessinées? contes de fées (*fairy tales*)? biographies de gens célèbres? autre chose? Pourquoi?

   _____

3. Devinez combien l'Américain moyen a lu l'année dernière (réponse en bas).[1]

   _____ rien   _____ 1 roman   _____ 2.4 romans   _____ plus de 5 romans

4. Qui aime lire dans votre famille? Que lit-il (elle)?

   _____

5. Avez-vous jamais lu Sidney Sheldon? _____ James Michener? _____

   Jane Austen? _____ Albert Camus? _____ Simone de Beauvoir? _____

6. Nommez deux de vos auteurs préférés:

   _____

7. Nommez deux œuvres que vos avez lues cette année:

   _____

8. De nos jours, on peut écouter des livres en cassettes. Quels en sont les avantages? les inconvénients?

   _____

9. Qu'avez-vous lu pendant vos dernières vacances (romans, magazines, etc.)?

   _____

10. Si vous pouviez avoir rendez-vous avec l'auteur de votre choix, qui aimeriez-vous rencontrer? Pourquoi?

    _____

_____

[1] 1 roman

Un marathon de bavardage

Comment vous organiser   Divisez la classe en deux. Décidez quel groupe commence l'exercice.

Comment jouer   Chaque groupe essaie de parler le plus longtemps possible. A tour de rôle les étudiants de l'équipe A énoncent à l'imparfait une phrase complète sur n'importe quel sujet. On ne peut pas répéter un verbe déjà utilisé par un autre membre de son équipe. Si un étudiant (une étudiante) conjugue mal un verbe, s'il répète un verbe ou s'il met plus de cinq secondes à commencer sa phrase, son équipe perd son tour et c'est à l'autre équipe de jouer.

Comment déterminer le gagnant   Après chaque essai, chaque étudiant ayant répondu sans faute gagne un point. L'équipe gagnante est celle qui a le plus de points.

Variante   Organisez-vous de la même manière, mais au lieu d'énoncer des phrases sans rapport les unes aux autres, chaque équipe va essayer de raconter une histoire sur la vie scolaire. Les deux groupes choisissent parmi les sujets ci-dessous celui qui les intéresse le plus. Cette fois-ci, il faut conjuguer les verbes aux temps appropriés: au présent, au passé composé ou à l'imparfait. Les autres règles du jeu sont les mêmes.

1. La cantine ou le restaurant universitaire et moi
2. Ma première journée à l'université
3. La fin de mon premier semestre à l'université (examens finals, etc.)
4. Ma vie en résidence universitaire (problèmes, surprises, etc.)
5. Quand j'avais quinze ans...
6. Un week-end typique
7. Ma journée la plus mémorable
8. Une fête

L'actualité

Etudes et emplois

A.   Examinez la publicité d'une école d'enseignement par correspondance à la page 84, puis répondez aux questions ci-dessous.

1. A qui cette publicité est-elle destinée?
2. Quelles sortes de renseignements peut-on trouver dans cette publicité?
3. A quel métier (quels métiers) s'intéresserait quelqu'un qui est doué pour la photographie? pour les langues étrangères?

Apprenez chez vous le métier qui vous plaît

SCENARISTE
Apprenez à construire un scénario : imaginez une histoire et sachez l'écrire pour quelle soit réalisable au cinéma.

REALISATEUR CINEMA
Apprenez à maîtriser toutes les techniques de réalisation d'un film : découpage du scénario, utilisation de la caméra, montage, trucage,[a] sonorisation, et participer au choix des technicien et au casting.

MONTEUR DE FILMS
Participez à la dernière, mais sans doute la plus importante étape de la fabrication d'un film : le montage.

CAMERAMAN
Entrez dans le domaine de l'audiovisuel. Apprenez à maîtriser les techniques de prises de vues : utilisation de la caméra, cadrage,[b] éclairage...

SCRIPTE
Soyez la collaboratrice efficace du réalisateur en notant les moindres détails du tournage et en participant activement au montage des séquences.

ASSISTANT REALISATEUR VIDEO
Secondez le réalisateur dans la préparation artistique, technique et organisationnelle de la production vidéo.

C.A.P.[c] PHOTOGRAPHE
Si vous êtes passionné(e) de photo, dépassez le stade du simple amateur. Cours avec matériel et possibilité de stages en laboratoire avec un professionnel.

GRAPHOLOGUE[d]
Les applications professionnelles, maintenant bien reconnues, de la graphologie sont nombreuses : psychologie, orientation, recrutement, criminologie... Graphologue : un métier à part entière (niveau baccalauréat nécessaire).

REPORTER PHOTOGRAPHE
Une profession faite pour les gens dynamiques, indépendants qui aiment la photo et les voyages.

B.T.S.[e] ACTION COMMERCIALE
Le développement économique, l'évolution des structures et des techniques de distribution assurent aux commerciaux un avenir prometteur.

B.T.S. COMMERCE INTERNATIONAL
L'import-export, un métier sans frontières pour tous ceux qui sont attirés par le commerce et les langues étrangères. Avec votre B.T.S., faites face à la multiplicité des échanges internationaux.

PUBLICITE
Assistant de publicité, chef de publicité, B.T.S. publicité ou photographe publicitaire : travaillez dans le domaine passionnant de la communication.

DESSINATEUR PUBLICITAIRE
Si vous aimez le dessin, si vous avez des idées, choisissez la publicité. Dans les agences, les studios, on recherche des graphistes[f] compétents (prép. au C.A.P.).

B.T.S. COMPTABILITE ET GESTION[g]
85 % des titulaires de ce B.T.S. obtiennent un emploi dans les six mois qui suivent l'obtention de leur diplôme. Les débouchés sont assurés, la gestion étant primordiale pour les entreprises.

B.T.S. TOURISME
Préparer un diplôme très apprécié dans un secteur dynamique et en pleine expansion, c'est s'assurer un emploi agréable aux multiples facettes.

B.T.S. DIETETIQUE
Forme et équilibre, deux nouveaux axes de la santé. Préparez un B.T.S. diététique et résolvez les problèmes de nutrition.

---

[a]artifice [b]mise en place [c]diplôme technique [d]spécialiste de l'étude de l'écriture [e]diplôme technique [f]dessinateurs [g]administration

4. Pour quel métier un baccalauréat est-il nécessaire?
5. Choisissez deux ou trois métiers qui vous intéressent et expliquez pourquoi.

Maintenant comparez vos réponses avec celles d'un(e) camarade de classe.

B. Etudiez à deux les questions suivantes.

1. Y a-t-il de telles écoles aux Etats-Unis? Où? Quels sont les avantages des études par correspondance? les inconvénients?
2. A votre avis, qu'est-ce qui fait un bon travail? Rangez vos priorités dans le domaine professionnel: 1 = la priorité numéro un; 7 = la chose la moins importante

_____ a. la possibilité de voyager

_____ b. un bon salaire

_____ c. le contact humain

_____ d. la sécurité de l'emploi

_____ e. le prestige

_____ f. la possibilité de promotion

_____ g. il me reste du temps libre pour moi

_____ h. ?

3. L'université vous prépare-t-elle pour votre futur emploi sur le plan intellectuel? social? professionnel? Commentez.
4. Depuis quand savez-vous quelle profession vous voulez exercer? Si vous ne l'avez pas encore choisie, à qui pourriez-vous vous adresser?

Déjà vu

Pour faire cette activité, relisez les paragraphes d'introduction à Déjà vu, pages 19–21.

1. Vous avez rencontré un étudiant français (une étudiante française) qui vient d'arriver dans votre université. Il (Elle) vous pose des questions sur le système d'éducation aux Etats-Unis (matières, quantité/qualité du travail, buts, problèmes, professeurs, etc.). Il (Elle) vous demande aussi de décrire la vie sociale des étudiants. Il (Elle) finit par vous demander où trouver un logement et du travail. Répondez-lui avec autant de précision que possible.
2. Vous avez fait une demande de bourse pour pouvoir étudier dans une université française. Un professeur français vous interviewe aujourd'hui et vous pose des questions sur votre éducation (matières? où? pourquoi? notes? problèmes? etc.). Il (Elle) va aussi vous interroger sur vos projets d'études en France. Convainquez-le (la) que vous méritez cette bourse.
3. Une personne française de votre connaissance vous pose des questions sur

les différences et les similitudes entre l'université et l'école secondaire (activités, amis, cours, disciplines les plus populaires, frais, etc.). Il (Elle) a l'impression que les étudiants américains ne travaillent jamais très dur et préfèrent s'amuser. Commentez cette observation. Il (Elle) finit par vous demander pourquoi vous avez choisi d'étudier dans cette université plutôt que dans une autre. Répondez-lui.

4. Un camarade français (Une camarade française) vous questionne sur les gens qui vous ont le plus influencé en ce qui concerne la vie scolaire (qui? comment? quand? où? etc.). Répondez-lui avec autant de détails que possible. Il (Elle) veut aussi savoir ce qu'ont fait la plupart de vos amis après l'école secondaire et s'ils représentent des jeunes américains typiques.

Devinez un peu

Formez des équipes de quatre personnes pour jouer au «trivia bowl». Deux équipes se font concurrence. La personne qui lève la main le plus vite a le droit de répondre à une question. L'équipe avec le plus grand nombre de réponses correctes gagne.

1. Quelle a été la première université française?
   a. l'Université de Bordeaux
   b. l'Université de Paris
   c. l'Université de Notre-Dame
   d. les Grandes Ecoles
2. Le bac français
   a. est l'équivalent du diplôme universitaire américain
   b. est le terme argotique désignant le dernier rang en classe
   c. est le terme argotique désignant la salle de conférence à l'université française
   d. est l'équivalent de deux ans d'études dans une université américaine
3. Les cours universitaires commencent en France
   a. vers le début (de) juin
   b. vers la fin mars
   c. vers le début (de) novembre
   d. vers la fin mai
4. Le cancre
   a. est une maladie qui attaque seulement les élèves
   b. ne travaille pas en classe
   c. est très souvent une mascotte des lycées français
   d. annonce la rentrée des classes
5. Une classe facultative
   a. n'est pas obligatoire
   b. n'est pas enseignée par un lecteur
   c. n'a pas lieu sur le campus, mais chez un professeur
   d. n'est pas pour les étudiants, mais pour les profs
6. Jean-Paul Sartre a fréquenté
   a. la Sorbonne

   b. l'Ecole Normale Supérieure
   c. Oxford
   d. les Grandes Ecoles
7. Un enfant de sept ans va à l'école
   a. maternelle   c. primaire
   b. paternelle   d. secondaire
8. L'échelle des notes en France
   a. va de 0 à 20; 10 est nécessaire pour être reçu à un examen
   b. va de 0 à 100; 75 est nécessaire pour être reçu à un examen
   c. n'existe pas. Les étudiants ne reçoivent jamais de notes.
   d. est variable. Ça dépend de la région où se trouve l'école.
9. Les événements de mai 1968
   a. étaient une sorte de «*panty raid*» à l'américaine
   b. ont causé d'importantes réformes dans les institutions françaises,
       surtout dans l'enseignement
   c. se réfèrent à la fondation de la maison Dior
   d. sont à l'origine de la Fête du travail en Europe
10. Une leçon particulière
   a. veut dire qu'on doit étudier un certain chapitre dans un certain texte
   b. veut dire qu'un professeur peut présenter seulement une nouvelle idée
       dans une conférence
   c. a lieu quand un élève travaille seul avec un précepteur
   d. existe seulement pour les élèves dont un parent est professeur

Jeux de mots

Sujets de composition

Faites une composition orale ou écrite sur un ou deux des sujets suivants.

Les universités   Les universités en France sont toutes administrées par le
gouvernement. Il y a une branche de l'université d'Etat dans chaque grande
ville; donc, si vous habitez à Brest, c'est là que vous allez à l'université. Tous
les diplômes universitaires français sont équivalents. Evidemment, le système
universitaire est très différent aux Etats-Unis. Quelles sortes de différences y
a-t-il entre les universités américaines? Comment avez-vous appris cela?
Pourquoi avez-vous choisi l'université où vous étudiez à présent? Vos parents
ont-ils été contents de votre choix? Expliquez.

Les frais de scolarité   En France, l'université est presque gratuite, même
pour les étudiants étrangers. Qui paie votre scolarité? Est-ce que les parents
doivent être responsables financièrement de leurs enfants après l'âge de dix-
huit ans? Justifiez votre réponse.

La valeur des diplômes   Les diplômes universitaires se dévaluent d'année en année. Etes-vous d'accord avec cette contestation? Commentez. Pour obtenir beaucoup d'emplois aux Etats-Unis, il est nécessaire d'avoir un diplôme universitaire, mais il n'est pas nécessaire que la situation et le diplôme correspondent. Pourquoi est-ce que la plupart des patrons demandent des employés munis d'un diplôme universitaire quelconque? Que prouve un diplôme? Qu'est-ce qui indique le mieux le talent de quelqu'un? L'expérience ou un diplôme? Commentez.

Les décisions   Vous devez prendre beaucoup de décisions à l'université (où habiter, quels cours suivre, travailler ou non, etc.). Comment les prenez-vous: tout seul (toute seule) ou avec l'aide de quelqu'un? Comment avez-vous choisi les cours que vous suivez ce semestre? En avez-vous parlé à un professeur-conseiller ou à quelqu'un d'autre? Comment avez-vous choisi vos professeurs? Au hasard? sur le conseil des camarades? Quelle a été la décision la plus difficile de votre vie universitaire? Etes-vous content(e) de vos décisions ou devez-vous trouver une meilleure méthode de les prendre? Expliquez.

Les faux amis

Choisissez l'expression qui correspond le mieux au mot en italique. Attention: Dans chaque phrase, le terme en italique est un faux ami.

1. Après trois ans d'université, les étudiants français obtiennent une *licence*. C'est
    a.   un permis de conduire
    c.   une chambre de dortoir
    b.   le baccalauréat
    d.   un diplôme
2. Victor est en première année à l'université et il ne sait pas en quelle matière il veut se spécialiser. Son meilleur ami lui conseille d'*attendre* avant de se décider. La recommandation du meilleur ami de Victor est

    a. d'aller en classe

    b. de laisser passer du temps tout en réfléchissant à la situation

    c. d'assister à des conférences

    d. de voir des spectacles sur le campus

3. Christian a perdu ses parents dans un accident de voiture. Le juge a demandé à son oncle d'être son *tuteur* jusqu'à sa majorité. Un *tuteur* est

    a. un mauvais étudiant

    b. un professeur qui donne des leçons particulières

    c. l'adulte juridiquement responsable d'un mineur sans parents

    d. une personne qui enseigne certains sports

4. Les élèves *ont passé* l'examen écrit et ils pensent que l'oral va être beaucoup plus difficile. Ces élèves

    a. ont réussi à l'écrit

    b. ont fini l'écrit mais ne savent pas encore les résultats

    c. ont raté l'écrit

    d. ont séché l'écrit

5. Quand Gisèle est rentrée hier soir, son mari était absorbé dans la *lecture* d'un roman. Le mari de Gisèle

    a. enseignait

    b. prenait une leçon particulière chez un professeur

    c. faisait une conférence

    d. lisait

6. Martine vient de terminer ses études au *Collège* d'Enseignement Secondaire Vaugelas. Elle va entrer à la Sorbonne en octobre prochain. *Collège* est synonyme d'

    a. école municipale   c. université

    b. école secondaire   d. école militaire

7. Notre professeur a un doctorat de *Lettres*. Il est spécialiste de

    a. la littérature

    b. l'alphabétisation

    c. l'enseignement du français aux étrangers

    d. l'art d'écrire des lettres intéressantes

8. Il y a des professeurs qui ne mettent jamais de très bonnes *notes* à une dissertation ou à un examen. Dans ce cas, une *note* est

    a. un petit message

    b. un signe musical

    c. une recommandation

    d. une appréciation en chiffres ou en lettres

9. Dans l'armée française, le *grade* de général est le plus élevé. *Grade* veut dire

    a. rang   c. observation

    b. note   d. annonce

10. Le professeur donnait une *conférence* sur la politique extérieure des Etats-Unis quand Sylvie est entrée dans l'amphithéâtre. Ce prof

    a. participait à une réunion politique

    b. faisait un cours sur la politique extérieure des Etats-Unis

    c. dirigeait un débat sur la politique extérieure des Etats-Unis

    d. dessinait la carte des Etats-Unis

Villes, villages, provinces

*Les Alpes françaises
sous la neige*
MONIQUE MANCEAU/
PHOTO RESEARCHERS, INC.

Mots et expressions

LA VIE EN VILLE

les agressions (*f.*) **(le cambriolage, le meurtre, le viol, le vol)** crimes (burglary, murder, rape, robbery)
la banlieue suburbs
le bruit noise
le citadin citydweller
le coût (élevé) de la vie (high) cost of living
déménager to move
déranger to bother, disturb
l'espace (*m.*) **vert** open spaces

le gratte-ciel skyscraper
l'immeuble (*m.*) multi-story building
l'inconvénient (*m.*) disadvantage
quelque part somewhere
quelqu'un d'autre someone else
le recyclage des matières premières recycling of raw materials
la saleté dirtiness
la surpopulation overpopulation

LES TRANSPORTS

avoir un accident (de voiture) to have a (car) accident
mettre sa ceinture de sécurité to put on one's safety belt
pousser to push
le stationnement parking
tirer to pull
tomber en panne to break down (mechanically)
les transports (*m.*) **publics** public transportation

ctivités

Un peu de géographie

Aimez-vous la géographie? La connaissez-vous? Avec un(e) camarade de classe, étudiez la carte d'Europe à la page 92. Ensuite répondez aux questions suivantes.

A. Voici votre itinéraire. Comme vous pouvez le constater, vous visiterez des pays différents. Pouvez-vous les nommer?

1. Vous allez de Séville à Porto. Vous visiterez l' _____ et le _____ .

2. Vous allez de Londres à Bruxelles. Vous visiterez l' _____ et la _____ .

3. Vous allez de Venise à Berne. Vous visiterez l' _____ et la _____ .

4. Vous allez de Lyon à Munich. Vous visiterez la _____ et l' _____ .

5. Vous allez d'Amsterdam à Vienne. Vous visiterez la _____ et l' _____ .

B. La France a six frontières naturelles. Comment s'appellent-elles?

1. la _____   4. l'_____

2. la _____   5. les _____

3. les _____   6. le _____

C. On parle beaucoup de langues en Europe. Les connaissez-vous?

1. Quelle langue parlent les habitants de Lisbonne? le _____

2. Les habitants d'Edimbourg? l'_____

3. Les habitants de Bruxelles? le _____

4.   Les habitants de Vienne? l' _____

5.   Les habitants de Genève? le _____

Autour de la France en trente minutes

Vos camarades de classe et vous allez participer aux finales de la compétition Chasse Internationale au Trésor (*International Scavenger Hunt*). Groupez-vous par trois et étudiez la liste ci-dessous de dix objets qu'il faut trouver quelque part en France ainsi que la carte de France à la page 94.

Maintenant, avec les membres de votre équipe, indiquez à côté de chaque objet dans quelle ville ou région vous allez vous rendre afin d'obtenir ce qu'il vous faut. Ensuite esquissez un itinéraire qui va vous permettre de trouver le plus vite possible les choses indiquées. De quelle ville ou région partez-vous? Où allez-vous ensuite? et après? On vous accorde une demi-heure pour accomplir votre tâche. Bonne chance et bonne chasse!

1.   un guide du plus grand musée français _____

2.   une carte postale du siège du gouvernement de l'Etat Français présidé par le maréchal Pétain pendant l'Occupation _____

3.   un béret basque _____

4.   une carte de remonte-pente (*lift ticket*) d'une station de ski, ancien site des Jeux Olympiques _____

5.   une caisse de pots de moutarde renommée _____

6.   un plan de la célèbre Galerie des Glaces qui montre le nombre exact des glaces sur chaque mur _____

7.   une addition de chez Maxim's _____

8.   une bouteille de Château Lafitte-Rothschild, 1897 _____

9.   une photo des plages du débarquement allié en juin 1944 _____

10. un plan du circuit automobile où a lieu chaque année l'épreuve de vitesse la plus disputée de France _____

> *D*ieu a fait la campagne, l'homme a fait la ville, et le diable la petite ville.
>
> Proverbe anglais

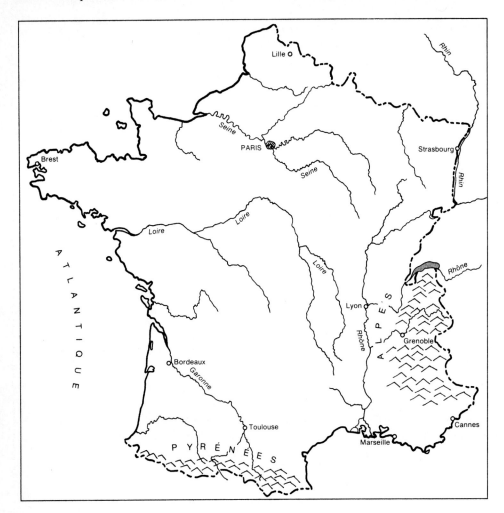

*L*a vie pratique

Comment réagir?

Quand on apprend des nouvelles—que ce soit une nouvelle personnelle (un mariage, un accident de voiture, etc.) ou une actualité (un acte terroriste, une élection, etc.)—on a d'habitude envie d'exprimer ses sentiments, comme, par exemple, la surprise, la joie, le regret, etc. Voici des expressions qui peuvent vous être utiles dans de telles circonstances:

• Pour exprimer une réponse positive

| Merveilleux! | C'est fantastique! |
| Sensationnel! | Quelle chance! Quelle veine! |

- Pour exprimer la surprise

Ah bon?
C'est vrai? Ce n'est pas possible!
Tu plaisantes!
Incroyable!
Etes-vous sûr(e)?
Très curieux! Bizarre, ça!
Tiens, tiens!

- Pour exprimer une réponse négative

| Quelle dommage! | Ce n'est pas drôle, ça. |
| Quelle horreur! | C'est honteux. |

Entraînez-vous à deux

A. Les réactions. Etudiez les expressions de la colonne de gauche, puis faites-les correspondre aux traductions de la colonne de droite. Ensuite comparez vos réponses avec celles de votre camarade.

_____ 1. *That's absurd.*

_____ 2. *I can't believe it.*

_____ 3. *I'm (so) sorry.*

_____ 4. *Guess what happened!*

_____ 5. *That's terrific news.*

_____ 6. *I suspected as much.*

_____ 7. *That's not fair.*

_____ 8. *You know what she did?*

_____ 9. *Congratulations!*

_____ 10. *There's no excuse.*

_____ 11. *And then? Well?*

_____ 12. *I beg your pardon!*

_____ 13. *I'm listening. I'm all ears.*

_____ 14. *Imagine!*

_____ 15. *Darn it!*

a. Sais-tu ce qu'elle a fait?
b. Zut alors!
c. Il n'y a pas d'excuse.
d. J'écoute. Je suis toute ouie!
e. Et alors?
f. C'est ridicule.
g. Devine ce qui s'est passé.
h. Pardon? Tu disais?
i. Je suis désolé(e) [navré(e)].
j. Imagine!
k. Ce n'est pas juste.
l. Ça, c'est une bonne nouvelle.
m. Je ne peux pas le croire.
n. Je m'en doutais.
o. Félicitations!

B. Les nouvelles de la semaine. Mettez-vous à deux et étudiez la liste d'événements présentés. Choisissez un incident, puis créez un dialogue. Vous raconterez ce qui s'est passé en utilisant le passé composé et/ou l'imparfait. Votre camarade réagira à la nouvelle avec une ou plusieurs des expressions ci-dessus. Puis changez de rôles.

> MODELE: VOUS: Tu as entendu la nouvelle?
>
> IL (ELLE): Qu'est-ce qui s'est passé?
>
> VOUS: J'ai entendu dire que Robert Redford a décidé de déménager, et qu'il habitera ici, près de chez nous!
>
> IL (ELLE): Tu plaisantes? C'est incroyable! Quand est-ce qu'il viendra? Raconte!
>
> VOUS: Je n'en sais rien! Mais c'est fantastique, n'est-ce pas?
>
> IL (ELLE): Oui, oui! Avoir Robert Redford comme voisin… tu te rends compte?

1. Vous avez gagné une bourse pour étudier à l'étranger l'année prochaine.
2. Vous avez reçu votre deuxième contravention ce semestre.
3. On a nommé la ville où vous habitez la ville la plus agréable du monde.
4. Un ami (Une amie) a eu un accident dans *votre* voiture. Il (Elle) vous raconte cet incident.
5. Vous rentrez d'une soirée et trouvez votre chambre cambriolée. Vous en parlez avec un ami (une amie).
6. On a repoussé l'âge minimum pour le permis de conduire jusqu'à 20 ans.
7. On a diminué le coût de l'essence par 50%.

Des villes jumelées

Savez-vous ce que sont des villes jumelées (*twin cities*)? Ce sont deux villes qui se ressemblent beaucoup du point de vue de leur climat, de leur emplacement, de leur population, de leur atmosphère, etc. Maintenant vous allez jumeler des villes françaises et américaines. Voici comment.

Vous trouverez ci-dessous une liste qui décrit dix grandes villes françaises ainsi qu'une liste de plusieurs villes américaines. Après avoir lu ces descriptions, groupez-vous par deux et trouvez les dix villes américaines qui correspondent à ces villes françaises. Discutez de ces villes, comparez-les de plusieurs façons, et puis expliquez pourquoi vous avez relié (*linked*) telle ville américaine à telle ville française.

1. *Marseille:* grand port commerçant: centre de la mafia; animé; bruyant; violent
2. *Bordeaux:* port sur fleuve; connu pour son vin et ses vignobles; pluvieux; bourgeois
3. *Lyon:* port industriel sur fleuve; centre de l'industrie de la soie; connu pour la charcuterie; élégant; froid
4. *Paris:* capitale; centre des beaux arts; célèbre pour la tour Eiffel; connu pour ses monuments; grouillant (*teeming with life*); fascinant; gai

5. *Strasbourg:* centre industriel; influencé par l'Allemagne; connu pour son architecture pittoresque; célèbre pour sa bière et sa choucroute
6. *Cannes:* station balnéaire (*beach resort*); port nautique; célèbre pour son festival du cinéma et son casino; ensoleillé
7. *Grenoble:* ville neuve avec industrie croissante (*growing*); situé dans les montagnes; centre de sports d'hiver; les Jeux Olympiques
8. *Lille:* grand centre industriel: textile, métallurgie, chimie, imprimerie, etc...; triste; gris; situé dans le nord
9. *Toulouse:* centre de la recherche aéronautique et spatiale; ville rose; sous l'influence espagnole; chaud; venté (*windy*); détendu; ayant l'accent du sud
10. *Brest:* port militaire; connu pour son littoral dentelé (*rugged coast*) et sa mélancolie; célèbre pour ses crêpes et ses fêtes folkloriques; pluvieux

VILLES AMERICAINES

Boston	Miami	St. Louis
Chicago	Milwaukee	San Diego
Detroit	New York	San Francisco
Honolulu	Norfolk	Seattle
Houston	Philadelphia	Vail
Las Vegas	Pittsburgh	Washington, D.C.
Los Angeles	Portland	

*L'*actualité

Les panneaux publicitaires

Voici quelques panneaux et interdictions que vous pouvez voir dans des pays francophones. Regardez-les. Ensuite situez chaque affiche en écrivant en-dessous des images deux endroits où vous pourriez éventuellement les rencontrer (dans un hôtel, dans la rue, dans un magazine, etc.). Attention: Pour certaines affiches il existe plus de possibilités que pour d'autres. Après avoir terminé, tout le monde peut comparer ses résultats pour en trouver les meilleurs.

1. _____   1. _____

2. _____   2. _____

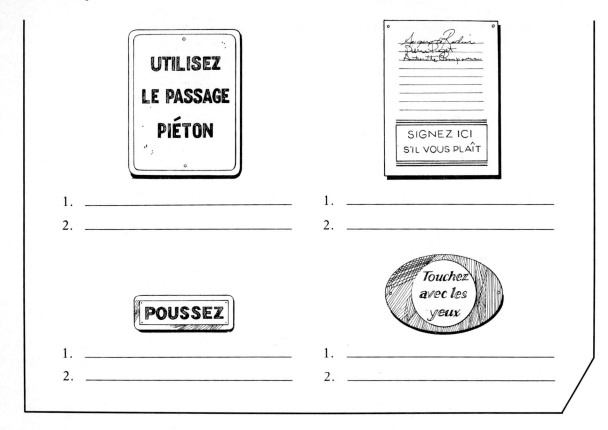

1. _____   1. _____
2. _____   2. _____

1. _____   1. _____
2. _____   2. _____

Votre avenir

Avec deux ou trois camarades de classe, répondez aux questions suivantes pour
prévoir vos activités dans les années futures. Une personne écrira toutes les
réponses des membres de son groupe. Ensuite vous en discuterez avec le reste
de la classe afin de comparer votre vie dans l'avenir. Quelles possibilités ce jeu
vous a-t-il révelées sur votre vie future?

Dans dix ans, que ferez-vous…

1. tous les jours? _____

_____

_____

_____

2. toutes les deux semaines? _____

_____

_____

_____

3. pour tous vos amis? _____

_____

_____

_____

4. avec tous vos amis? _____

_____

_____

_____

5. pour rester tout jeune? _____

_____

_____

_____

Que feriez-vous?

Dans les grandes villes, il y a toujours des problèmes à résoudre. Avec un(e) camarade de classe, choisissez une des situations présentées ci-dessous et écrivez un dialogue de trois ou quatre minutes qui en offre une solution.

1. Un ami (Une amie) et vous passez devant un grand magasin à Paris et vous trouvez mille francs. Votre ami(e) veut les dépenser tout de suite.
2. Vous êtes le témoin (*witness*) d'un vol; vous êtes la seule personne dans les environs (*vicinity*).
3. Un ami vous dit qu'il a vu votre petit ami (petite amie) avec quelqu'un d'autre en ville.
4. Pour la deuxième fois ce soir, vos voisins font trop de bruit. Vous le leur avez déjà fait remarquer une fois ce soir.

*L'*actualité

Paris le vert

Qu'est-ce qui fait la beauté d'une grande ville comme Paris? un grand nombre d'espaces verts? des monuments impressionnants? ses habitants? tout à la fois? L'article qui suit traitera d'un de ces éléments. Lisez le titre, puis imaginez le contenu de l'article. Faites trois suggestions.

100 000 ARBRES A PARIS

Les plantations d'alignement[a] sont une des caractéristiques de Paris. Elles ont longtemps pallié[b] le manque d'espaces verts dans la capitale: 100 000 arbres bordent 330 km de voies publiques,[c] soit 25 % de la largeur totale des rues.

L'environnement urbain, qui multiplie les agressions contre les plantations, limite la durée de vie des arbres parisiens à moins de cent ans. Or, un arbre sur cinq est âgé aujourd'hui de plus de soixante-dix ans. Conséquence immédiate: tous les arbres devront être remplacés d'ici à soixante ans, c'est-à-dire que si le patrimoine arboricole[d] doit rester en l'état,[e] il faut planter chaque année 1 500 arbres.

Telles sont les «propositions pour une politique de l'arbre» qu'a retenues **Mme Jacqueline Nebout**, adjoint au Maire de Paris chargé de l'environnement. L'ampleur de la tâche impose aussi de mettre en place une gestion[f] plus efficace: répertorier[g] chaque arbre avec ses caractéristiques (âge, état phytosanitaire,[h] espacement), favoriser un entretien mieux adapté aux plantations urbaines (élagage, arrosage[i]...), enfin planifier la rénovation des alignements. Bien entendu, il convient aussi, et suivant les mêmes principes, d'entretenir les zones boisées (Vincennes et bois de Boulogne) des grands parcs parisiens.

Si Paris a l'immense privilège d'être l'une des capitales les plus boisées d'Europe - voire du monde -, il est impératif de ne pas interrompre les efforts datant, pour l'essentiel, de plus d'un siècle. Tel est l'objet de la nouvelle politique: maintenir et enrichir le patrimoine végétal dont nous avons hérité.

[a]plantations... *carefully laid-out rows of trees* [b]*offset* [c]*thoroughfares* [d]patrimoine... *legacy of trees* [e]en... *intact* [f]*management* [g]*to index* [h]*health maintenance* [i]élagage... *pruning, watering*

CRÉATION DE JARDINS PUBLICS A PARIS (sans les bois)

Période	Surfaces realisees ou programmées	Durée
1844-1879 (Haussmann)	115 hectares[a]	35 ans
1880-1976	128 hectares	96 ans
1977-1992	144 hectares	15 ans

Total Paris intra-muros[b] en 1976	243 hectares
Total Paris intra-muros en 1992	377 hectares
Soit une augmentation de 60 % en 15 ans	

1re mandature[c] 1977-1982 (6 ans)	50 ha[d]	114
2e mandature 1983-1988 (6 ans)	40 ha	90 hectares jardins ouverts
3e mandature 1989-1992 (4 ans)	programmé 54 ha	
1993-1994 (2 ans)	non programmé 20 ha	
Total	164 ha	

[a]*hectare = 2.47 acres* [b]*within the city limits* [c]*funding* [d]*hectares*

Maintenant lisez cet article et ensuite répondez aux questions.

A. Vrai ou faux? Si l'affirmation est fausse, corrigez-la.

1. Les arbres ne sont pas une caractéristique de Paris.
2. Tous les arbres de Paris se trouvent dans les bois.
3. 5% des arbres parisiens ont plus de 70 ans.
4. Les deux bois de Paris s'appellent Boulogne et Jacqueline Nebout.
5. Paris a moins d'arbres que toutes les autres capitales européenes.

Comparez vos réponses aux questions ci-dessus avec celles d'un(e) camarade de classe.

B. Discutez les questions suivantes.

1. Est-ce qu'il y a assez d'espaces verts dans la ville où vous habitez maintenant? Commentez.
2. Selon vous, qu'est-ce qui rend une ville belle? A côté des éléments suivants, mettez un nombre qui indique son importance: 5 = très important; 1 = peu important. Expliquez vos réponses.

   _____ a. cafés et restaurants

   _____ b. fontaines

   _____ c. grands boulevards

   _____ d. gratte-ciel

   _____ e. jardins et parcs publics

   _____ f. monuments historiques

   _____ g. musées

   _____ h. pistes cyclables

   _____ i. voies piétonnes

   _____ j. collines

   _____ k. fleuves ou lacs

3. Quelle est la plus belle ville que vous connaissez? Justifiez votre choix.
4. Si vous deviez nommer la ville américaine préférée des Américains, quelle ville choisiriez-vous? Pourquoi?
5. Dans dix ans, quelle sera l'agglomération américaine la plus agréable à habiter? Expliquez.

Déjà vu

Pour faire cette activité, relisez les paragraphes d'introduction à Déjà vu, pages 19–21.

1. Vous passez trois semaines en France. Vous êtes actuellement à Paris et pour la deuxième fois cette semaine, la voiture que vous avez louée est tombée en panne. Le garagiste vous dit de laisser la voiture pendant deux jours, mais vous devez partir en province demain. Convainquez-le de vous trouver une autre voiture.
2. Votre petit ami français (petite amie française) vous parle de votre vie ensemble dans dix ans. Il (Elle) commence par évoquer le lieu où vous

habiterez (ville/village/campagne? France/Etats-Unis? sud/nord? etc.). Malheureusement, ses projets vous font peur car vous voulez faire exactement le contraire. Discutez de vos différences et essayez de trouver une solution. Votre ami(e) est merveilleux (-euse), mais un peu obstiné(e).

3. Vous cherchez un appartement à Paris. Aujourd'hui, votre agent immobilier vous a montré un studio qui ne vous conviendrait pas du tout. Il (Elle) essaie de vous convaincre de prendre cet appartement, mais vous y voyez beaucoup d'inconvénients. Résolvez ce problème.

4. Vous faites de l'autostop en France, et une personne âgée s'arrête pour vous prendre. Une fois dans la voiture, vous commencez à vous inquiéter car il (elle) conduit très mal et vous pensez que vous risquez d'avoir un accident. Vous dites que vous voulez descendre de la voiture, mais apparemment il (elle) ne vous comprend pas. Faites-le (la) s'arrêter ou faites-le (la) conduire plus prudemment.

Devinez un peu

Formez des équipes de quatre personnes pour jouer au «trivia bowl». Deux équipes se font concurrence. La personne qui lève la main le plus vite a le droit de répondre à une question. L'équipe avec le plus grand nombre de réponses correctes gagne.

1. Qu'est-ce que Grenoble et Lake Placid, New York, ont en commun?
   a. Absolument rien.
   b. Ces deux villes ont été complètement détruites pendant la Deuxième Guerre mondiale.
   c. Les Jeux Olympiques y ont eu lieu.
   d. Elles sont toutes deux au bord d'un lac.
2. L'hôtel de ville est
   a. la mairie d'une localité assez grande
   b. l'hôtel principal dans une ville française
   c. le nom d'une chaîne d'hôtels luxueux en France
   d. le logement familial du maire d'une grande ville française
3. Quelle est la différence entre Provence et province?
   a. Provence est la vieille orthographe de province.
   b. La Provence est une ancienne province.
   c. La province est la langue de la région dite Provence.
   d. Il n'y a pas de différence entre ces deux mots. Ils veulent dire la même chose.
4. Lille-Roubaix-Tourcoing forment une agglomération urbaine (*group of neighboring cities*) française. Un exemple de ce phénomène aux Etats-Unis est
   a. Winston-Salem, North Carolina
   b. Portland, Oregon, et Portland, Maine
   c. Kansas City, Kansas
   d. Boston, New York, Philadelphia, Washington

5. Vers la fin de la Deuxième Guerre mondiale, les soldats alliés ont débarqué sur les plages de quelle région française?
   a. de Picardie   c. de Bretagne
   b. de Normandie   d. d'Aquitaine
6. Dans toutes les grandes villes, les heures de pointe posent un problème parce qu'il y a beaucoup de
   a. conduction   c. conversation
   b. circulation   d. conversion
7. Une des villes les plus célèbres de la Côte d'Azur s'appelle
   a. Saint-Emilion   c. Deauville
   b. Saint-Tropez   d. Arcachon
8. Laquelle des villes suivantes a appartenu au cours des siècles tantôt aux Français, tantôt aux Allemands?
   a. Avignon   c. Carcassonne
   b. Biarritz   d. Strasbourg
9. Où Napoléon est-il né?
   a. en Gascogne   c. en Corse
   b. en Picardie   d. en Alsace
10. Dans quelle ville française a lieu chaque année au mois de mai un grand festival cinématographique?
    a. Paris   c. Le Mans
    b. Cannes   d. Nice

eux de mots

Sujets de composition

Faites une composition orale ou écrite sur un ou deux des sujets suivants.

La mobilité L'Américain moyen déménage tous les cinq ans. Les Américains sont le peuple le plus mobile du monde. Etes-vous pour ou contre cette mobilité? Pourquoi? Où habite votre famille maintenant? Avez-vous toujours habité au même endroit? Pourquoi? Où habiterez-vous dans cinq ans? Pourquoi? Si vous déménagez, garderez-vous contact avec ceux de vos amis qui resteront dans la ville où vous vivez maintenant? Expliquez.

Si [New York] n'était pas [New York]... Si vous pouviez faire reconstruire une ville américaine, quelle ville choisiriez-vous? New York? Los Angeles? votre ville d'origine? Qu'est-ce que vous changeriez d'abord? Les quartiers résidentiels? les transports? les feux rouges? Qu'est-ce que vous ne changeriez pas? Certains bâtiments? les parcs? l'ambiance? Quel nom lui donneriez-vous? Pourquoi?

La ville ou la campagne?   Quelle est votre ville préférée, et pourquoi? Que vous offre la grande ville? Si vous aviez le choix, préféreriez-vous le centre-ville ou la banlieue? Expliquez. Quels sont les avantages de la vie à la campagne? Quels en sont les inconvénients? Si vous pouviez passer un an en France, où habiteriez-vous? Dans une grande ville? dans un petit village? Pourquoi? Imaginez un peu votre vie à cet endroit en France. Votre existence serait-elle différente de celle d'aujourd'hui? De quelles façons?

Les régions des Etats-Unis   Comme la France, les Etats-Unis sont divisés en plusieurs régions: le mid-ouest, le nord-est, etc. Nommez toutes les régions américaines et décrivez-les brièvement. Selon vous, quelle est la région la plus typiquement américaine des Etats-Unis? Pourquoi? Quels états avez-vous déjà visités? Avez-vous l'intention de visiter tout le pays? Expliquez. Y a-t-il des états ou des villes dans lesquels vous refuseriez de vivre? Pourquoi?

> *Il y a des lieux que l'on admire; il y en a d'autres qui touchent, et où l'on aimerait vivre.*
>
> Proverbe français

Les faux amis

Choisissez l'expression qui correspond le mieux au mot en italique. Attention: Dans chaque phrase, le terme en italique est un faux ami.

1. En France, le *trafic* de drogue est sévèrement puni par la loi. Le *trafic* est
   a. la circulation
   b. la congestion
   c. un moyen de transport terrestre
   d. un commerce illicite
2. Selon le code de la route, il est formellement interdit de *doubler* à droite. Il est interdit de _____ à droite.
   a. rendre
   b. accélérer
   c. dépasser
   d. remplacer
3. Durant les *manifestations* des étudiants à Paris en 1968, la police française a maltraité les jeunes. Une *manifestation* est
   a. un argument
   b. la démonstration collective d'une opinion
   c. une observation
   d. une représentation

4. Les C.r.s. (Compagnie républicaine de sécurité) arrivent aux manifestations dans des *cars blindés*. Ce sont des
   a. voitures armées
   b. autobus fortifiés
   c. voitures déguisées
   d. autobus couverts de camouflage

5. La psychologie des *foules* est très difficile à prédire. *Foules* veut dire
   a. des masses de gens   c. des bêtes
   b. des gens idiots   d. des délinquants

6. La circulation, la pollution, les bruits de la rue sont de gros *inconvénients* lorsqu'on vit dans le centre-ville. Ce sont des
   a. désavantages
   b. choses qui arrivent seulement à un mauvais moment
   c. discordes
   d. disputes

7. Le *standardiste* vous aidera à téléphoner de France au Maroc. Le *standardiste*
   a. travaille dans une station-service
   b. est une personne qui normalise la production des choses
   c. est un employé au téléphone
   d. garantit la satisfaction d'une clientèle

8. Pour les étudiants français, le logement est un grand problème car les appartements sont très chers. La meilleure solution est souvent d'habiter à la *Cité* Universitaire où les chambres coûtent moins cher. Ici, une *cité*
   a. est une ville
   b. est une ville où il y a une université
   c. est une métropole
   d. est un groupe isolé d'immeubles

9. Pour la *location* de votre voiture, vous pouvez vous adresser à l'agence Avis dans le hall principal de l'aéroport Charles de Gaulle. *Location* est synonyme
   a. d'endroit   c. de région
   b. de place   d. d'action de prendre à loyer

10. Si un enfant a fait des bêtises, pour le punir ses parents lui *défendent* de sortir de sa chambre pendant une ou deux heures. Ici, *défendre* veut dire
    a. protéger   c. interdire
    b. aider   d. autoriser

CHAPITRE 7

Le vingtième siècle

Le pont Mirabeau, Paris
PETER MENZEL

Mots et expressions

LA TECHNOLOGIE

atomique nuclear
atterrir to land
la fusée rocket; missile
le jeu vidéo video game
se lancer to launch itself
le missile (de croisière) (intercontinental) missile
l'ordinateur (*m.*) computer
le savant scientist
le silo silo
le sous-marin submarine
la tête (multiple/guidée/téléguidée) (multiple/guided/remote-controlled) head

LA VIE PRATIQUE

s'abonner to subscribe
les actualités (*f.*) news, current events
actuellement now, currently
l'allocation (*f.*) allowance, benefits
l'amendement (*m.*) **pour des droits égaux** Equal Rights Amendment
l'appareil (*m.*) **ménager** household appliance
(s') arrêter to stop (oneself)
les assurances (*f.*) insurance

consister (à + *inf.,* **en +** *nom***)** to consist (of)
faire concurrence (à) to compete (with)
le four (à micro-onde) (microwave) oven
la hausse des prix price increases
l'hebdomadaire (*m.*) weekly publication
s'inquiéter (de) to worry (about)
le mensuel monthly publication
le sondage (d'opinion) survey, (opinion) poll

ctivités

Explosion d'idées

Au vingtième siècle on observe une véritable explosion d'idées et beaucoup de grands événements ont eu lieu. Avec un(e) camarade de classe, étudiez cette image et catégorisez les phénomènes présentés selon le schéma suivant. Vous pouvez ajouter d'autres événements à chaque liste, si vous le désirez. Tout cela a-t-il été utile pour l'humanité? Discutez-en un peu avec votre camarade et avec les autres étudiants.

	ÉVÉNEMENTS	
HISTORICO-POLITIQUES	SCIENTIFIQUES	SOCIAUX
1. _____	_____	_____
2. _____	_____	_____
3. _____	_____	_____
4. _____	_____	_____
5. _____	_____	_____

Les journaux

Les journaux vous tiennent au courant de ce qui se passe dans le monde. Voici plusieurs gros titres d'un journal français qui se rapportent à des événements importants du 20e siècle. Lisez ces gros titres et faites-les correspondre avec les dates données. Ensuite, comparez vos réponses avec celles de vos camarades de classe. Donnez deux autres dates importantes et dites ce qui s'est passé.

LE FIGARO

« Sans la liberté de blâmer, il n'est pas
d'éloge flatteur »   BEAUMARCHAIS

ÉDITION **L'AURORE**

KENNEDY ASSASSINÉ

On a marché sur la Lune

Les Soviétiques envahissent l'Afghanistan

Berlin : le mur de la honte

NAGASAKI REÇOIT
LA DEUXIEME BOMBE ATOMIQUE

L'Allemagne
déclare la guerre
à la France

L'attentat contre Jean-Paul II

Israël : guerre des Six Jours

1. 1961 _____

2. 1981 _____

3. 1945 _____

4. 1967 _____

5. 1979 _____

6. 1914 _____

7. 1963 _____

8. 1969 _____

Lisez les questions suivantes qui traitent d'autres événements importants des
années récentes, et répondez-y. Ensuite groupez-vous par trois et comparez
vos résultats.

1. a. Pendant les années 1950–1960, qui a marqué l'histoire dans votre pays
   ou dans le monde? De qui avez-vous entendu parler? Nommez une
   personne dans chacune des catégories suivantes: personnalité politique,
   scientifique, communiste, anti-communiste.
   b. Parmi les personnages que vous avez mentionnés ci-dessus, lequel a le
   plus influencé l'histoire et comment?
2. a. Dans les années soixante, beaucoup de gens ont changé le cours de
   l'histoire. Dites ce que chacun des groupes suivants a fait pour se faire
   remarquer: les «hippies», les astronautes, les féministes, les musiciens
   pop.
   b. Les résultats de leurs efforts sont-ils visibles de nos jours? Expliquez.

3. a. Quel est l'événement le plus important des années soixante-dix?
        l'assassinat des athlètes israéliens aux Jeux Olympiques de Munich?
        Watergate? la fin de la guerre du Viêt-nam? la prise des otages
        (*hostages*) en Iran? la crise du pétrole? autre chose? Justifiez votre posi-
        tion.
    b. Trouvez cinq adjectifs qui décrivent les années soixante-dix. Com-
        mentez vos choix.
4. a. Quels personnages domineront l'histoire pendant les années quatre-
        vingt-dix? Nommez-en deux et justifiez vos choix.
    b. Quelles différences possibles envisagez-vous entre les années quatre-
        vingts et les années quatre-vingt-dix?

Pour terminer, chaque groupe écrit ses réponses aux questions 1(a), 2(a), 3(b)
et 4(a) au tableau. Est-ce que toutes vos observations sur l'histoire moderne
sont identiques?

*L*a vie pratique

Comment être poli(e)

Apprendre une langue veut dire aussi apprendre des formules de politesse. En voici
quelques-unes qui pourraient vous être utiles.

La demande

Utilisez le conditionnel de **devoir, pouvoir** ou **vouloir** suivi de l'infinitif pour demander quelque chose d'une façon polie.

> Pardon, Madame, vous devriez rendre votre carte de crédit aujourd'hui.
> Laurent, on fête l'anniversaire de Sylvie ce soir. Tu pourrais venir?
> Voudriez-vous passer à la banque avant qu'elle ne ferme, s'il vous plaît?

Cependant, entre amis ou en famille, on veut souvent s'entretenir d'une façon in-
formelle. Donc, on utilise **devoir, pouvoir** ou **vouloir** conjugué au présent de
l'indicatif suivi de l'infinitif approprié:

> Maman, tu dois me rendre ma carte de crédit aujourd'hui.
> Laurent, on fête l'anniversaire de Sylvie ce soir. Tu peux venir?
> Gérard, voulez-vous passer à la banque avant qu'elle ne ferme?

Ou bien, entre amis ou en famille, on utilise souvent la forme impérative pour demander quelque chose:

> Isabelle, rends-moi ma carte de crédit aujourd'hui, je t'en prie!
> Laurent, on fête l'anniversaire de Sylvie ce soir. Viens!
> Gérard, passez à la banque avant qu'elle ne ferme.

La réponse: acceptation

Pour accepter une invitation ou une requête, dites simplement:

D'accord! Avec plaisir!

Bien sûr! Volontiers!

A noter: N'hésitez pas en français à utiliser Madame, Monsieur et Mademoiselle par politesse. C'est la coutume en France.

La réponse: refus

Entre amis et en famille, il suffit de dire **non** et d'y ajouter une toute petite explication:

Non, je ne peux pas, j'ai trop de travail (j'ai rendez-vous avec…, etc.).

Avec les autres, vous refusez, vous justifiez et vous ajoutez un mot de regret d'une façon plus polie:

Désolé(e), je ne pourrai pas venir car je serai en voyage d'affaires ce week-end-là. C'est vraiment dommage.

Je regrette que nous ne puissions pas venir, mais nous avons des billets pour *Hamlet* ce soir-là. Mais ce sera pour une autre fois, d'accord?

Entraînez-vous à deux

A. Une leçon de politesse. Parmi les phrases suivantes, lesquelles pourriez-vous utiliser dans les situations présentées? Lesquelles ne seraient pas convenables et pourquoi? Faites vos choix, et comparez-les à ceux d'un(e) camarade de classe. Puis inventez une réponse à chacun de vos choix.

1. Vous êtes dans un bureau de poste et vous avez besoin d'un timbre. Vous parlez à l'employé(e) de poste:
    a. Je voudrais un timbre à 3f, 80.
    b. Un timbre à 3f, 80!
    c. Donnez-moi un timbre à 3f, 80!
2. Vous entrez dans une banque et vous ne savez pas où se trouve le bureau de change. Vous parlez à un inconnu:
    a. Montrez-moi où se trouve le bureau de change!
    b. Pourriez-vous me dire où se trouve le bureau de change?
    c. Voulez-vous m'indiquer le bureau de change?
3. Vous demandez les mêmes renseignements à un très bon ami:
    a. Indique-moi le bureau de change, je t'en prie!
    b. Peux-tu me dire où se trouve le bureau de change, s'il te plaît?
    c. Voudrais-tu me montrer le bureau de change?
4. Vous invitez des gens à une fête. Vous parlez à une personne que vous ne connaissez pas bien:
    a. Nous organisons une fête ce week-end. Venez!
    b. Nous organisons une fête ce week-end. Voudriez-vous venir?
    c. Nous organisons une fête ce week-end. Vous devez/devriez venir!

B. Accepteraient-ils? On vous a donné un bon pour deux repas au prix d'un seul dans un grand restaurant qui se spécialise en fruits de mer. Imaginez la réaction des personnes suivantes lorsque vous les invitez à dîner pour moitié prix. Par groupes de deux inventez deux ou trois dialogues dans lesquels une personne invite et l'autre accepte ou refuse selon l'invitation. Utilisez les expressions de politesse convenables.

1. Un ami (Une amie) qui adore manger.
2. Un ami (Une amie) qui veut maigrir et qui suit un régime de 500 calories par jour.
3. Un(e) collègue de travail que vous voudriez mieux connaître mais qui est toujours très occupé(e).
4. Un(e) camarade qui mange seulement des hamburgers.
5. Un patron (Une patronne) qui est végétarien(ne).
6. Un frère qui aime vous taquiner (*to tease*).

Réactions

Que pensez-vous des sujets de discussion présentés ci-dessous? Lisez chaque idée de la liste B et les attitudes de la liste A. Ensuite, exprimez votre point de vue sur chaque sujet en combinant un élément tiré de la liste A avec un élément de la liste B. Faites-en au moins cinq phrases et justifiez chacun de vos jugements. Attention: est-ce que le verbe de la liste B doit être conjugué au subjonctif ou à l'indicatif? A vous de décider.

LISTE A

1. Il est honteux que
   ridicule que
   triste que
2. Il (n') est (pas) bon que
   essentiel que
   important que
   normal que
   possible que
   probable que
   surprenant que
   temps que
   vrai que
3. Il (ne) faut (pas) que
4. Je (ne) pense (pas) que
   (ne) veux (pas) que

LISTE B

a. tout le monde (savoir) se servir d'un ordinateur parce que...
b. les femmes (être) moins bien payées que les hommes parce que...
c. le président américain (ne pas pouvoir) parler de langue étrangère parce que...
d. NASA (réussir) à faire atterrir quelqu'un(e) sur Mars parce que...
e. l'argent (être) la première priorité dans la vie des Américains parce que...
f. les Français (vendre) de la technologie aux Russes parce que...
g. le fils du président américain (annoncer) qu'il fume de la marijuana parce que...
h. les femmes (avoir) un rôle secondaire dans le domaine de la politique parce que...
i. la société américaine (être) très violente parce que...
j. les candidats à la présidence américaine (aller) voir un psychiatre parce que...

La robotique

Le représentant de *Robots pour tous* vient de vous expliquer que le robot de vos rêves vous attend. Vous n'avez qu'à décider quelles fonctions vous voulez que le robot soit capable de remplir, et il sera à votre disposition prochainement. Maintenant, avec un(e) camarade de classe faites une liste des opérations motrices (*motor*), sensorielles et intellectuelles que vous voulez que le robot puisse effectuer. Laissez aller votre imagination car rien n'est impossible de nos jours! Ensuite, esquissez (*sketch*) la sorte de robot que vous envisagez d'acheter. Le modèle courant est démontré ci-dessous. Ce dessin vous donnera une idée de ce qui est possible; vous pouvez le modifier un peu ou le changer beaucoup. Puis, comparez votre robot avec ceux des autres étudiants de votre classe. Quel est le robot le plus utile selon vous?

Opérations

Je veux que mon robot...

1. _____   6. _____
2. _____   7. _____
3. _____   8. _____
4. _____   9. _____
5. _____   10. _____

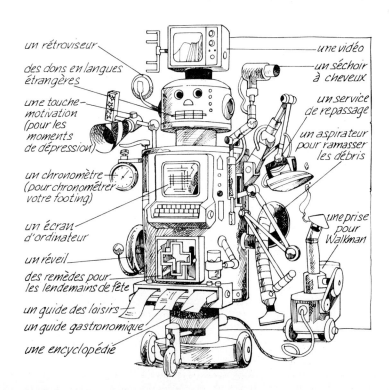

un rétroviseur

des dons en langues étrangères

une touche-motivation (pour les moments de dépression)

un chronomètre (pour chronométrer votre footing)

un écran d'ordinateur

un réveil

des remèdes pour les lendemains de fête

un guide des loisirs

un guide gastronomique

une encyclopédie

une vidéo

un séchoir à cheveux

un service de repassage

un aspirateur pour ramasser les débris

une prise pour Walkman

*L'*actualité

La France unie

Quels sont les problèmes d'un pays européen progressif comme la France? Discutez-en avec vos camarades de classe.

Le texte suivant présente sept objectifs proposés dans les dernières élections par le président de la République française, François Mitterrand. Lisez ses suggestions et décidez si les citoyens de votre pays d'origine doivent faire face aux mêmes problèmes. En suivant les modèles, commencez vos commentaires avec **Il (ne) faut (pas) que** ou **Il (n') est (pas) nécessaire que.**

LA FRANCE UNIE.

1. Elle équilibrera nos institutions.

2. Elle travaillera à construire l'Europe.

3. Elle encouragera le désarmement,
   elle garantira la sécurité,
   elle agira pour la paix.

4. Elle aidera le développement
   du tiers monde.

5. Elle modernisera l'économie.

6. Elle assurera la cohésion sociale.

7. Elle multipliera les espaces de culture.

LA FRANCE UNIE EST EN MARCHE.

VU LE CANDIDAT

MODELES: Oui, **il faut que** nous, les Américains, équilibrions nos institutions. Il est nécessaire que les institutions soient accessibles à tout le monde.

Non, **il n'est pas nécessaire que** nous, les Américains, travaillions à construire l'Europe; cela ne concerne que les pays qui font partie du Marché Commun.

Maintenant, groupez-vous par deux et comparez vos réponses avec celles de vos camarades de classe. Lequel de ces sept buts doit être la priorité numéro un pour la France? Pourquoi?

Débat

Formez des groupes de quatre à six personnes et étudiez la liste ci-dessous. Vous devrez débattre de l'une des actualités exposées.

   Chaque moitié de groupe prépare une série d'arguments: les unes affirmatifs et les autres négatifs. Puis, chacun expose pendant deux minutes son opinion devant toute la classe. A la fin de chaque discours, tout le monde y participe afin de trouver une solution au projet.

1. Il faut qu'il y ait une journée sans télévision par semaine.
2. Il vaut mieux que l'âge minimum pour obtenir le permis de conduire soit de dix-huit ans, comme en France.
3. Il est inutile que les Américains apprennent des langues étrangères.
4. Il est souhaitable qu'une femme soit élue présidente des Etats-Unis avant l'an 2000.
5. Il est indispensable que les Américains n'achètent que des voitures américaines.
6. Il est absolument nécessaire que les pays de l'ouest aient plus d'armes nucléaires que l'URSS.
7. Il est préférable que le mandat (*term of office*) présidentiel américain dure six ans.

VOTRE OPINION

A mon avis.../Selon moi...

Je suis convaincu(e) que...

Je voudrais vous faire remarquer que...

Personnellement, je suis pour/ contre...

ZONE NEUTRE

Il est possible que...
Ça dépend de...
Pourriez-vous m'expliquer...?
Peut-être.
Sans doute.
Que veut dire...?

ACCORD/DESACCORD

Bien sûr! Vous avez (certainement) raison.

Je (ne) suis (pas du tout) d'accord!

Je ne comprends pas pourquoi...

Il est ridicule que...

PROTESTATIONS

Pourtant...
Au contraire...
Bien que...
Peu importe que + *subjonctif*...
C'est votre point de vue, mais...
Je ne suis pas sûr(e) que...
D'un autre côté,...

Déjà vu

Pour faire cette activité, relisez les paragraphes d'introduction à Déjà vu, pages 19–21.

1. Vous habitez à Paris depuis quelques mois et aujourd'hui vous avez eu le malheur de perdre votre portefeuille. Vous allez au bureau des objets trouvés où l'employé(e) vous demande de décrire le portefeuille ainsi que

tout le contenu. Soyez aussi précis(e) que possible pour augmenter les chances de retrouver vos biens. Vous finissez par demander à l'employé(e) ce qu'il faut faire pour remplacer vos chèques et vos cartes de crédit. Il/ Elle vous répond avec autant de précision que possible.

2. La grand-mère d'un ami français/une amie française est venue vous rendre visite aux Etats-Unis pour la première fois. Elle est fascinée par tous les appareils ménagers dans votre cuisine, surtout par le four à micro-onde. Elle en a vu quelques-uns en France, bien sûr, mais ils étaient très différents. Elle vous pose beaucoup de questions en ce qui concerne cet appareil (fonctionnement, prix, disponibilité, meilleures marques, etc.). Vous lui répondez avec autant de précision que possible et vous finissez par expliquer pourquoi elle devrait en acheter un.

3. Une personne française de votre connaissance voudrait connaître le système des élections américaines: qui (ne) vote (pas)? qui est élu(e)? quand? où? comment? etc. Vous lui répondez avec autant de détails que possible.

4. Vous avez rencontré un(e) journaliste français(e) récemment. Il/Elle vous téléphone pour vous demander d'être interviewé(e) pour un article sur le rôle des femmes dans le domaine de la politique aux Etats-Unis (qui? titres? responsabilités? importance? influence? probabilité d'une présidente américaine? etc.). Vous acceptez qu'il/elle vous interviewe. Vous vous donnez rendez-vous au téléphone, ensuite vous vous rencontrez quelque part pour l'entrevue.

Devinez un peu

Formez des équipes de quatre personnes pour jouer au «trivia bowl». Deux équipes se font concurrence. La personne qui lève la main le plus vite a le droit de répondre à une question. L'équipe avec le plus grand nombre de réponses correctes gagne.

1. Peu avant la Première Guerre mondiale, la _____ est devenue une arme puissante des ouvriers.
    a. grève
    b. pause-café
    c. cafétéria
    d. voiture particulière

2. Au seizième siècle, Nostradamus a prédit qu'un général ayant le nom de son pays devrait s'exiler, mais qu'il reviendrait dans sa patrie pour la restructurer. Il s'agit de
    a. Anatole France
    b. George Washington
    c. Charles de Gaulle
    d. Al Magne

3. Combien de républiques la France a-t-elle connues depuis la Révolution jusqu'à aujourd'hui?
    a. trois
    b. une
    c. cinq
    d. quinze

4. Lequel des pays suivants ne fait pas partie du Marché Commun?
    a. la France
    b. l'Allemagne de l'Ouest
    c. la Suisse
    d. l'Angleterre

5. Le film américain *Le Jour le plus long* parle du
   a. jour où de Gaulle a démissionné
   b. jour du débarquement en Normandie
   c. jour où les manifestations ont commencé en mai 1968
   d. 21 juin, jour du solstice.
6. A la fin de la Deuxième Guerre mondiale, le gouvernement français a nationalisé une compagnie automobile française. Laquelle?
   a. Chevrolet   c. Fiat
   b. BMW   d. Renault
7. Aux termes de la constitution française ratifiée en 1958, quelle est la durée du mandat du président élu au suffrage universel direct?
   a. quatre ans   c. quinze ans
   b. sept ans   d. jusqu'à sa mort
8. Que signifie le sigle (*acronym*) S.N.C.F., créé en 1937?
   a. Sécurité Néo-Communiste Fédérée
   b. les Socialistes Non-Combattants Français
   c. Structure Nouvelle des Contrôles Financiers
   d. la Société Nationale des Chemins de Fer Français
9. L'avion commercial français-anglais supersonique controversé s'appelle
   a. le Mirage   c. le Concorde
   b. le Falcon   d. le Commander
10. Pour des raisons économiques, le franc a été dévalué en 1958. Depuis, 100,000 anciens francs valent _____ nouveaux francs.
    a. 10   c. 1,000
    b. 100   d. 1,000,000

> **Q**uand j'aurai appris qu'une nation peut vivre sans pain, alors je croirai que les Français peuvent vivre sans gloire.
>
> Napoléon

Jeux de mots

Sujets de composition

Faites une composition écrite ou orale sur deux des sujets suivants.

Les actualités Pensez-vous qu'il soit nécessaire de se tenir au courant des actualités américaines et mondiales? Si oui, comment vous informez-vous? Si non, pourquoi pas? Quelles sections d'un journal lisez-vous régulièrement? Quels journaux connaissez-vous? Lesquels préférez-vous? Quelle est la fonction des journaux? Que reprochez-vous aux journaux américains en ce qui concerne le reportage d'événements dans votre pays et à l'étranger?

Comment réagissez-vous?   Quelle est votre réaction quand vous apprenez: (1) que la collision de deux avions à 500 kilomètres de chez vous vient de tuer 185 personnes? (2) qu'un personnage important en Europe a été kidnappé par des terroristes? (3) que les victimes d'une inondation près de chez vous ont besoin d'aide? (4) que l'âge minimum pour le permis de conduire a été repoussé jusqu'à dix-huit ans? Devez-vous réagir à toutes ces nouvelles? Comment? Avec qui discutez-vous de tels événements? Quel est le résultat de vos discussions?

La presse libre   En France et aux Etats-Unis, la presse est libre. Qu'est-ce que cela veut dire? Y a-t-il des limitations à cette liberté? Trouvez-vous que ce soit une bonne chose? Croyez-vous que les journaux forment nos opinions? Justifiez vos réponses.

L'ordinateur   L'ordinateur: notre vie semble dépendre de plus en plus de cette machine. Quels sont vos sentiments à ce sujet? Est-ce un bien ou un mal? Pourquoi? En quoi est-ce que l'ordinateur touche votre vie? Certaines personnes disent que les ordinateurs déshumanisent l'existence. Qu'est-ce que vous en pensez? Pourquoi?

Les périodiques et les journaux   Il est traditionnel en France, surtout dans les grandes villes, d'aller chercher le journal au kiosque. On le lit souvent au café, ou dehors s'il fait beau. Quels journaux/hebdomadaires/mensuels français connaissez-vous? Comment et où est-ce que l'on peut en obtenir quand on ne vit pas en France? Qui a besoin de lire des journaux et des périodiques étrangers? Pour quelles raisons?

Les vrais amis

Vous savez qu'il y a des mots qui se ressemblent en français et en anglais mais qui ne veulent pas dire la même chose: ce sont les faux amis. Il y a aussi des mots qui se ressemblent en français et en anglais et qui veulent dire la même chose. Nous les appelons les vrais amis.

   Pour décrire la France et les Etats-Unis au vingtième siècle, il est possible d'employer beaucoup de mots semblables en français et en anglais. En voici quelques-uns.

A.   Les substantifs français en **-isme** (toujours masculins) ont souvent la terminaison *-ism* en anglais.

le chauvinisme *chauvinism* (= *patriotism*)
l'impressionnisme *impressionism*
le matérialisme *materialism*

Les substantifs en **–sion** et **–tion** (toujours féminins) sont d'habitude identiques en français et en anglais.

la cohésion *cohesion*
la migration *migration*
l'expression *expression*

Les adjectifs français en **–iste** se terminent par *-ist* en anglais la plupart du temps.

structuraliste *structuralist*
anarchiste *anarchist*
réaliste *realist*

Les adjectifs en **–al** et **–el** sont souvent semblables en français et en anglais. (Attention à l'orthographe de ces adjectifs. Elle ne correspond pas toujours dans les deux langues.)

radical *radical*
frugal *frugal*
essentiel *essential*

B.   Pouvez-vous trouver dix mots semblables dans les deux langues pour chaque catégorie présentée ci-dessous?

	-ISME	-SION, -TION	-ISTE	-AL, -EL
1.	_____	_____	_____	_____
2.	_____	_____	_____	_____
3.	_____	_____	_____	_____
4.	_____	_____	_____	_____
5.	_____	_____	_____	_____
6.	_____	_____	_____	_____
7.	_____	_____	_____	_____
8.	_____	_____	_____	_____
9.	_____	_____	_____	_____
10.	_____	_____	_____	_____

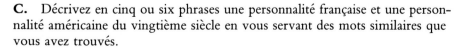

C.   Décrivez en cinq ou six phrases une personnalité française et une personnalité américaine du vingtième siècle en vous servant des mots similaires que vous avez trouvés.

D.   Faites deux listes de mots se terminant en **–isme** qui évoquent le vingtième siècle (*le capitalisme, le féminisme, etc.*): l'une qui décrit la France moderne et l'autre les Etats-Unis. Il est possible que certains mots figurent dans les deux listes.

E. Expliquez brièvement ce qui se passe actuellement dans une dizaine de pays en utilisant des mots similaires en français et en anglais. Commencez chaque phrase par une opinion ou par un jugement qui exige le subjonctif ou l'indicatif selon le cas. Voici des exemples.

1. Il semble qu'une révolution soit en train de se faire en Chine.
2. Je ne pense pas qu'il y ait de l'animosité entre les Français et les Allemands actuellement.
3. Il est possible qu'une femme devienne présidente des Etats-Unis.

> *Le seul moyen d'obliger les hommes à dire du bien de nous, c'est d'en faire.*
>
> Voltaire, 1731

Spectacles

*Au festival de danse
sur le Pont Neuf,
Paris* PETER MENZEL

Mots et expressions

LA SALLE DE SPECTACLE

le (premier/deuxième) balcon (first/second) balcony

la comédie ≠ la tragédie comedy ≠ tragedy

les coulisses (*f.*) wings (theatr.)

les fauteuils (*m.*) **d'orchestre** orchestra seats

la galerie uppermost balcony

les loges (*f.*) mezzanine
le rideau curtain
la scène stage
la voix voice

LES SPECTACLES

la bande sonore soundtrack
décevant(e) disappointing
dernièrement recently
la distribution cast
le doublage dubbing
le dramaturge playwright

en ce qui concerne concerning
génial(e) inspired, brilliant
le genre (literary, artistic) style or category
la mise en scène staging, production
l'œuvre (*f.*) work (of a creative artist)
le personnage character (in a film, play, etc.)
la vedette star

ctivités

Au théâtre

Etudiez à la page 123 le dessin d'une salle de spectacle à Paris, et trouvez dans le vocabulaire ci-dessus les mots qui correspondent aux numéros suivants. De quel genre de pièce s'agit-il? Comment le savez-vous?

1. _____

2. _____

3. _____

4. _____

5. _____

6. _____

7. _____

8. _____

La vie pratique

Pour distinguer entre les faits et les opinions

En parlant, on a souvent envie d'indiquer son propre point de vue envers les idées présentées. En particulier, il faut parfois souligner la différence entre les constatations que l'on considère comme plutôt certaines (des faits) et celles qui sont plutôt subjectives (des opinions). En français on a tendance à employer l'indicatif pour exprimer la certitude ou la probabilité. Cependant, quand il s'agit d'une opinion, c'est-à-dire pour souligner l'élément de doute ou de possibilité dans son attitude envers les faits, on a tendance à utiliser le subjonctif. Comparez:

> Je pense que le jazz **deviendra** plus populaire en France dans les années qui viennent.
> Mais je ne pense pas que le country **devienne** populaire. Penses-tu que l'opéra **devienne (deviendra)** populaire parmi les jeunes?

Dans le dernier exemple ci-dessus, le choix de l'indicatif ou du subjonctif dépend du point de vue de celui qui parle. Si, à son avis, l'opéra devient populaire, il se servira de l'indicatif. S'il le doute, il choisira le subjonctif.

Il est souvent plus facile d'apprendre par cœur les expressions suivies de l'indicatif et celles suivies du subjonctif, car c'est une question d'usage plutôt que d'analyse. Voici une liste des expressions les plus utilisées.

Pour indiquer un fait (indicatif):

Il est certain	Je suis sûr(e)	
Il est vrai	Je pense	que
Il est probable	Je crois	
Il est évident	Je t'assure	

Pour indiquer une opinion (subjonctif):

Il est possible (Il se peut)
Il est normal/bon/juste
Il est préférable
Il faut (Il est nécessaire) } que
Je doute
Je (ne) suis (pas) étonné(e)
Il est regrettable/dommage/triste

A noter: Les formes négatives ou interrogatives de **penser** et de **croire** peuvent être suivies de l'indicatif ou du subjonctif selon le point de vue de celui qui parle.

A. Certain ou peu probable? Exprimez votre point de vue envers les observations ci-dessous en utilisant une des expressions de la liste précédente. Variez les expressions autant que possible et justifiez votre opinion.

MODELES: La plupart des films américains font réfléchir le spectateur. →
Je crois que la plupart des films américains font réfléchir le spectateur. Rappelez-vous tous les films récents qui traitent de la guerre au Viêt-nam.

Il est douteux que la plupart des films américains fassent réfléchir le spectateur. →
La plupart d'entre eux traitent des sujets fantaisistes, par exemple, *Indiana Jones et le Temple du destin.*

1. La violence au cinéma est un phénomène inquiétant.
2. La musique classique devient de plus en plus appréciée de nos jours.
3. La publicité à la télévision influence trop les enfants.
4. Les tableaux modernes sont en général plus faciles à comprendre que les tableaux impressionnistes.
5. Les programmes de télévision sont meilleurs aujourd'hui qu'il y a dix ans.
6. La représentation des femmes dans les films américains est assez négative.
7. *Children of a Lesser God* est un des meilleurs films du siècle.
8. Michael Jackson ne mérite pas tous les Grammies qu'il a gagnés.
9. Regarder un film sur vidéocassette à la maison est plus agréable qu'aller au cinéma.

Qui sait?

Cherchez dans votre classe des camarades qui peuvent répondre aux questions suivantes. La même personne peut répondre à plusieurs questions. Puis, inscrivez son nom à côté de la description donnée et précisez les faits pertinents (film préféré, etc.).

Dès que quelqu'un dans la classe a rempli tous les blancs, arrêtez le jeu et vérifiez ses réponses pour être sûr qu'il (elle) n'a rien oublié d'important. Pour laquelle de ces questions a-t-il été le plus difficile de trouver un(e) camarade? Pourquoi? Ensuite, commentez tous ensemble les questions et les réponses.

Il faut trouver quelqu'un:

1. qui a le même film préféré que vous. _____

   Lequel? _____

2. qui va au cinéma aussi souvent que vous. _____

   Fréquence? _____

3. qui a vu dernièrement un film français. _____

   Lequel? _____

4. qui peut nommer trois acteurs français. _____

   Lesquels? _____

5. qui peut identifier un film dans lequel Gérard Depardieu a joué. _____

   Lequel? _____

6. qui peut identifier le genre des films suivants: _____

   Jean de Florette _____

   Rendez-vous avec la mort _____

   Trois hommes et un bébé _____

7. qui peut nommer deux réalisateurs français. _____

   Lesquels? _____

8. qui peut nommer une pièce française. _____

   Laquelle? _____

9. qui peut nommer un dramaturge français. _____

   Lequel? _____

10. qui sait ce que sont les Folies-Bergère. _____

    Ce sont _____

11. qui a la même opinion que vous en ce qui concerne l'opéra. _____

    Opinion: _____

Le cinéma

Chaque étudiant(e) fera une présentation d'une minute sur l'un des sujets suivants.

1. Le meilleur film que j'aie jamais vu
2. L'acteur (L'actrice) que les Américains préfèrent
3. Les films qu'on revoit toujours avec plaisir
4. Ce que je pense des films à la télé
5. Le dernier film que j'ai vu
6. Un film que je refuse de voir

Voici du vocabulaire qui pourra vous être utile.

GENRE

la comédie musicale
le dessin animé (*cartoon*)
le documentaire
le film d'aventures
      d'amour
      d'horreur
      de science fiction
      historique
      policier
le western

INTRIGUES

Dans ce film, il s'agit d'un(e)...
    amour impossible
    assassin qui tue (*kills*)...
    criminel qui...
    jeune fille qui...
    personnage historique qui...
    savant fou qui...
    vol (*theft*)

GENS

l'acteur/l'actrice principal(e)
              secondaire
le réalisateur (la réalisatrice)
le (la) scénariste

ELEMENTS TECHNIQUES

les costumes (*m.*)
les décors (*m.*)
les dialogues (*m.*)
le jeu des acteurs (*acting*)
la musique
la photographie

CRITIQUE

un film (peu) amusant
      classique
      décevant
      génial
      intellectuel

médiocre
(trop) osé (*daring*)
simpliste
violent

Jeu de traduction

Voici la liste des films prévus cette semaine dans un ciné-club du Quartier latin. Avec deux camarades de classe, traduisez chaque titre en anglais ou en

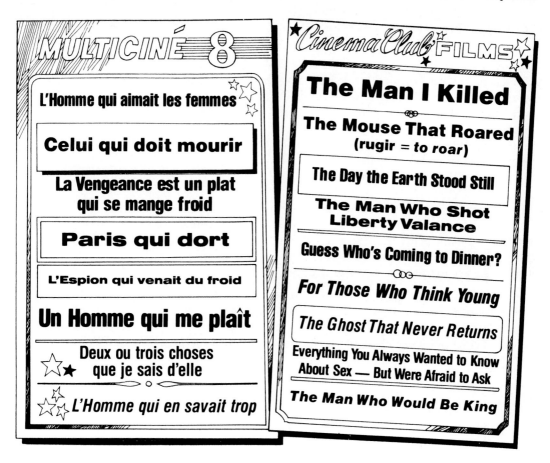

MULTICINÉ 8

L'Homme qui aimait les femmes

Celui qui doit mourir

La Vengeance est un plat
qui se mange froid

Paris qui dort

L'Espion qui venait du froid

Un Homme qui me plaît

Deux ou trois choses
que je sais d'elle

L'Homme qui en savait trop

Cinema Club FILMS

The Man I Killed

The Mouse That Roared
(rugir = to roar)

The Day the Earth Stood Still

**The Man Who Shot
Liberty Valance**

Guess Who's Coming to Dinner?

For Those Who Think Young

The Ghost That Never Returns

Everything You Always Wanted to Know
About Sex — But Were Afraid to Ask

The Man Who Would Be King

français, selon le cas. Ensuite, comparez vos traductions avec celles des autres groupes et choisissez les meilleures.

DU FRANÇAIS EN ANGLAIS:

1. _____

2. _____

3. _____

4. _____

5. _____

6. _____

7. _____

8. _____

DE L'ANGLAIS EN FRANÇAIS:

a. _____

b. _____

c. _____

d. _____

e. _____

f. _____

g. _____

h. _____

i. _____

Trois pièces originales

Aimez-vous faire du théâtre? En avez-vous jamais fait? Vous avez maintenant l'opportunité d'écrire un petit dialogue et de jouer un rôle dans votre propre pièce. Voici trois situations qui chacune nécessite un dénouement. Avec plusieurs camarades de classe, complétez un des cas suivants en essayant de résoudre le problème.

Chacun présentera sa saynète aux autres groupes de la classe. Quelles solutions avez-vous préférées? la vôtre? celles des autres?

Cas I

Au Club Méditerranée, dans une station de ski à Copper Mountain, une jeune fille travaille à la réception; entrent successivement une championne de ski, un jeune couple de New York genre haute société, très riche, et un parvenu (*self-made man*) du Texas, vêtements criards (*loud*), un gros paquet de billets de banque à la main. Tous veulent louer la dernière chambre.

LA JEUNE FILLE: Il ne reste plus qu'une chambre à un lit ce soir. Si d'autres clients arrivent, je ne saurai pas où les mettre.
(*Entre la championne de ski.*)

LA CHAMPIONNE: J'ai besoin d'une chambre qui donne sur les pistes. Je veux pouvoir regarder les autres concurrents d'en haut.
(*Entre le couple newyorkais.*)

M. BELL: Nous sommes Monsieur et Madame Bell. Nous avons réservé la suite présidentielle pour ce soir. La clef, je vous prie.

LA JEUNE FILLE: Un instant, s'il vous plaît. Qui êtes-vous? C'est à quel nom, s'il vous plaît? (*Entre bruyamment le parvenu, en se dirigeant vers la jeune fille.*)

LE PARVENU: Bonsoir, ma petite. Comment ça va? Tu me donnes la meilleure chambre de l'hôtel, et après, toi et moi, nous allons au restaurant de tes rêves. Nous irons...

Cas II

Une femme professeur et un de ses étudiants sont assis à une table de restaurant, la main dans la main.

ETUDIANT: Ça ne te gène pas d'être vue en public avec moi?

PROFESSEUR: Mais non, je trouve tout à fait normal de déjeuner avec un de mes étudiants.

ETUDIANT: D'ailleurs, je vais laisser tomber ton cours.

PROFESSEUR: (*En souriant*) Et si le chef de mon département entrait... (*Entre le chef du département.*)

Cas III

C'est votre anniversaire et pour le célébrer, vous voulez aller au concert ce week-end. La publicité suivante vous offre beaucoup de possibilités. Etudiez-la avec votre meilleur(e) ami(e) et convainquez-le (la) d'aller au concert de votre choix avec vous.

Vendredi 10 juin

ENSEMBLE PERCEVAL (Se reporter à Mercredi) 18h.

LA CAMERATA DE BOSTON (même programme que mercredi) 18h30.

MUSIQUE ENSEMBLE. Odille Bailleux, pianoforte, Marc Vallon, basson, Michel Henry, hautbois, Michel Garcin-Marrou, cor. Œuvres de Mozart, Beethoven. 18h30. **Maison de la Radio.** Entrée libre.

QUATUOR AMENDA. Œuvres de Beethoven, Schubert. 20h30. **Eglise Lutherienne de la Résurrection.** Pl. 20 et 40 F.

Samedi 11 juin

ENSEMBLE PROJECT ARS NOVA. Musique italienne et son influence au temps de Dufay. 18h30. **Maison de la Radio.** Entrée libre.

CLAUDE ZIBI, guitare. Johanna Matkowska, Jean-Michel Berrette, violons. Noëlle Santos, alto, Jean-Luc Bourra, violoncelle. Œuvres de Haydn, Paganinin, Boccherini. 18h30. **Maison de la Radio.** Entrée libre.

ENSEMBLE PERCEVAL (se reporter à jeudi) 18h.

LA CAMERATA DE BOSTON (même programme que mercredi) 18h30.

MARIGAUX ORIGINAL QUARTET. Œuvres de Moquey, Bach, Mozart, Grognet, Devogel, Strauss, Dvorak, Demayer. 18h30. **Théâtre de Paris.** Pl. 45 F.

Dimanche 12 juin

ENSEMBLE INSTRUMENTAL LA BRUYERE. Formation complète. Œuvres de Ibert, Stravinski. 11h. **Théâtre La Bruyère.** Pl. 25 F.

« **SALOME** » de Richard Strauss. Version Concert. Avec l'Orchestre du Capitole de Toulouse. Dir. Michel Plasson. 14h30. **Théâtre musical de Paris.** Pl. 30 à 160 F.

SYLVIA BERTHO, Agnès Host, piano et soprano. Œuvres de Monterverdi, Brahms, Haendel, Mendelssohn. 16h. **Eglise Saint-Merry.** Entrée libre.

jazz pop folk

AMERICAN CENTER, 261, bd (et Mᵒ) Raspail. 321.42.20. Couturier-Célea, quintette. Avec François Jeanneau, Philippe Macé, François Laizeau : Dim 12 à 16h30. Pl. 20 et 35 F.

AMERICAN CHURCH, 65, quai d'Orsay (Mᵒ Invalides). Sweet and Sour Band, blues and country blues. Ven 10 à 20h30. Pl. 25 F.

BILBOQUET, 13, rue St-Benoit (Mᵒ St-Germain-des-Près). 222.51.09/548.81.84. Tls à partir de 20h. Marc Hemmler + Trio. Cons. 50 F.

BATACLAN, 50, bd Voltaire (Mᵒ Saint-Ambroise). Malanga y salsa y control. Ven 10 à 21h. Pl. 50 F. Loc. 326.04.52-506.48.28.

LE CAMBRIDGE, 17, avenue de Wagram (Mᵒ Etoile). 380.34.12. Tls jazz jusqu'à 2h du matin. F. Dim. Lun : Traditionnel jazz avec Mooglie. Mar, Ven, Sam : Trio Amouroux. Boogie, woogie. Mer : Wasboard group avec Gilbert Leroux. Jeu : Philippe de Preissac, Jazz-swing.

LE CAVEAU DE LA BOLEE, 25, rue de l'Hirondelle (Mᵒ Saint-Michel). 354.64.20. Entrée : 30 F. Tls Dim à 23h. Bobby Rangell Quartet.

CAVEAU DE LA HUCHETTE, 5, rue de la Huchette (Mᵒ Saint-Michel). 326.65.05. Ouvert tls à 21h30 à 2h30. Ven jusqu'à 3h30. Sam et veille de fête jusqu'à 4h. Entrée : 40 F. Ven., Sam. et veille de fête : 45 F. Etud. : 30 F. Cons. à part. de 10 F. Les Whoopee Makers, avec Bénédicte Lecroat. Du 8 au 10 juin. Jacky Caroff Dixieland, jazz band. Les 11 et 12, Roger Guérin big band, Lun 13, Mar 14.

CHAPELLE DES LOMBARDS, 19, rue de Lappe (Mᵒ Bastille). 357.24.24. Tls sf Dim et Lun de 22h30 à 4h du matin. Ray Lema et le groupe Carma du Zaïre : jusqu'au 21 juin.

CLOITRE DES LOMBARDS, 62, rue des Lombards (Mᵒ Chatelet). 233.54.09. Tls sf Lun. Salsathèque de 22h30 où 4h du matin les Mer 8, Jeu 9. Entrée libre. Apartheid Not, avec 8 musiciens afro-reggae : Ven, Sam, Dim de 22h30 à 4h du matin.

MUSIQUE

TH. DU FORUM DES HALLES (297.53.47), 21 h. Francis Bebey, Pierre Bensusan (cycle guitare)

MUSÉE D'ART MODERNE - Petit Auditorium (723.61.27), 20 h 30. Nouveau Pandemonium de Francois Jeanneau.

PETIT OPPORTUN (236.01.36), 23 h. Le groupe Slap Scat

CAVEAU DE LA HUCHETTE (326.65.05), 21 h 30. Stéphane Guerault et Benny Vasseur Quintet

TWENTY ONE (260.40.51), 21 h. Trio Greg Hunter

SALLE PLEYEL (563.88.73), 20 h 30. Dietrich Fischer-Dieskau et Daniel Barenboim

SALLE GAVEAU (563.20.30), 20 h 30. Grande Fanfare de Cuivres de l'Orchestre national de France (dir Jacques Mas. Denis Manuel)

TH. DES CHAMPS-ÉLYSÉES (723.47.77), 20 h 30. English Concert (dir et clavecin Trevor Pinnock)

TH. DE L'ATHÉNÉE (742.67.27), 20 h 30. Hakan Hagerard Thomas Shuback (piano)

TH. MUSICAL DE PARIS (261.19.83), 20 h 30. Ensemble orchestral de Paris (dir Jean-Pierre Wailez), Kiri Te Kanawa (soprano)

PETIT JOURNAL (326.28.59), 22 h. Alligator Jazz Band (jazz traditionnel)

VOUS: Eh, écoute. Je t'invite à aller écouter _____ ce weekend. Qu'est-ce que tu en dis?

AMI(E): _____ ? Qu'est-ce que c'est?

VOUS: C'est pas possible. Tu ne le connais pas? Tout le monde en parle.

AMI(E): Tu sais bien que je n'aime pas le jazz (la musique pop, classique...).

VOUS: J'aimerais tellement l'écouter.

*L'*actualité

Les distractions

Vous êtes à Paris et vous avez envie de vous distraire ce soir. Etudiez les titres dans la liste A traitant des pièces et des films qui y passent. Puis regardez les sommaires dans la liste B et faites-les correspondre avec les titres. Ensuite comparez vos réponses avec celles d'un(e) camarade de classe.

Liste A		Liste B

1. _____ **CHAT QUI PEUT**

a. Les chiens de Londres partent à la recherche de chiots kidnappés par des trafiquants de fourrures.

2. _____ **REVIENS DORMIR A L'ELYSEE**

b. La carrière de deux grands coureurs à pieds, champions aux Jeux Olympiques de 1924, à Paris.

3. _____ **101 DALMATIENS**

c. L'amour vu comme un piquant jeu de société : séduire sans être séduit tout en obtenant des plaisirs dont l'amour n'est qu'un prétexte. Triomphants et complices dans le mal, le couple diabolique s'effondrera au seuil du bien.

4. _____ **AVANTI !**

d. Une charmante histoire d'amour... à Rome... en mai. Des rires fous entre les êtres qui n'auraient jamais dû s'y rencontrer. L'allégresse et la folie italiennes en prime.

5. _____ **CHARIOTS DE FEU (LES)**

e. La malheureuse servante d'une infâme marâtre rêve d'aller au bal auquel le roi convie toutes les jeunes filles du pays pour trouver une épouse à son fils. D'après le conte de Charles Perrault.

6. _____ **LES LIAISONS DANGEREUSES**

f. Un prince (charmant, moderne... quelconque)... en fuyant des tueurs à gage, se transforme en chat. Il est immédiatement propulsé dans le pétrin de tous les jours. Humour noir et tendre.

7. _____ **CENDRILLON**

g. Une femme à l'Elysée !... une présidente de la République fait peut-être le bonheur des Français mais pas celui de son mari.

Entraînez-vous à deux

Maintenant groupez-vous par deux et discutez de vos goûts culturels. Complétez les phrases suivantes et expliquez vos choix.

MODELE: Le théâtre est quelque chose **que/dont**... →
Le théâtre est quelque chose **que** j'apprécie énormément.
Le théâtre est quelque chose **dont** je parle beaucoup avec mes amis.

1. Steve Martin est un acteur que/dont...
2. Shakespeare est un dramaturge qui/que...
3. *Police Academy* est un film qui/dont...
4. *Death of a Salesman* est une pièce que/à laquelle...
5. Le cinéma est une distraction qui/que...
6. Marcel Marceau est un mime que/dont...
7. Mikhail Baryshnikov est un danseur qui/dont...

Déjà vu

Pour faire cette activité, relisez les paragraphes d'introduction à Déjà vu, pages 19–21.

1. Il vous reste seulement un soir à Paris et votre ami français (amie française) veut absolument voir un film de Clint Eastwood. Vous préféreriez un film français. Trouvez une solution.
2. Une personne française de votre connaissance vous dit qu'il y a trop de chaînes à la télévision américaine (en France il n'y en a qu'une dizaine), que la télévision américaine a trop d'émissions (tous les jours vingt-quatre heures sur vingt-quatre), et que l'Américain moyen (Américaine moyenne) regarde trop la télévision (six heures par jour!). Vous essayez de justifier le système américain, même si vous ne l'aimez pas trop.
3. Un ami français (Une amie française) regarde souvent des feuilletons américains à la télévision française (*Dynasty, Dallas,* etc.). Il (Elle) a l'impression que les attitudes présentées (surtout en ce qui concerne l'argent, le succès, le travail, la famille et les amis) sont un peu exagérées mais typiques des Américains. Répondez-lui.
4. Ce soir, un ami (une amie) et vous assistez à une pièce qui a un succès fou. Vous n'avez pas pu acheter deux places l'une à côté de l'autre; vous en avez pris une au premier balcon et l'autre au deuxième balcon. A côté de votre place au deuxième balcon, il y a une personne d'environ quarante ans qui semble être seule. Abordez-la; donnez-lui vos explications et proposez-lui votre place au premier balcon. Attention: la pièce commence dans cinq minutes et cette personne est handicapée avec des béquilles (*crutches*).

Devinez un peu

Formez des équipes de quatre personnes pour jouer au «trivia bowl». Deux équipes se font concurrence. La personne qui lève la main le plus vite a le droit de répondre à une question. L'équipe avec le plus grand nombre de réponses correctes gagne.

1. La Cinémathèque
   a. est un institut de hautes études cinématographiques
   b. est le syndicat des cinématographes
   c. est un musée et une bibliothèque du cinéma
   d. est l'organisation qui s'occupe de la publicité des films
2. Ce metteur en scène français a joué un rôle dans le film américain *Rencontre du troisième type.*
   a. Truffaut   c. Godard
   b. Chabrol   d. Agnès Varda

3. *Le Malade imaginaire*, *Tartuffe* et *L'Avare* ont été écrits par ce dramaturge célèbre au dix-septième siècle.
   - a. Albert Camus
   - b. Jean-Paul Sartre
   - c. Molière
   - d. Racine

4. La «nouvelle vague»
   - a. se réfère aux films des années cinquante comme *Les 400 Coups*, *A Bout de souffle*
   - b. est le nom de la salle de projection au festival de Cannes
   - c. fait référence aux premiers films couleurs français
   - d. est la mode des mini-jupes

5. La Comédie-Française
   - a. est une pièce qui a eu un succès inouï récemment à Paris
   - b. est un théâtre subventionné par le gouvernement français où l'on monte des pièces classiques
   - c. est une comédie typiquement française
   - d. est un théâtre d'avant-garde

6. *La Grande Illusion* et *La Règle du jeu* sont deux films classiques de ce metteur en scène français qui a passé ses dernières années aux Etats-Unis.
   - a. Marcel Carné
   - b. Abel Gance
   - c. René Clair
   - d. Jean Renoir

7. Dans un cinéma français, il est normal de donner à l'ouvreuse
   - a. votre programme, après l'avoir lu, au cas où elle n'en aurait pas suffisamment pour les autres
   - b. votre parapluie
   - c. un pourboire
   - d. un compliment quelconque

8. Laquelle de ces quatre actrices n'est pas française?
   - a. Brigitte Bardot
   - b. Catherine Deneuve
   - c. Simone Signoret
   - d. Sophia Loren

9. Luis Buñuel, qui tournait des films en France après avoir quitté l'Espagne, a fait en 1929 un film surréaliste très célèbre qui s'appelle
   - a. *Passage à Marseille*
   - b. *Viva Espagne*
   - c. *Un Chien andalou*
   - d. *Sur le réel*

10. Le mot *séance* désigne
    - a. la durée du spectacle
    - b. un rendez-vous avec un clairvoyant
    - c. une répétition d'acteurs
    - d. la première scène d'une pièce

*D*ieu a créé les beaux-arts, l'homme a créé le cinéma.

Roger Manvell

Venez nous rejoindre au Cirque d'Hiver!
MARK ANTMAN/STOCK, BOSTON

eux de mots

Sujets de composition

Faites une composition orale ou écrite sur un ou deux des sujets suivants.

Le cinéma et vous   La France et les Etats-Unis sont deux pays qui ont beaucoup contribué à l'évolution du cinéma. Combien de fois par mois allez-vous au cinéma? Quels sont les films que vous avez vus plusieurs fois? Pourquoi? Quels sont les films que vous refusez de voir ou de revoir? Pourquoi? Qu'est-ce qui vous intéresse le plus au cinéma? les vedettes? l'intrigue? les images? le décor? Expliquez votre réponse. Qu'est-ce qui fait une grande vedette? son physique? sa sensibilité? son talent?

Le théâtre et vous   Quel genre de pièce préférez-vous? une tragédie shakespearienne? une comédie légère? une comédie musicale? Quelles sortes de pièces avez-vous la possibilité de voir dans votre communauté? Par qui sont-elles montées? par des groupes professionnels, d'amateurs, d'étudiants? Où sont-elles présentées? dans un théâtre traditionnel? dans un parc? en plein air? Quelles pièces avez-vous lues ou vues dont vous gardez un souvenir précis? Pourquoi?

Le métier d'acteur (d'actrice) Est-ce qu'on naît acteur (actrice) ou est-ce qu'on le devient? Justifiez votre réponse. Comment apprend-on ce métier? Comment imaginez-vous la vie d'un acteur (d'une actrice)? Si un ami vous offrait un rôle dans une pièce qu'il monte, l'accepteriez-vous? Expliquez votre réponse. Pensez-vous qu'à l'heure actuelle les acteurs gagnent trop d'argent? Commentez.

Les vrais amis

Le suffixe -*eur* Le suffixe **-eur** en français est souvent l'équivalent du suffixe -*or* en anglais.

un aviateur *aviator*	un moteur *motor*
un éditeur *editor*	un réfrigérateur *refrigerator*

A. Trouvez l'expression tirée de la liste de droite qui complète chacune des phrases de la liste de gauche.

a. _____ est quelqu'un qui visite un endroit.

b. _____ est un film qui fait peur.

c. _____ est la machine avec laquelle on montre un film.

d. _____ est le contraire d'inférieur.

e. _____ est un synonyme de *dehors.*

1. supérieur
2. profondeur
3. un réacteur
4. à l'extérieur
5. un film d'amateur
6. contradicteur
7. un film d'horreur
8. à la rigueur
9. un visiteur
10. un projecteur

B. Pouvez-vous nommer une personnalité américaine ou étrangère pour chacune des professions ci-dessous?

1. un *inventeur* que j'admire
2. un *acteur* dont j'aime tous les films
3. un *compositeur* de musique classique qui m'a impressionné
4. un *docteur* dont tout le monde parle
5. un *professeur* que je respecte
6. un *auteur* dont j'ai lu beaucoup d'œuvres
7. un *dictateur* que je ne supporte pas
8. un *sénateur* qui est devenu célèbre pour ses réformes
9. un *empereur* qui a influencé le cours de l'histoire
10. un *ambassadeur* qui a un poste exigeant (*demanding*)

C. Etes-vous amateur de cinéma? Trouvez l'acteur (l'actrice) correspondant à chacune des descriptions de gauche.

1. Acteur français très célèbre.
2. L'ambassadeur américain pour l'Angleterre dans "The Omen."
3. Un danseur américain qui a joué dans beaucoup de films.
4. Le compositeur Wolfgang Amadeus Mozart dans le film "Amadeus."
5. Elle jouait le rôle de la chercheuse scientifique Diane Fossey dans "Gorillas in the Mist."

a. Fred Astaire
b. Tom Hulce
c. Jane Fonda
d. Sigourney Weaver
e. Laurence Olivier
f. Gérard Depardieu
g. Gregory Peck
h. Cary Grant

Nommez trois films avec les trois acteurs (actrices) que vous n'avez pas cité(e)s ci-dessus.

L'accent circonflexe dans les substantifs   Il y a des substantifs français dont la lettre **s** devant une consonne a été remplacée par un accent circonflexe sur la voyelle précédente. Le **s** est resté dans le mot anglais.

l'hôte (*m.*) *host*   la fête *feast*
la hâte *haste*   le mât *mast*

A.   Définissez les mots ci-dessous ou employez-les dans une phrase.

MODELES: l'intérêt (*m.*) →
Elle a beaucoup d'intérêt pour le cinéma.

la tempête →
la tempête: un orage violent sur terre ou sur mer; une comédie de Shakespeare

1. l'ancêtre (*m.*)
2. le bâtard
3. la bête
4. la côte
5. la forêt
6. l'hôpital (*m.*)
7. l'hôtel (*m.*)
8. l'hôtesse (*f.*)
9. l'île (*f.*)
10. le prêtre

B.   Trouvez l'équivalent français des substantifs suivants.
1. *cloister*
2. *crest*
3. *master*
4. *plaster*
5. *roast (meat)*

Il n'est pas indispensable d'être fou pour faire du cinéma. Mais ça aide beaucoup.

Samuel Goldwyn

Sports et loisirs

*On fait de la voile
et de la planche à
voile près de Lyon*
BERYL GOLDBERG

Mots et expressions

LE SPORT

**le centre de sports et de
 loisirs** recreation center
la charpenterie carpentry
le footing jogging
**la nage au tuba palmes
 et masque** snorkeling
la pêche fishing
la planche à voile windsurfing
la plongée (sous-marine)
 (scuba) diving
le vestiaire locker room
la voile sailing

LES LOISIRS

dépendre de to depend on
le dessin drawing
se distraire to amuse oneself
l'émission (*f.*) TV/radio
 program, broadcast
enregistrer to record
le feuilleton soap opera;
 mini-series
s'habituer à to get used to
**le jeu de cartes/de so-
 ciété** card game/family
 game (like Monopoly)

le magnétoscope VCR
le (la) partenaire partner
 (at games or dancing)
passer son temps à + *inf.*
 to spend one's time (do-
 ing something)
se réjouir (d'avance) de
 + *inf.* to enjoy (to look
 forward to) doing some-
 thing
la série (TV) series
la soirée dansante dance
la sortie outing, excursion
la vidéo cassette videotape

*A*ctivités

Qu'est-ce qu'on fait en France pour se distraire?

Pour répondre à cette question, étudiez le dessin et trouvez dans le vocabulaire ci-dessus les mots correspondant aux images. Laquelle de ces activités vous semble la plus agréable? la moins intéressante? Pourquoi?

 1 _____

 2 _____

3 _____

4 _____

5 _____

6 _____

7 _____

8 _____

9 _____

10 _____

*L*a vie pratique

Comment faire une circonlocution

Que faites-vous quand vous ne trouvez pas tous les mots précis dont vous avez besoin pour vous exprimer? Probablement, vous utilisez des circonlocutions, c'est-à-dire que vous communiquez vos idées de façon indirecte. Cela vous permet de continuer votre discussion. Pouvez-vous identifier laquelle des phrases suivantes contient une circonlocution?

1. Si j'avais eu cinq semaines de vacances l'année dernière, je serais allé(e) à Bali.
2. Comment s'appelle la chose que les footballeurs américains portent pour se protéger la tête? Je crois que c'est un casque.
3. Je ne sais pas vous expliquer en français comment servir la balle dans un match de tennis... mais regardez, vous faites comme ça.

Faire une circonlocution en français est très facile. D'abord, dites s'il s'agit d'une personne, d'une chose, etc. (liste A). Ensuite, choisissez le pronom relatif convenable (liste B) et terminez avec la partie descriptive de la phrase. En voici quelques exemples:

LISTE A	LISTE B
la personne	qui
la chose	que
le moyen	dont
l'endroit	avec/pour/dans/etc. laquelle
	où

La personne qui contrôle la régularité d'un match... ah, oui, c'est un arbitre.

Le moyen (La chose) qui permet aux skieurs de gagner un point élevé sans quitter leurs skis... ça, c'est un remonte-pente.

L'endroit où on pratique des sports sur glace... ça s'appelle une patinoire.

Entraînez-vous à deux

A. Les sports américains. Par groupes de trois, discutez des sports que l'on pratique aux Etats-Unis en suivant le modèle. Une personne joue le rôle d'un Français curieux (d'une Française curieuse) qui désire connaître certains sports. La deuxième répond en utilisant une circonlocution afin d'expliquer un seul aspect d'une de ces activités (par exemple, les participants, les objets propres à ce sport, le lieu, etc.). La troisième complète les explications, toujours à l'aide d'une circonlocution. Après avoir décrit un sport, inversez les rôles.

> MODELES: (le base-ball) le batteur? / la batte?
>
> LE (LA) FRANÇAIS(E): Le base-ball... euh, qui est le batteur et qu'est-ce que c'est que la batte?
>
> LE (LA) SECOND(E): Le batteur est la personne qui essaie de frapper la balle quand elle est lancée.
>
> LE (LA) TROISIEME: Et la batte est la chose avec laquelle le batteur essaie de frapper la balle.
>
> (le football américain) le ballon? / le champ?
>
> LE (LA) FRANÇAIS(E): Je ne connais pas le football américain. Qu'est-ce que c'est que le ballon? et le champ?
>
> LE (LA) SECOND(E): Le champ est l'endroit où le match a lieu.
>
> LE (LA) TROISIEME: Et le ballon est la chose sans laquelle le match n'aurait pas lieu.

1. (l'aérobique) le moniteur (la monitrice)? / le gymnase?
2. (le basket[-ball]) le court? / l'entraîneur?
3. (le hockey) le palet (*puck*)? / la patinoire?
4. (le patinage à roulettes [*roller-skating*]) les patins à roulettes (*skates*)? / le patineur (la patineuse) à roulettes (*skater*)?
5. (le surf) la planche de surf? / le surfeur (la surfeuse)?

B. Vous avez oublié le nom des choses/personnes/endroits suivants en français. Groupez-vous par deux. A tour de rôle, employez une circonlocution en suivant le modèle afin que votre partenaire puisse y répondre avec le mot précis. Puis inversez les rôles.

MODELES: une personne / pratiquer un sport équestre? →

VOUS: Comment s'appelle une personne qui pratique un sport équestre?

IL (ELLE): C'est un cavalier (une cavalière).

l'endroit / jouer au tennis?

VOUS: J'ai oublié le nom de l'endroit où on joue au tennis?

IL (ELLE): Ça s'appelle un court de tennis.

la chose / faire de la pêche?

VOUS: Peux-tu me rappeler le nom de la chose avec laquelle on fait de la pêche?

IL (ELLE): Oui, c'est une canne à pêche.

1. la personne / participer à un marathon?
2. l'endroit / pouvoir nager?
3. la chose / jouer au rugby?
4. la personne / faire de la charpenterie?
5. la personne / faire de la poterie?
6. la chose / faire du camping?
7. l'endroit / s'habiller pour faire du sport?
8. la personne / participer à une épreuve de sports?

C'est vrai ou c'est faux?

Lisez chaque phrase. Si vous pensez que l'affirmation est fausse, corrigez-la. Si vous pensez qu'elle est vraie, dites-le. N'hésitez pas à deviner un peu si vous n'êtes pas sûr(e) de la réponse exacte. Vérifiez vos réponses à la fin de l'activité avec vos camarades de classe.★

1. «Les vingt-quatre heures du Mans» sont une course cycliste belge.
2. La Coupe Davis est une épreuve de rugby.
3. Le français est la langue officielle des rencontres internationales d'escrime (*fencing*).
4. Le base-ball est le sport national du Viêt-nam.
5. Il n'y a jamais de skieurs français aux Jeux Olympiques d'hiver.
6. Karaté veut dire *main vide*.
7. Le golf est né en Angleterre.
8. Quand on joue au tennis de table, il y a un changement de service chaque fois qu'un total de cinq points a été marqué.
9. On pratique le surf à Tahiti, en Californie et en Nouvelle-Zélande.
10. La barre fixe et les barres parallèles ont un rapport avec le cricket.

★Réponses: 1. faux (Cette course automobile a lieu en France.) 2. faux (La Coupe Davis est une épreuve de tennis.) 3. vrai 4. faux (C'est le sport national des États-Unis et du Japon.) 5. faux (Ils participent à tous les Jeux Olympiques.) 6. vrai 7. faux (Il est né en Écosse.) 8. vrai 9. vrai 10. faux (Elles ont un rapport avec la gymnastique.)

L'actualité

La télévision

Voici un programme de télévision tiré de *Télé 7 Jours*. Etudiez-le avec un(e) camarade de classe et répondez aux questions suivantes. Ensuite discutez-en avec d'autres groupes.

	TF1	**A2**	**FR3**	**LA5**	**M6**	**C+**
6.00	6.25 UNE PREMIÈRE 7.30 DOROTHÉE MATIN 8.25 **FLASH** 8.30 LE MAGAZINE DE L'OBJET 8.55 DOROTHÉE MATIN	6.45 TÉLÉMATIN 8.30 AMOUREUSEMENT VÔTRE 9.00 RÉCRÉ A2 MATIN	8.30 AMUSE 3	5.00 JOURNAL 7.15 SANDY JONQUILLE 7.40 CREAMY 8.05 PRINCESSE SARAH 8.30 LE MAGICIEN D'OZ 8.55 DANS LES ALPES AVEC ANETTE 9.45 TÉLÉ CHOUCHOU 10.00 LES SCHTROUMPFS 10.20 TOP NUGGETS 10.50 SHÉRIF, FAIS-MOI PEUR	7.00 M6...7.8.9. 7.05 KIOSQUE 7.30 GRAFFI 6 8.00 JEU MÉTÉO 8.05 HIT HIT HIT HOURRA 8.15 CHER ONCLE BILL 8.45 JEU DE L'INTRUS 9.00 FAN DE... 10.00 BOULEVARD DES CLIPS 10.35 FRÉQUENSTAR	7.00 TOP 50 7.20 LE PIAF 7.25 CABOU CADIN 7.45 DESSIN ANIMÉ 8.00 **CBS NEWS** 8.25 LA BOUTIQUE C+ 8.50 DESSIN ANIMÉ 9.00 ■ LES SAISONS DU CŒUR 10.45 **FLASH** 10.50 ■ ENEMY
11.00	11.40 ON NE VIT QU'UNE FOIS	11.15 DANSE AVEC MOI 11.55 **FLASH**	11.00 TENNIS : ROLAND-GARROS	11.40 BOULEVARD BOUVARD	11.25 CHER ONCLE BILL 11.50 HIT HIT HIT HOURRA	■ ENEMY
12.00	12.00 TOURNEZ MANÈGE 12.30 **FLASH** 12.35 TOURNEZ MANÈGE	12.00 MÉTÉO 12.05 KAZCADO 12.30 TITRES DU 13.00 12.35 LES MARIÉS D'A2	12.30 EN DIRECT DES RÉGIONS 12.55 **FLASH**	12.00 LA PORTE MAGIQUE 12.30 LE JOURNAL DE J-C BOURRET	12.00 GRAFFI 6 12.30 **JOURNAL** 12.45 LA PETITE MAISON DANS LA PRAIRIE	12.30 DIRECT
13.00	13.00 **JOURNAL** 13.45 CÔTE OUEST	13.00 **JOURNAL** 13.45 JEUNES DOCTEURS	13.00 TENNIS : ROLAND-GARROS	13.00 **JOURNAL** 13.35 MATTHEW STAR	13.35 FALCON CREST	DIRECT
14.00	14.30 CLUB DOROTHÉE	14.35 TENNIS : ROLAND-GARROS	TENNIS	14.30 GALACTICA	14.50 CINÉ 6 PREMIÈRE	14.00 VICTOR 14.10 UN FLIC DANS LA MAFIA
15.00	CLUB DOROTHÉE	TENNIS	TENNIS	15.20 SUPERMINDS	15.20 MÉDIATOR 15.50 HIT HIT HIT HOURRA	15.00 LES ALLUMÉS DU SPORT 15.30 ■ QUEENIE
16.00	CLUB DOROTHÉE	TENNIS	TENNIS	16.10 CHILDÉRIC 16.55 DANS LES ALPES AVEC ANETTE	HIT HIT HIT HOURRA	■ QUEENIE
17.00	CLUB DOROTHÉE	TENNIS	TENNIS	17.20 JEANNE ET SERGE 17.45 PRINCESSE SARAH	17.05 DAKTARI	17.25 MAX HEADROOM 17.50 THROB
18.00	18.05 AGENCE TOUS RISQUES 18.55 MÉTÉO	TENNIS	TENNIS	18.10 SANDY JONQUILLE 18.30 CAPTAIN POWER 18.55 **FLASH**	18.00 **JOURNAL** 18.15 LES ROUTES DU PARADIS	18.15 **FLASH** 18.25 TOP 30 18.55 STARQUIZZ
19.00	19.00 SANTA BARBARA 19.30 LA ROUE DE LA FORTUNE 19.50 TAC-O-TAC	19.05 I.N.C. 19.10 INFO-RÉGIONS 19.35 **JOURNAL**	19.00 19/20 19.10 INFO-RÉGIONS 19.55 DIPLODO	19.05 LA PORTE MAGIQUE 19.30 BOULEVARD BOUVARD	19.00 INCROYABLE HULK 19.55 6 MINUTES	19.20 NULLE PART AILLEURS
20.00	20.00 **JOURNAL** LOTO	20.10 FOOTBALL	20.05 LA CLASSE	20.00 **JOURNAL**	20.00 COSBY SHOW	NULLE PART AILLEURS
20.30	20.45 **SACRÉE SOIRÉE** Émission de J-Pierre Foucault	20.35 **FOOTBALL** FINALE DES CLUBS CHAMPIONS PSV EINDHOVEN/ BENEFICA DE LISBONNE *EN DIRECT DE STUTTGART*	20.30 **DANSE** CARMEN avec Zizi Jeanmaire M.Barychnikov ISTAR ET PHÈDRE avec Isabelle Guérin Maria Haydée	20.30 **CHASSEURS D'OMBRES** Téléfilm de C.Shiller avec Dennis Dugan Trevor Eve Nina Foch Bart Burns Bobby Fite	20.50 **UNE FEMME DANGEREUSE** Téléfilm de Garry Nelson avec Don Murray Walter Pidgeon Yvonne de Carlo John Ireland Gloria Grahame	20.30 Cinéma dans les salles 21.00 ■ **MORT OU VIF** Film de G.Sherman

22.00	22.35 PIRATES	22.10 TENNIS	22.25 JOURNAL 22.55 OCÉANIQUES	22.15 GÉNÉRATION 22.45 MIKE HAMMER	22.00 LIBRE ET CHANGE	22.40 FLASH 22.45 ■ L'ÉTÉ EN PENTE DOUCE
23.00	23.35 RAPIDO 0.05 JOURNAL 0.20 MINUIT SPORT 1.20 HISTOIRES NATURELLES	23.00 24H SUR LA 2 23.30 ALFRED HITCHCOCK PRÉSENTE	23.20 SOUDAIN L'ÉTÉ DERNIER 23.50 MUSIQUES, MUSIQUE	0.00 JOURNAL 0.05 MIKE HAMMER 0.30 GÉNÉRATION 1.00 SUPERMINDS 1.50 MATTHEW STAR 2.40 JOURNAL 2.45 ■ CHASSEURS D'OMBRES 4.30 CHILDÉRIC	23.15 L'HOMME DE FER 0.05 6 MINUTES 0.15 CLUB 6 1.00 BOULEVARD DES CLIPS	0.25 ■ FRIC-FRAC 2.05 DOCUMENTAIRE ANIMALIER

1. Combien de chaînes de télévision y a-t-il en France?
2. A quelle heure commencent les émissions? Vers quelle heure se terminent-elles?
3. Sur quelles chaînes peut-on regarder des émissions américaines?
4. A quelles émissions s'intéresserait quelqu'un qui aime la musique? les sports?
5. A quelles émissions s'intéresserait un enfant d'environ cinq ans?
6. Nommez une émission française qui appartient à chacune des catégories suivantes:
   a. un jeu télévisé
   b. les informations
   c. un feuilleton
   d. une série
   e. un documentaire

Maintenant comparez la télévision en France et aux Etats-Unis en répondant aux questions suivantes. Ensuite partagez vos idées avec d'autres camarades de classe.

1. Si vous viviez en France, vous serait-il difficile ou facile de vous habituer à cet horaire de programmes qui commencent à n'importe quelle heure? Expliquez.
2. Trouvez-vous surprenant le grand nombre d'émissions américaines qui se voient en France? Commentez. Quelles catégories de programmes français voudriez-vous pouvoir regarder à la télévision américaine? Pourquoi?
3. Les Français aiment regarder les films, les spectacles de variétés et surtout les jeux télévisés. Quelles sont les émissions préférées en Amérique? Les aimez-vous? Pourquoi (pas)?
4. Imaginez que vous passez le week-end à la maison. Choisissez cinq programmes à ne pas manquer et expliquez vos choix à un(e) partenaire. Comment vos goûts sont-ils différents?

Les loisirs et vous

Dans cette activité, vous allez discuter de vos préférences et de vos opinions en ce qui concerne le temps libre. Mettez-vous trois par trois et choisissez un(e) secrétaire pour votre groupe. Celui (Celle)-ci va inscrire son nom ainsi que les noms des deux autres membres de son groupe sur la première ligne. Ensuite, il (elle) va inscrire ses propres réponses dans la première colonne et les réponses de ses camarades dans les colonnes 2 et 3. A la fin, chaque secrétaire va lire les résultats au reste de la classe. Qu'est-ce que ce jeu vous a-t-il révélé sur les loisirs?

1. _____ 2. _____ 3. _____

1. Quelle est votre distraction favorite? Combien de temps y consacrez-vous chaque semaine?   _____ _____ _____

2. Que faites-vous le week-end? (sport, loisirs, études...)   _____ _____ _____

3. Quel est le passe-temps préféré des étudiants de cette université?   _____ _____ _____

4. Quels sports pratiquez-vous régulièrement? Pourquoi?   _____ _____ _____

5. Combien de fois par mois allez-vous au cinéma? au concert? au théâtre?   _____ _____ _____

6. Pour votre premier rendez-vous avec un(e) ami(e), que voudriez-vous faire? Pourquoi?   _____ _____ _____

7. Si vous aviez le choix, où iriez-vous pendant vos prochaines vacances? Pourquoi?   _____ _____ _____

8. Si vous aviez pu aller aux derniers Jeux Olympiques, à quelles compétitions auriez-vous assisté? Pourquoi?   _____ _____ _____

9. Si vous le pouviez, quelle vedette de cinéma/musique/ sport voudriez-vous rencontrer? Pourquoi?   _____ _____ _____

10. Quel serait pour vous le week-end idéal?   _____ _____ _____

Comment partir en vacances

Prendre des vacances veut dire savoir où aller, pendant combien de temps, combien dépenser et surtout comment y aller. L'activité suivante concerne ce dernier point.

Les moyens de transport en vacances les plus populaires aux Etats-Unis sont l'avion et la voiture. Les Français prennent généralement la voiture ou le train car les déplacements en France sont de si courte distance qu'ils ne nécessitent pas qu'on prenne l'avion. Le texte suivant explique combien il est facile de voyager en train en France. Lisez-le et par groupes de deux répondez aux questions suivantes.

1. Si vous voyagez pendant les jours rouges (les périodes où tout le monde veut prendre le train), quels seront les inconvénients?
2. Pourquoi est-il recommandé de faire une réservation?

1. VOUS AVEZ DÉCIDÉ DE PRENDRE LE TRAIN. VOUS CHOISISSEZ VOTRE HORAIRE EN PÉRIODE BLEUE[a] OU BLANCHE,[b] VOUS VOYAGEREZ PLUS CONFORTABLEMENT...

2. ...ET VOUS DISPOSEREZ[c] DE TARIFS RÉDUITS PLUS NOMBREUX.

3. VOUS ACHETEZ VOTRE BILLET. N'OUBLIEZ PAS DE PRENDRE UNE RÉSERVATION. VOUS SEREZ AINSI SÛR D'ÊTRE ASSIS.

4. LE JOUR DE VOTRE DÉPART, ARRIVEZ QUELQUES MINUTES EN AVANCE POUR PRENDRE TRANQUILLEMENT VOTRE TRAIN.

5. DANS LA GARE, DIRIGEZ-VOUS VERS LE TABLEAU GÉNÉRAL DES TRAINS AU DÉPART POUR REPÉRER LE NUMÉRO DE VOTRE QUAI.

6. N'OUBLIEZ PAS DE COMPOSTER VOTRE BILLET AVANT D'ACCÉDER AU QUAI. C'EST CE QUI REND VOTRE BILLET VALABLE.

[a] samedi 12 heures–dimanche 15 heures, lundi 12 heures–vendredi 12 heures   [b] vendredi 12 heures–samedi 12 heures, dimanche 15 heures–lundi 12 heures et quelques jours de fête   [c] *will have at your disposal*

7. REPÉREZ LE NUMÉRO DE VOTRE VOITURE (INDIQUÉ SUR LA RÉSERVATION) SUR LE TABLEAU DE COMPOSITION DES TRAINS OU A L'EXTÉRIEUR DE LA VOITURE.

8. VOTRE PLACE EST INDIQUÉE A L'INTÉRIEUR DES COMPAR-TIMENTS SUR LES VOLANTS MARQUE-PLACE. LE VOYA-GE COMMENCE.

3. Où pouvez-vous trouver le numéro de votre voie?
4. Que veut dire **composter?** Si vous ne compostez pas votre billet avant d'aller au quai, qu'est-ce qui se passera?
5. Si vous réservez une place dans le train, comment la trouverez-vous?
6. En France il y a plusieurs tarifs spéciaux pour les voyageurs en train—pour les couples/familles, pour les voyages totalisant au moins 1,000 kilomètres, pour les gens âgés de moins de vingt-six ans ou plus de soixante ans, pour les salariés et pour les groupes (d'au moins six personnes). Si vous voyagez en train ou en avion aux Etats-Unis, quelles sont les différents tarifs offerts?
7. Pourquoi le train est-il si peu utilisé aux Etats-Unis? Quels en sont les avantages? les inconvénients? Pour quel genre de voyageur le train serait-il le moyen idéal?
8. Si vous alliez de Boston à Washington, D.C. pour vos prochaines vacances, comment voyageriez-vous? Pourquoi? Et si vous alliez de Denver à San Francisco? de Chicago à la Nouvelle Orléans? Justifiez vos réponses.
9. Un ami français (Une amie française) qui visite les Etats-Unis pour la première fois vous demande comment acheter un billet d'avion pour aller de New York à Los Angeles. Expliquez-lui très exactement ce qu'il faut faire: comment choisir le vol (avec ou sans escales), le siège, le type de billet (avec ou sans restrictions) et comment faire sa réservation (en personne ou par téléphone?).
10. Décrivez les meilleures vacances que vous avez jamais prises. Pourquoi ont-elles été si belles? Votre voyage a-t-il été divertissant? Pourquoi (pas)?

Ile déserte

Autrefois, Mirabella, personne aventureuse, voulait faire le tour du monde toute seule dans son bateau à voile. Par malheur, un orage violent a éclaté et a détruit son bateau. Sans vraiment savoir comment, Mirabella, l'intrépide, a réussi à toucher terre et se trouve maintenant sur cette île déserte quelque part dans l'océan Pacifique. Naturellement, il n'y a pas grand-chose à faire. Mirabella pense souvent à ce qu'elle aurait pu amener sur cette île si elle avait su qu'elle allait y séjourner indéfiniment.

Avec un(e) camarade de classe, étudiez le dessin ci-dessous et en suivant le modèle dites ce qu'elle aurait aimé faire. Ensuite, imaginez-vous à sa place. Si vous aviez dû rester sur cette île, de quelles distractions et de quels objets auriez-vous eu besoin? Faites-en une liste.

MODELE: MIRABELLA: Si j'avais eu le choix, j'aurais apporté mes aiguilles à tricoter (*knitting*) pour me faire un joli maillot de bain. J'aurais apporté aussi... →

VOUS: Si j'avais su, je me serais procuré de la toile imperméable (*waterproofing*) pour protéger mes possessions.

1. _____

2. _____

3. _____

4. _____

5. _____

6. _____

Déjà vu

Pour faire cette activité, relisez les paragraphes d'introduction à Déjà vu, pages 19–21.

1. Un ami français (Une amie française) vous rend visite aux Etats-Unis et vous demande ce qu'il (elle) pourrait faire pour se distraire dans votre région. Il (Elle) est très difficile et rejette toutes vos suggestions pour une raison ou pour une autre. Trouvez quelque chose qui lui plaira.

2. Vous avez acheté des livres comme cadeau d'anniversaire pour une personne française de votre connaissance, mais elle vous dit qu'elle n'a pas beaucoup de temps libre et qu'elle n'aime pas trop lire. Vous retournez au magasin où vous avez acheté les livres et vous expliquez à l'employé(e) pourquoi vous voulez les rendre. Vous lui demandez votre remboursement en espèces (*cash*). Il (Elle) insiste pour que vous achetiez autre chose car le règlement de ce magasin est de donner un «avoir» (*voucher*). Résolvez ce problème.

3. Un(e) camarade français(e) ne comprend pas pourquoi on donne des bourses à certain(e)s athlètes américain(e)s pour étudier à l'université aux Etats-Unis. Il (Elle) pense que c'est une perte d'argent car les universités ne sont pas faites pour les sportifs. Répondez à toutes ses questions en ce qui concerne les bourses athlétiques et justifiez le système.

4. Vous faites partie d'une équipe de tennis en France, mais tout va mal pour vous cette saison. Vous expliquez à votre entraîneur pourquoi vous ne voulez plus faire de tennis; il/elle vous donne un tas de raisons pour continuer. Elles sont si convaincantes que vous changez d'avis.

> *Le temps est comme l'argent; n'en perdez pas et vous en aurez assez.*
>
> Proverbe français

Devinez un peu

Formez des équipes de quatre personnes pour jouer au «trivia bowl». Deux équipes se font concurrence. La personne qui lève la main le plus vite a le droit de répondre à une question. L'équipe avec le plus grand nombre de réponses correctes gagne.

1. Pour faire de l'alpinisme, j'irai
   a. en Picardie
   b. en Hollande
   c. à Chamonix
   d. à Tours
2. La pétanque
   a. est un jeu de boules
   b. est un bruit
   c. est nécessaire pour faire de la plongée
   d. est un petit animal domestique
3. Le Tour de France
   a. est un voyage organisé pour ceux qui visitent la France pour la première fois
   b. est la course de cyclisme la plus célèbre du monde
   c. est un monument romain à Nîmes
   d. est un autre nom pour la tour Eiffel.
4. Si vous faites du ski de fond, il vous faut
   a. un billet de remonte-pente
   b. des skis très courts
   c. de grosses chaussures en plastique
   d. du fart (*wax*)
5. Le tennis est un jeu d'origine
   a. anglaise
   b. américaine
   c. française
   d. australienne
6. Un hippodrome
   a. est une commune de hippies
   b. est un cheval sauvage d'Afrique
   c. est une sorte de dromadaire
   d. est un endroit où se déroulent les courses de chevaux
7. «En garde!» «Touchez!» «épée» ont un rapport avec
   a. la chasse
   b. l'escrime
   c. la boxe
   d. le judo
8. Quelle ville n'est pas un site *français* pour les Jeux Olympiques d'hiver?
   a. Chamonix (1924)
   b. Innsbruck (1960)
   c. Grenoble (1968)
   d. Albertville (1992)
9. Le naturisme se caractérise par
   a. la pratique du nu intégral en collectivité
   b. l'amour pour la nature
   c. la peinture du dix-neuvième siècle
   d. la cuisine macrobiotique
10. On entreprend un voyage d'affaires
    a. pour rencontrer un(e) ami(e)
    b. pour établir des relations commerciales
    c. pour poursuivre un criminel
    d. pour faire des économies
11. L'auto-stop est
    a. le frein de l'auto
    b. une station-service sur l'autoroute
    c. le contrôle obligatoire des poids lourds
    d. un moyen de se déplacer sans frais de transport

Jeux de mots

Sujets de composition

Faites une composition écrite ou orale sur un ou deux des sujets suivants.

Le temps libre   D'après une enquête récente en France, ce qui manque le plus aux Français de votre âge, c'est du temps libre. Et vous, avez-vous le temps de faire tout ce que vous voulez? Etes-vous content(e) de la façon dont vous passez votre temps? Expliquez vos réponses.

L'emploi des loisirs   Quelle importance attachez-vous à la manière d'utiliser votre temps de loisir? Comment les étudiants que vous connaissez occupent-ils leurs loisirs? Est-ce qu'ils s'ennuient facilement? Pourquoi? Quel(s) type(s) de loisirs préférez-vous? culturels? distrayants? collectifs? individuels? Est-ce que vos loisirs sont spontanés ou arrangés d'avance? Croyez-vous que certains loisirs soient une perte de temps? Commentez votre réponse.

Votre santé   Comme la plupart des Américains, vous voulez être en forme. Pour cela, il faut surveiller votre régime et faire un minimum d'exercice. Quand on est jeune, cela se fait sans trop de problèmes. Une fois entré dans le monde du travail, comment organise-t-on sa vie? Quels sports fait-on? Combien de temps y consacre-t-on? Quand trouve-t-on le temps de pratiquer ces activités? Dans vingt ans, que ferez-vous pour préserver votre santé? Dans quarante ans vous sera-t-il facile de garder la forme? Expliquez. Quels risques courrez-vous si vous ne faites jamais d'exercice? la maladie cardiaque (*heart disease*)? autre chose?

Les vacances sont-elles nécessaires?   Pensez-vous que tout le monde ait besoin de vacances? Combien de semaines? Expliquez. Qu'est-ce que c'est qu'un jour de congé pour santé mentale? En prenez-vous? Commentez. Si on ne travaillait que deux jours par semaine et si on avait cinq jours de congé chaque semaine, quelle serait votre réaction? Quelle serait la réaction générale? Expliquez.

Les vrais amis

De nombreux suffixes sont semblables en français et en anglais. En voici quelques-uns.

Le suffixe *-ique*   Le suffixe **-ique** en français correspond à *-ic* ou à *-ical* en anglais.

biologique *biological*
symbolique *symbolic*

A.   Trouvez l'équivalent en français des adjectifs anglais suivants.

1. *fantastic*   6.   *dynamic*
2. *historical*   7.   *typical*
3. *romantic*   8.   *tragic*
4. *classic, classical*   9.   *tyrannical*
5. *logical*   10.   *psychological*

B.   Complétez les phrases suivantes qui contiennent des adjectifs en **-ique.**

1. Quelqu'un de lunatique _____ .

2. _____ les avions supersoniques.

3. _____ du ski nautique.

4. L'éducation physique _____ .

5. L'océan Pacifique _____ l'océan Atlantique.

6. Notre système politique _____ .

7. _____ une illusion d'optique.

8. La communauté scientifique _____ .

Le suffixe -*aire*   La plupart du temps, le suffixe **-aire** correspond à -*ar* ou à -*ary* en anglais.

similaire *similar*
culinaire *culinary*

A.   Complétez les phrases avec les mots qui conviennent, pris de la liste de droite.

1. L'expédition _____ de l'Amiral Byrd restera toujours célèbre.

2. Le base-ball est un sport très _____ au Japon.

3. Est-il important d'encourager les enfants de l'école

      _____ à faire du sport?

4. Il y aura des patineurs _____ aux Jeux Olympiques.

5. Cette saison de ski sera _____ avec toute la neige qu'on a eue.

6. Le rouge et le vert sont des couleurs _____ .

7. Il ramasse tous les prix; c'est un athlète _____ .

a.   polaire
b.   ordinaire
c.   exemplaire
d.   extraordinaire
e.   primaire
f.   populaire
g.   élémentaire
h.   musculaire
i.   complémentaire
j.   spectaculaire

B.   Complétez chaque définition avec un substantif en **-aire.**

1. _____ est un recueil de mots rangés dans un ordre alphabétique avec leur sens.

2. _____ est un plan de tous les lieux par où l'on passe quand on fait un voyage.

3. _____ est un animal voisin du chameau, mais à une seule bosse.

4. _____ est un asile sacré.

5. _____ est le retour annuel d'un jour marqué par un événement, en particulier du jour de la naissance.

Le suffixe -*ment* Beaucoup d'adverbes français ont la terminaison **-ment.** Ce suffixe est l'équivalent de *-ly* en anglais.

> certainement *certainly*
> directement *directly*

A. Trouvez les adverbes en **-ment** qui soient le contraire des mots suivants.

1. d'abord
2. facilement
3. objectivement
4. profondément
5. intelligemment

B. Répondez aux questions suivantes. Que faites-vous…

1. rapidement?
2. calmement?
3. sérieusement?
4. joyeusement?
5. spontanément?
6. frivolement?
7. rarement?
8. systématiquement?

Le saviez-vous?

Le petit crocodile Lacoste, Izod aux Etats-Unis, est né en France. Son créateur s'appelle Jean René Lacoste. Jean René Lacoste était un joueur de tennis très célèbre. En 1927, il a gagné la Coupe Davis pour la France. On a appelé son équipe Les Trois Mousquetaires.

Le mot *tennis* est un mot anglais qui vient du français «tenez». «Tenez» était l'exclamation du joueur qui lançait la balle. En 1400, «tenez» est devenu en anglais «tenetz» puis «tennis».

Les Jeux Olympiques de 1992 en chiffres:

- un budget de 3,2 milliards de francs
- 500,000 visiteurs
- 120 heures de retransmissions télévisées
- 4,000 journalistes venant de 120 pays
- 1,500 athlètes et 3,000 accompagnateurs

Le français
dans le monde

Notre Dame de la Paix en Côte d'Ivoire
GAMMA/LIAISON

Mots et expressions

VOYAGER A L'ETRANGER

l'accueil (*m.*) welcome
accueillir to welcome
anglophone English-speaking
attirer to attract
l'évasion (*f.*) escape
faire escale (*f.*) **à** to make a stopover at
gaspiller to waste

se sentir dépaysé(e) to feel out of place, out of one's element
le vol flight

S'ETABLIR A L'ETRANGER

le Corps de la Paix Peace Corps
la croyance belief, conviction

disponible available
la frontière border
l'habitant (*m.*) inhabitant
l'infériorité (*f.*) inferiority
la langue language
le préjugé prejudice
la quote-part quota
se référer to refer to
la supériorité superiority

ctivités

Les pays anglophones et francophones

Cherchez quelqu'un dans la classe qui répond à chacune des descriptions ci-dessous. Inscrivez son nom et ses réponses dans les blancs. Ensuite, comparez les résultats avec ceux de vos camarades.

Il faut trouver quelqu'un:

1. qui a visité autant de pays francophones que vous. _____

   Pays: _____

2. qui peut nommer un pays francophone africain. _____

   Pays: _____

3. qui peut nommer cinq pays anglophones. _____

   Pays: _____

4. qui sait quel(s) pays anglophone(s) ou francophone(s) le président américain a visité(s) cette année. _____

   Pays: _____

5. qui peut identifier les unités monétaires des pays anglophones et franco-phones suivants. _____

   l'Australie: _____ l'Irlande: _____

   le Luxembourg: _____ la Suisse: _____

6. qui peut identifier une île caraïbe anglophone et une île caraïbe franco-phone. _____

   Iles: _____

7. qui peut nommer les pays francophones où se trouvent les villes suivantes _____ :

   Berne: _____ Saigon: _____

   Tunis: _____ Brazzaville: _____

8. qui sait où se trouve le siège de la Croix-Rouge. _____

   Réponse: _____

9. qui peut nommer les langues officielles du Canada. _____

   Langues: _____

10. qui sait comment s'appellent les habitants des pays ou des provinces sui-vants. _____

    Les _____ habitent en Belgique.

    Les _____ habitent au Québec.

    Les _____ habitent au Viêt-Nam.

*L*a vie pratique

Comment faire des hypothèses

Si vous voulez parler de vos espoirs, de vos rêves, de vos projets, etc., vous allez forcément faire des hypothèses. Voici deux formules à suivre en français pour créer des situations hypothétiques:

1. Pour décrire des projets possibles dépendant d'une certaine condition, utilisez **si** +

un verbe à l'imparfait dans la proposition subordonnée, et un verbe au condition-nel présent dans la proposition principale.

> *Si j'avais mon diplôme* (**condition**), je m'inscrirais au Corps de la Paix (**projet**).
>
> Nous pourrions visiter des villages créoles (**projet**) *si nous allions aux An-tilles cet été* (**condition**).

2. Pour raconter les conséquences possibles dans le passé d'une condition qui ne s'est pas réalisée, utilisez **si** + un verbe au plus-que-parfait dans la proposition subor-donnée, et un verbe au conditionnel passé dans la proposition principale.

> *Si tu m'avais invité(e) à Paris l'été dernier,* (**condition non réalisée**), j'y serais allé(e) (**conséquence possible dans le passé**).
>
> Lucien serait venu te voir (**conséquence possible dans le passé**) *si tu lui avais donné ton adresse* (**condition non réalisée**).

Entraînez-vous à deux

A.   Que feriez-vous si … ? Groupez-vous par deux et donnez votre réaction à chaque situation ci-dessous. Mettez les verbes au présent du conditionnel.

MODELE: Que feriez-vous si vous n'aviez plus d'argent?→
—Je trouverais un emploi.
—J'en emprunterais à mes parents.

Que feriez-vous si …

1. vous étiez perdu(e) à Paris?
2. vous habitiez dans un autre pays?
3. vous étiez une vedette de cinéma?

4. vous aviez besoin d'un emploi?
5. votre meilleur ami (meilleure amie) se mettait à fumer?

B.   Quelques situations hypothétiques. En groupes de trois terminez chacune des phrases ci-dessous, puis transformez-la deux fois selon le modèle. A la fin, présentez la série de phrases la plus amusante aux autres étudiants.

MODELE: Si je gagnais à la loterie, … →
ETUDIANT(E) A: Si je **gagnais** à la loterie, j'**achèterais** un châlet en Suisse.
ETUDIANT(E) B: Si j'**achetais** un châlet en Suisse, je **ferais** du ski tous les jours en hiver.
ETUDIANT(E) C: Si je **faisais** du ski tous les jours en hiver, je **gagnerais** peut-être à l'avenir la médaille d'or aux Jeux Olympiques.

1. Si j'avais plus de temps libre,…
2. Si je parlais parfaitement français…
3. Si c'était aujourd'hui le 20 décembre, 2000,…
4. Si je fêtais aujourd'hui mon trentième anniversaire,…
5. Si j'avais pu étudier une langue étrangère à l'âge de six ans,…
6. Si je n'avais pas décidé d'étudier à cette université,…

Jeu d'images

Mettez-vous en groupes de quatre et découvrez, en vous aidant des images ci-
dessous, le nom du pays francophone qui correspond à chacune des séries. Les
endroits à identifier appartiennent à la liste suivante.

la Côte d'Ivoire	le Québec
la Louisiane	la Suisse
le Maroc	Tahiti
Monaco	le Viêt-nam

Pour chaque série, vous devrez (1) identifier une image, (2) répondre à une
question très simple, (3) déchiffrer un rébus en suivant le modèle et (4) faire
une phrase d'après le modèle.

MODELE:

1

Que regardez-vous
pour savoir l'heure?

2

Je regarde ma mon-
tre (ou l'horloge ou
la pendule.)

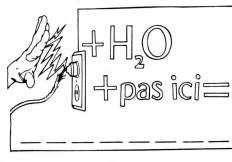

3

choc—eau—là = Chocolat

Pays: _____
Les banques, les montres et le chocolat sont des spécialités *suisses.*

1.

Quel animal peut
passer des jours
sans boire?

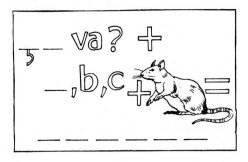

Pays: _____

2.  Quel genre de musique les noirs d'Amérique ont-ils créé?

pas haut +
"tu" en anglais =

_____ _____ _____

Pays: _____

3.  Quel est le titre de noblesse du fils d'un roi?

Blanc +
+
est froide =

_____ _____ _____

Pays: _____

4.  Quelle est la deux-ième ville fran-cophone du monde?

bon comme
+ le Nouvel _____ =

_____ _____ _____

Pays: _____

5.  Quel est le nom du plus grand océan du monde?

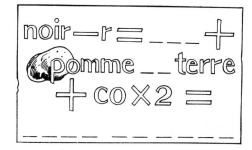

noir — r = _ _ _ +
pomme _ _ terre
+ co × 2 =

Pays: _____

L'actualité

Les langues du monde

Savez-vous quelles sont les douze langues les plus parlées dans le monde? Voici un tableau qui présente la septième jusqu'à la douzième langue la plus utilisée de nos jours, ainsi qu'une liste des autres langues les plus parlées. Pouvez-vous compléter ce tableau en y mettant en ordre les six langues les plus répandues dans le monde entier?

Anglais   Espagnol
Arabe   Hindi
Chinois   Russe

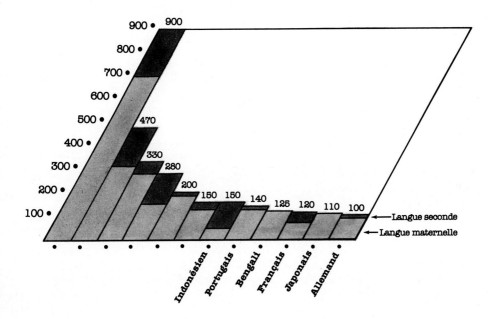

Entraînez-vous à deux

Ensuite avec un(e) camarade de classe posez-vous des questions afin de déterminer où on parle ces langues.

MODELE: VOUS: Où parle-t-on bengali?
           IL (ELLE): Le bengali se parle au Bengale. Où parle-t-on allemand?
           VOUS: On parle allemand en Allemagne et en Autriche...

La francophonie

Evidemment, le français ne se parle pas seulement en France. Comme l'anglais, le français est devenu une langue mondiale. Vous trouverez ci-dessous une carte et une liste de pays, classés selon les continents où se trouvent ces nations, où le français est une des langues officielles. Avec un(e) camarade de classe, essayez de compléter la carte en y inscrivant les numéros des pays francophones indiquant leur emplacement sur la carte. Nous l'avons commencée pour vous.

L'AFRIQUE

1. l'Algérie
2. la Côte d'Ivoire
3. la Guinée
4. le Maroc
5. le Niger
6. le Tchad
7. la Tunisie
8. le Zaïre

L'AMERIQUE

9. la Guadeloupe
10. la Guyane française
11. Haïti
12. la Louisiane
13. la Martinique
14. le Québec

L'ASIE

15. le Kampuchea
16. le Laos
17. le Viêt-nam

L'EUROPE

18. la Belgique
19. la France
20. le Luxembourg
21. Monaco
22. la Suisse

LES ILES DU PACIFIQUE

23. la Polynésie française
24. la Nouvelle-Calédonie

Ensuite, choisissez six à huit pays dans la liste ci-dessus et définissez-les par une phrase typique selon le modèle.

MODELE: L'Algérie est une ancienne colonie française qui est entrée en guerre avec la France dans les années cinquante pour obtenir son indépendance.

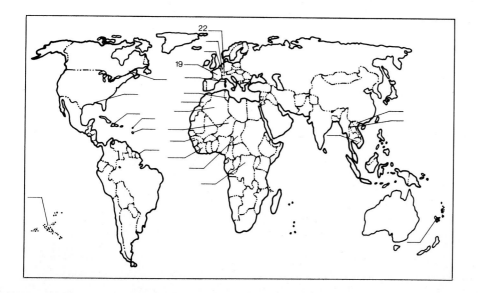

Dialogues

Avec un(e) camarade de classe, faites un dialogue d'environ dix répliques offrant une solution à l'un des problèmes présentés ci-dessous.

1. Après avoir obtenu votre diplôme à la fin de cette année scolaire, vous voudrez vous engager dans le Corps de la Paix pour travailler dans un pays francophone. Vos parents ne veulent pas que vous «gaspilliez» deux ans de votre vie à «ne rien faire». Vous devez les convaincre que ce travail ne sera pas une perte de temps.

2. D'après une enquête récente, un(e) élève américain(e) sur cinq en quatrième année de *high school* n'a pas su placer la France sur une carte mondiale. Vous expliquez que c'est une honte; votre ami(e) ne trouve pas qu'il soit nécessaire que les jeunes de dix-sept ans connaissent la géographie.

3. Deux ami(e)s rêvent de travailler pour l'Organisation des Nations Unies. Le premier/La première ne parle qu'anglais et estime que c'est bien suffisant. («On parle anglais dans le monde entier.») Le/La deuxième est convaincu(e) qu'il est indispensable de parler au moins une langue étrangère.

4. Un ami français/Une amie française vous raconte qu'on a ouvert un «Chez Maxim's» à Pékin et qu'il/elle est très content(e) que la France répande sa culture et sa langue de cette façon-là. Vous n'êtes pas sûr(e) que l'établissement de chaînes de restaurants soit la meilleure manière de se faire connaître. Discutez-en.

Au Canada

Vous êtes actuellement garde forestier à Fort Walsh, parc national canadien du Saskatchewan, et vous vous préparez à accueillir un nouveau groupe de touristes ce week-end. Comme d'habitude, vous allez donner une brève introduction sur le règlement du parc à ceux qui visitent la région pour la première fois. Comme vous le savez, les visiteurs sans expérience sont capables de faire beaucoup de bêtises qui risquent de menacer la beauté du parc et le bien-être des animaux qui y vivent. Vous allez donc expliquer à votre public ce qu'il ne doit pas faire. Utilisez les panneaux ci-dessous.

Maintenant, choisissez un(e) camarade de classe et étudiez les panneaux suivants. Faites un petit discours pour expliquer aux touristes ce qu'ils ne doivent pas faire ainsi que les raisons pour lesquelles ils ne peuvent pas faire tout ce dont ils ont envie. Soyez fermes; utilisez autant d'expressions négatives que possible. En voici des exemples.

MODELES: Ce panneau indique que l'on ne doit pas déranger le sommeil d'autrui. On ne peut ni faire trop de bruit ni utiliser de moto après 22 h.

Ce panneau nous rappelle que personne ne doit arrêter sa voiture au milieu de la route pour prendre des photos, pour pique-niquer, etc. C'est trop dangereux.

Voici du vocabulaire qui pourra vous être utile.

allumer to light
s'approcher de to approach
l'arrière-pays (*m.*) wilderness area
les bêtes (*f.*) **sauvages** wild animals
le bois wood; forest
couper to cut
cueillir to pick, to pluck

dépasser to exceed, to go beyond
déranger to disturb
dresser (**une tente**) to put up (a tent)
le feu de camp campfire
jeter to throw
la laisse leash
laisser courir to let run
nourrir to feed

par terre on the ground
le secteur désigné approved area
signaler (**départ et arrivée**) to indicate (departure and arrival)
toucher to touch
le véhicule tout-terrain four-wheel-drive vehicle

Déjà vu

Pour faire cette activité, relisez les paragraphes d'introduction à Déjà vu, pages 19–21.

1. Vous voulez vous spécialiser en français à l'université, mais votre père (mère) n'en voit pas l'utilité. Convainquez-le (la) de la raison de votre choix.
2. Vous passez un an en France et vous avez rencontré un Vietnamien (une Vietnamienne) qui habite actuellement en France et qui voudrait immigrer aux Etats-Unis. Il (Elle) vous pose beaucoup de questions sur la vie quotidienne américaine (où habiter? où travailler? etc.). Répondez-lui avec autant de précision que possible.
3. Quelqu'un chargé de recruter des gens pour le Corps de la Paix vient dans votre classe de français. Il (Elle) va essayer de vous convaincre de vous engager dans cette organisation après avoir obtenu votre diplôme. Vous avez beaucoup de questions et d'hésitations.
4. Un ami français (Une amie française) et vous allez faire un voyage soit en Afrique du Nord soit en Polynésie française. Il (Elle) préfère aller en Afrique, mais vous préféreriez visiter les îles du Pacifique. Convainquez-le (la) d'aller à l'endroit de votre choix.

Devinez un peu

Formez des équipes de quatre personnes pour jouer au «trivia bowl». Deux équipes se font concurrence. La personne qui lève la main le plus vite a le droit de répondre à une question. L'équipe avec le plus grand nombre de réponses correctes gagne.

1. Ce pays francophone et sa capitale portent le même nom.
   a. Tchad
   b. Luxembourg
   c. Kampuchea
   d. Sénégal
2. Lequel de ces pays indochinois a été une colonie française de 1850 à 1954, date de la défaite de l'armée française à Dien Bien Phu?
   a. Indes
   b. Malaisie
   c. Philippines
   d. Viêt-nam
3. Le couscous est
   a. une horloge suisse
   b. une personne stupide
   c. un plat nord-africain
   d. un mari trompé
4. En Suisse on parle
   a. uniquement suisse
   b. français
   c. quatre langues
   d. français et allemand
5. La Louisiane est nommée d'après
   a. Louisa M. Alcott
   b. Saint-Louis
   c. le Roi-Soleil
   d. la première femme de l'empereur Napoléon

6. Quelle île est à moitié française à moitié espagnole?
   a. Hispaniola
   b. Madagascar
   c. Majorque
   d. Ibiza

7. Waterloo est une ville qui se trouve
   a. en Russie
   b. en Hollande
   c. en Belgique
   d. en Pologne

8. La plupart des Canadiens-Français habitent
   a. au Québec
   b. au Manitoba
   c. en Nouvelle Ecosse
   d. à Terre Neuve

9. Avant 1971, le Zaïre (qui veut dire *le fleuve*) s'appelait
   a. la petite France
   b. le Zanesville
   c. le Congo belge
   d. la Moyenne Afrique

10. Laquelle de ces îles n'est pas un département français d'outre-mer?
    a. la Réunion
    b. la Guadeloupe
    c. la Martinique
    d. la Corse

> *L es yeux de l'étranger voient plus clair.*
>
> Proverbe anglais

eux de mots

Sujets de composition

Faites une composition écrite ou orale sur un ou deux des sujets suivants.

Les voyages   Quels voyages avez-vous faits? Pour quelles raisons voyage-t-on? Justifiez la citation suivante: Les voyages élargissent l'horizon de quelqu'un. Pensez-vous que ce soit toujours vrai?

Les voyages à l'étranger   Quels pays étrangers comptez-vous visiter un jour? Pourquoi ces pays vous attirent-ils? De quelle manière votre connaissance du français pourrait-elle vous être utile? Hésitez-vous à envisager un voyage dans un pays étranger sans en connaître la langue? Pourquoi? Quels problèmes (matériaux, personnels, etc.) peuvent se présenter au cours d'un voyage à l'étranger? Quel âge devrait-on avoir avant de partir pour l'étranger? Expliquez votre réponse.

Les langues officielles   Certains états tels que l'Arizona, la Californie et la Floride ont décidé de proclamer une langue officielle—l'anglais. Etes-vous pour ou contre cette idée? Pourquoi? Chaque habitant de ces états a-t-il besoin de parler anglais? Expliquez. Si vous alliez vous installer définitivement dans un pays dont vous ne connaissez pas la langue, sans beaucoup d'argent, comment vous débrouilleriez-vous? Commentez votre réponse. Selon vous, quelle est la plus grande barrière à l'assimilation d'une personne dans un nouveau pays? Pourquoi?

Les vrais amis

Les préfixes négatifs *im-, in-*   Vous connaissez maintenant beaucoup d'adjectifs semblables en français et en anglais. Certains adjectifs qui expriment un défaut ou une négation se forment d'une façon semblable dans les deux langues. Par exemple, les adjectifs ayant les préfixes **im-** et **in-** en français correspondent souvent aux mêmes adjectifs en anglais.

>   patient(e)/impatient(e)
>   humain(e)/inhumain(e)

A.   Formez le contraire des adjectifs ci-dessous.

1. possible
2. mobile
3. moral(e)
4. exact(e)
5. flexible
6. différent(e)

7. éligible
8. probable
9. délicat(e)
10. prudent(e)
11. cohérent(e)
12. variable

B.   Donnez une brève définition en français des adjectifs suivants.

1. intolérant(e)
2. inséparable
3. impartial(e)
4. indépendant(e)
5. impur(e)

Le préfixe *anti-*   Le préfixe **anti-** indique la même chose en français et en anglais, c'est-à-dire l'opposition ou l'hostilité. Trouvez le mot ayant le préfixe **anti-** qui complète chacune des phrases suivantes.

1. Une personne qui déteste les Juifs est anti _____ .
2. Une personne qui n'aime pas la compagnie des gens est anti _____ .
3. Une personne qui n'accepte pas l'église est anti _____ .
4. Une personne qui ne pratique pas de sports est anti _____ .
5. Une personne qui ne se soumet pas aux règles de la société est anti _____ .

Un mélange de préfixes négatifs   Voici d'autres mots ou préfixes négatifs qui expriment la même chose en anglais et en français: **a-, contre-, dis-, ir-, non-.** Donnez le mot qui correspond à la définition.

1. qui n'est pas responsable de ses actes
2. pas qualifié
3. pas symétrique, pas uniforme
4. qui n'a aucune opinion politique
5. dire le contraire
6. un manque de parité
7. un manque de révérence
8. ne pas continuer
9. la perte de crédit
10. l'absence de sens

CHAPITRE

11

Les beaux-arts

Le Musée de Picasso
MARK ANTMAN/THE IMAGE WORKS

Mots et expressions

LA TECHNIQUE

arrondi(e) rounded
au-dessous below (it)
au-dessus above (it)
au fond in the background
au premier plan in the foreground
courbé(e) curved
droit(e) straight
l'ensemble (*m.*) whole, general effect; harmony
la forme form
la ligne line

la lumière light, lighting
la nuance shade, hue; hint, suggestion
la touche stroke; manner

LE SUJET

abstrait(e) abstract
l'atmosphère (*f.*) atmosphere, ambiance
clair(e) clear, bright
classique classic, classical
concret (-ète) concrete
cubiste cubist

l'environnement (*m.*) environment, surroundings
impressionniste impressionist, impressionistic
le maître master
l'objet (*m.*) **d'art** art object
l'œuvre (*f.*) **d'art** work of art
le peintre painter, artist
raide stiff; taut
sombre dark, gloomy
surréaliste surrealist

ctivités

Un peu de description

Parmi les œuvres d'art que vous connaissez, laquelle préférez-vous? Est-ce une sculpture? Une peinture? Une cathédrale? Choisissez celle que vous préférez et mettez-vous par deux. Vous allez décrire en détail votre œuvre préférée à votre partenaire qui essaiera de la dessiner d'après la description donnée. Votre camarade aura peut-être besoin de demander des précisions en employant une variété d'expressions interrogatives (Qu'est-ce qui est au milieu de ce tableau? Laquelle des deux personnes est la plus grande? etc.). Après avoir fini, comparez vos dessins avec l'œuvre originale. Quelles différences y a-t-il et pourquoi?

La vie pratique

Comment exposer son point de vue et corriger des malentendus

1. Voici quelques expressions utiles pour exprimer votre opinion. N'oubliez pas de citer des faits pertinents ou de donner des exemples illustrant votre point de vue.

   Pour moi,
   Selon moi,
   Mon opinion, c'est que
   } les collections d'œuvres d'art dans les musées à New York et à Londres sont les meilleures du monde.

   Il me semble que
   A mon avis,
   Mon sentiment, c'est que
   } le nouveau Musée d'Orsay est bien plus impressionnant que le Jeu de Paume.

   A mon point de vue,
   Moi, personnellement,
   Pour ma part,
   } je trouve que Beaubourg ressemble plus à une usine qu'à un centre culturel.

2. Au cours d'une conversation, que faire s'il y a un malentendu? S'il le faut, utilisez les expressions suivantes pour préciser votre pensée:

   > Mais je voulais dire ceci…
   > Je me suis fait mal comprendre…
   > Pour être plus précis(e),…
   > C'est-à-dire,…
   > Plus exactement,…
   > Je ne sais pas si j'ai été très clair(e),…
   > Ce que je voulais dire, c'est que…
   > Mais non, je n'ai jamais dit que…
   > Ce n'est pas du tout ce que je voulais dire. Au contraire,…

Entraînez-vous à deux

A. Interrogez-vous l'un(e) et l'autre sur vos goûts artistiques. Pour répondre à une question posée par votre camarade de classe, utilisez une des expressions présentées dans le paragraphe 1 ci-dessus. Puis inversez les rôles.

> MODELE: le style baroque? →
> IL (ELLE): Que pensez-vous du style baroque?/Comment trouvez-vous le style baroque?
> VOUS: Selon moi, c'est le style le plus exubérant et le plus vivant qui existe. Bernin est mon architecte baroque préféré.

1. les Impressionnistes?
2. la musique de Beethoven?
3. le jazz?

4. l'opéra?
5. la danse moderne?

B. Vous êtes en France pour la première fois et vous visitez plusieurs trésors nationaux avec un guide qui est très sympathique mais un peu sourd. Vous allez jouer le rôle du guide qui comprend mal. Votre camarade de classe est le (la) touriste dont toutes les observations sont mal interprétées. Celui (Celle)-ci répète alors ce qu'il (elle) veut dire d'après le modèle en utilisant des expressions présentées ci-dessus. Puis inversez les rôles.

MODELE: rien d'intéressant? bien des choses intéressantes →

GUIDE: Comment? Vous dites qu'il n'y a rien d'intéressant à voir en France?

TOURISTE: Ce n'est pas du tout ce que j'ai dit. Je voulais dire qu'il y a bien des choses intéressantes à voir en France.

1. Louvre/trop grand? / il/beau et grand
2. Beaubourg/laid? / il/gai
3. Tour Eiffel/horrifique? / c'est/tour magnifique
4. Notre-Dame/belle boutique? / c'est/la plus belle cathédrale gothique
5. le sourire/la Joconde/laid et vieux? / son sourire/vraiment mystérieux
6. Chartres/cathédrale depuis treize années? / elle/très élevée
7. le château de Chenonceaux/en arrière sur son époque? / est situé/rivière

Vous et la musique

Quand vous faites telle ou telle chose, quelle sorte de musique aimez-vous écouter? Etudiez les commentaires ci-dessous avec un(e) camarade de classe. Complétez chaque phrase en variant vos réponses autant que possible. Au lieu de dire toujours «un peu de musique classique», mettez de temps en temps le nom d'un compositeur favori ou d'une œuvre spécifique. Voici du vocabulaire qui pourra vous être utile.

LA MUSIQUE

l'ambiance	folklorique	populaire
baroque	instrumentale	punk
classique	légère	rock
de film	médiévale	romantique
de jazz	moderne	vocale
d'opéra		

LES INSTRUMENTS

à clavier (l'orgue [*m.*], le piano, etc.)
à cordes (la contrebasse, la harpe, le violon, etc.)
à percussion (la cymbale, le tambour, etc.)
à vent (la flûte, le hautbois, le saxophone, le trombone, etc.)

DIVERS

l'accompagnement (*m.*)   la mélodie
l'arrangement (*m.*)   le rythme
la chanson (d'amour, etc.)   l'improvisation (*f.*)

Les commentaires

1. J'aime beaucoup écouter _____ en parlant avec un(e) ami(e).

2. J'ai l'habitude d'écouter _____ en me réveillant le matin.

3. En conduisant, il est agréable d'écouter _____ .

4. Après être rentré(e) d'une rude journée, j'ai besoin d'écouter _____ .

5. Après avoir passé une soirée exceptionnelle, il est bon d'écouter _____ .

6. En m'endormant je préfère écouter _____ .

7. Il me plaît beaucoup d'écouter _____ en dînant dans un restaurant avec un(e) ami(e).

8. J'adore écouter _____ à Noël.

9. En prenant un bain ou une douche, j'aime écouter _____ .

10. Je ne peux pas m'empêcher de danser en écoutant chanter _____ .

11. Ecouter _____ me fait _____ .

12. Je suis habitué(e) à écouter _____ en faisant mes devoirs de _____ .

Les monuments français

Voici des chefs-d'œuvre d'architecture en France. Avec un(e) camarade de classe, faites correspondre les noms des sites historiques et artistiques suivants avec les illustrations.

1. Beaubourg, Centre Pompidou
2. la Pyramide en verre du Louvre
3. la Géode à la Villette
4. le Sacré-Cœur
5. l'Opéra-Bastille
6. les Invalides
7. l'Arc de Triomphe
8. le Musée d'Orsay
9. le château de Chambord
10. le Mont-St.-Michel

PETER MENZEL

MATTHIEU JACOB/THE IMAGE WORKS

LOUIS HENRI/RAPHO

MIKE MAZZASCHI/STOCK, BOSTON

OWEN FRANKEN/STOCK, BOSTON

STUART COHEN/COMSTOCK

DONALD DIETZ/STOCK, BOSTON

Ensuite, étudiez chaque série de mots ci-dessous et cherchez celui qui ne convient pas aux autres. Si vous n'êtes pas sûr(e) de la réponse exacte, vous pouvez consulter l'Index Culturel à la page 194 ou un livre de référence de votre choix. Ensuite, justifiez vos réponses en suivant le modèle.

MODELE: le Sacré-Cœur / cathédrale gothique / basilique de style byzantin / Montmartre →
Le Sacré-Cœur est une basilique de style byzantin qui est située à Montmartre. Ce n'est pas une cathédrale gothique.

1. Beaubourg / Centre Pompidou / Musée d'Art Moderne / la Joconde
2. le Louvre / le tombeau de Napoléon / ancienne résidence royale / la Vénus de Milo
3. l'Arc de Triomphe / le Soldat inconnu / place de la Concorde / Napoléon
4. le Musée d'Orsay / œuvres impressionnistes / Renoir, Monet, Manet / quinzième siècle
5. la Défense / des gratte-ciel / centre commercial / banlieue de Marseille
6. le musée de Picasso / costumes / peintures / sculptures
7. la Cité des Sciences et de l'Industrie, Parc de la Villette / maison de l'Industrie / Planétarium / peinture XVIIIᵉ siècle

Ensuite, étudiez les deux colonnes ci-dessous. Les gens nommés dans la colonne de gauche aimeraient visiter les monuments présentés ci-dessus et ceci pour des raisons économiques, culturelles, sentimentales ou autres. Chaque étudiant(e) choisit à tour de rôle une expression des deux colonnes et un des monuments donnés. Avec ces éléments, il/elle fera, pour huit des personnes nommées, une phrase dans laquelle il/elle expliquera pourquoi chaque personne visiterait le monument choisi.

> MODELE: Un(e) historien(ne) préférerait visiter Versailles parce qu'il a été le cadre de nombreux événements historiques.
>
> Le fantôme de Marie-Antoinette choisirait peut-être de visiter Versailles pour revoir son ancienne maison. →

1. un(e) architecte
2. un peintre
3. mes ami(e)s
4. un(e) alpiniste
5. de jeunes mariés
6. un(e) photographe
7. le/la président(e) des Etats-Unis
8. un(e) astronaute
9. mes parents
10. La Panthère rose
11. une religieuse
12. mon professeur de...
13. le fantôme de...

a. aimer mieux
b. pouvoir
c. songer
d. décider
e. espérer
f. s'intéresser
g. vouloir
h. s'amuser
i. tenir
j. essayer
k. préférer
l. prendre plaisir
m. devoir

Architecte pendant une journée

Imaginez que vous êtes architecte et que vous allez dessiner une maison pour un(e) client(e). Avec un(e) camarade de classe, étudiez la liste suivante des choses qu'il faut faire pour réaliser ce projet et remettez-la dans le bon ordre. Nous l'avons commencée pour vous. Vous n'avez qu'à suivre le modèle mais attention, faites preuve de logique.

> MODELE: Il faut rencontrer le (la) client(e). →
> Après avoir rencontré le (la) client(e), il faut discuter de ses besoins et de ses envies actuels et futurs.
> Après avoir discuté de ses besoins et de ses envies, il faut...

1. trouver une entreprise de construction.
2. déterminer la fonction de chaque pièce.
3. faire les plans pour les murs, les portes, les fenêtres.
4. obtenir un permis de construire.
5. commencer la construction.
6. choisir les matériaux pour l'extérieur et pour l'intérieur.
7. décider de la forme de chaque espace (rectangulaire, carrée, ronde, etc.).
8. penser verticalement (spécifier la hauteur des plafonds, le nombre d'étages, etc.).

Avec votre ami(e), étudiez les photos ci-dessous et décrivez le client idéal (la cliente idéale) pour chacun de ces logements. Ecrivez un dialogue dans lequel vous interrogez l'architecte d'une de ces maisons (votre camarade de classe) en lui posant des questions sur l'âge, la profession, le salaire, la famille, les activités, etc., des gens qui aimeraient habiter dans la résidence A, B ou C. Le dialogue suivant peut vous servir de modèle.

VOUS: Selon vous, à qui conviendrait une villa près de Paris?

ARCHITECTE: _____

VOUS: Qu'est-ce que cette personne ferait dans la vie?

ARCHITECTE: _____

VOUS: Quels seraient ses passe-temps?

ARCHITECTE: _____

VOUS: _____

Ensuite, comparez votre liste avec celles des autres camarades de classe. Les listes sont-elles identiques? Puis, présentez votre dialogue à la classe. Pourquoi pensez-vous que telle ou telle architecture plairait à telle ou telle personne? Quel logement choisiriez-vous si vous en aviez le choix? Pourquoi?

Des condominiums à Rouen JUDY POE/PHOTO RESEARCHERS, INC.

Une villa près de Paris STUART COHEN/COMSTOCK

Un château à la campagne STUART COHEN/COMSTOCK

L'actualité

De grandes signatures

Voici les signatures de quelques grands maîtres européens ainsi qu'une brève description de chacun. Etudiez ces deux listes, puis faites la correspondance entre ces noms et les mini-biographies. Ensuite, groupez-vous par deux et comparez vos résultats avec ceux de votre camarade de classe. Etes-vous d'accord avec lui (elle)?

BIOGRAPHIES

1. Le Français considéré comme l'un des maîtres de la sculpture de tous les temps
2. Le peintre, sculpteur, architecte et poète italien sans égal
3. Un maître de l'impressionnisme dont les chefs-d'œuvre dépeignent les visages humains et la vie contemporaine
4. Le peintre et sculpteur espagnol qui a exercé une forte influence sur l'évolution de l'art moderne
5. Le peintre et graveur hollandais considéré comme l'un des plus grands maîtres de la peinture

SIGNATURES

a.  Michel Ange

b. Renoir

c. Rembrandt f.

d. Rodin

e.  Picasso

Entraînez-vous à deux

Ensuite essayez d'inscrire les noms des grands maîtres à côté des chefs-d'œuvre à gauche. Faites attention. Un nom peut se rencontrer plusieurs fois. Comparez vos résultats avec ceux de votre camarade de classe. Nous avons commencé pour vous.

La Baigneuse   <u>Renoir</u>

Guernica   _____

La Ronde de nuit   _____

David   _____

Les Demoiselles d'Avignon   _____

Le Penseur   _____

Les fresques de la chapelle Sixtine   _____

Moïse   _____

Le Baiser   _____

Maintenant travaillez avec votre camarade de classe afin de préciser le siècle de chaque artiste. La liste suivante devrait vous aider. Nous l'avons commencée pour vous.

a. 1475–1564   ——————

b. 1606–1669   ——————

c. 1840–1917   ___Rodin___

d. 1841–1919   ——————

e. 1881–1973   ——————

Parmi tous ces artistes, lequel connaissez-vous le mieux? Lequel admirez-vous? Pourquoi? Avez-vous vu les chefs-d'œuvre ci-dessus? lesquels? où? quand? Combien d'artistes américains ou étrangers pouvez-vous nommer? Quand vous aurez plus d'argent, pensez-vous collectionner des œuvres d'art? Pourquoi (pas)? Quel art appréciez-vous le plus? (la musique? la peinture? le cinéma? la danse? etc.) Expliquez. Discutez de vos réponses avec votre camarade de classe.

Déjà vu

Pour faire cette activité, relisez les paragraphes d'introduction à Déjà vu, pages 19–21.

1. C'est votre dernière journée à Paris. Un ami français (Une amie française), qui travaille au Louvre, voudrait vous accompagner tout personnellement dans votre visite du musée. Malheureusement, vous n'aimez pas du tout les musées. Expliquez pourquoi vous ne voulez pas aller au Louvre, même avec son aide, et persuadez votre ami(e) de changer ses projets sans le (la) blesser.

2. Une personne française de votre connaissance vient de vous montrer une œuvre d'art qu'il (elle) a finie. Vous ne voulez pas offenser votre camarade, mais vous ne pouvez pas déterminer de quoi il s'agit. Il (Elle) veut savoir ce que vous en pensez. Trouvez un moyen de savoir ce que c'est et commentez son travail. Il (Elle) finit par vous demander si vous en voulez une copie. Répondez-lui.

3. Un ami français (Une amie française) qui s'intéresse à l'architecture pense peut-être voyager aux Etats-Unis. Il (Elle) vous demande de l'aider à esquisser un itinéraire qui lui permettrait de visiter plusieurs chefs-d'œuvre de l'architecture américaine. Répondez à toutes ses questions en ce qui concerne ces monuments (date? raison d'être? etc.).

4. Vous êtes Gustave Eiffel. Vous êtes à Paris en 1889 et votre construction métallique est presque terminée. Aujourd'hui un(e) journaliste est venu(e) vous poser beaucoup de questions sur votre tour (stabilité, utilité, etc.). Il

(Elle) se montre très critique. Vous lui répondez avec beaucoup de tact car son article peut exercer une influence sur bien des gens. Convainquez-le (la) de la valeur de votre œuvre.

Devinez un peu

Formez des équipes de quatre personnes pour jouer au «trivia bowl». Deux équipes se font concurrence. La personne qui lève la main le plus vite a le droit de répondre à une question. L'équipe avec le plus grand nombre de réponses correctes gagne.

1. Un gratte-ciel est
   a. un outil pour se gratter le dos
   b. un instrument avec lequel on étudie les étoiles
   c. un immeuble à plusieurs étages
   d. la tour de droite d'une cathédrale gothique
2. Lequel des peintres suivants n'est pas un artiste impressionniste?
   a. Monet   c. Renoir
   b. Manet   d. Braque
3. Où se trouvent la plupart des châteaux de la Renaissance? Dans
   a. l'Ile-de-France   c. la vallée de la Loire
   b. le bassin d'Arcachon   d. le Massif central
4. Rodin a sculpté plusieurs chefs-d'œuvre dont *Le Baiser* et
   a. *Le Penseur*   c. *Le Danseur*
   b. *Le Baigneur*   d. *Le Seigneur*
5. L'Arc de Triomphe a été érigé pour commémorer
   a. la libération de Paris en 1944
   b. les exploits de Jeanne d'Arc
   c. la prise de la Bastille
   d. les victoires de Napoléon Ier.
6. Pour compléter Notre-Dame de Paris, on a mis _____ ans.
   a. 10   c. 82
   b. 55   d. 150
7. Lequel de ces compositeurs célèbres n'est pas français? De quelle nationalité est-il?
   a. Händel   c. Debussy
   b. Berlioz   d. Saint-Saëns
8. Le palais de Fontainebleau est célèbre puisque c'est là que _____, après son abdication, a fait ses adieux à son armée. Il s'agit de
   a. Napoléon Ier c. Louis XIV
   b. Napoléon III   d. Louis XVI
9. Cette école de peinture s'attache aux jeux de la lumière plutôt qu'à la forme des objets. Elle s'appelle l'école
   a. du soleil   c. expressionniste
   b. libre   d. impressionniste

10. _____ est une des plus belles places de Paris. Louis XVI, Marie-Antoinette, Danton, Robespierre, Saint-Just et d'autres y ont été guillotinés. Il s'agit de

a. la Place de la Bastille
b. la Place des Vosges
c. la Place Royale
d. la Place de la Concorde

eux de mots

Sujets de composition

Faites une composition orale ou écrite sur un ou deux des sujets suivants.

Les musées d'art Depuis François Ier, les rois français humanistes ont rassemblé des collections d'objets d'art pour la postérité. En 1793, le musée du Louvre de Paris devenait le premier musée européen. Quelques années plus tard, toute la collection du musée est devenue la propriété de l'Etat. Quels musées d'art connaissez-vous aux Etats-Unis? Lesquels avez-vous visités? Combien de temps passez-vous dans les musées chaque année? Quelle est l'attitude de l'Américain moyen envers les musées d'art? Pourriez-vous vivre sans musées? Expliquez vos réponses.

Les fonctions des musées Quelles sont les fonctions des musées? de recueillir des objets d'art? de les préserver? de former le goût artistique du public? d'aider la production artistique? Quels problèmes de conservation et d'organisation se présentent dans les grands musées? Quelles catégories d'objets est-ce qu'un musée doit collectionner? A qui appartiennent les collections qui s'y trouvent?

L'architecture Parmi les structures américaines construites au vingtième siècle (églises, gratte-ciel, ponts, etc.), lesquelles sont les plus connues? les plus impressionnantes? Pourquoi? Quels architectes français ou américains connaissez-vous? Combien de monuments français pouvez-vous nommer? Regardez les photos des 171–172. En considérant toutes les structures parisiennes modernes qui s'élèvent à côté des beaux monuments historiques, pensez-vous que Paris perde un peu de son charme? Ou bien fait-il preuve de sa verve et de sa créativité? Commentez votre réponse.

La musique et vous Combien de temps passez-vous quotidiennement à écouter de la musique? Comment votre goût pour la musique s'est-il développé? tout seul? par instruction? Quelle sorte de musique n'aimez-vous pas? Pour quelles raisons? Quel instrument de musique vous intéresse le plus?

Le moins? Est-ce que vous jouez du piano, de la flûte, du violon ou d'autres instruments de musique? Expliquez. Quel type de musique est-ce que vos parents apprécient? L'aimez-vous aussi? Décrivez le dernier concert auquel vous avez assisté et le prochain concert auquel vous assisterez. Comment est-ce que vos goûts musicaux changeront à l'avenir?

> *Tous les arts sont frères, chacun apporte une lumière aux autres.*
>
> Proverbe français

Les vrais amis

Il y a deux sortes de mots français ayant la terminaison **-ant** qui sont semblables aux mots anglais.

Les adjectifs en -*ant* Certains adjectifs en **-ant** sont dérivés des verbes correspondant aux adjectifs en *-ing* en anglais.

absorbant *absorbing*
alarmant *alarming*
captivant *captivating*
choquant *shocking*
démoralisant *demoralizing*

Terminez chaque phrase avec un verbe et l'adjectif dérivé de ce verbe en suivant le modèle. Choisissez votre réponse parmi les verbes suivants: **amuser, calmer, charmer, encourager, fasciner, fatiguer, impressionner, intéresser, irriter, menacer, stimuler.**

MODÈLES: Un sport qui **fatigue** est un sport **fatigant**.
　　　　　 Une remarque qui **irrite** est une remarque **irritante**.

1. Un film qui _____ est un film _____ .

2. Un tableau qui _____ est un tableau _____ .

3. Une histoire qui _____ est une histoire _____ .

4. Un article qui _____ est un article _____ .

5. Une chanson qui _____ est une chanson _____ .

Quelques adjectifs en **-ant** n'ont pas de forme correspondante en *-ing* dans la langue anglaise. Ces adjectifs ont une forme semblable en français et en anglais: **brillant, constant, élégant, galant, important,** etc.

Utilisez un des adjectifs en **-ant** présenté ci-dessus pour compléter chaque phrase.

1. J'aime beaucoup les hommes (les femmes)…
2. Lisez-vous des romans…
3. Les danses contemporaines sont…
4. Vous attendez-vous à des résultats…
5. Ce groupe d'artistes a fait une exposition…

Les noms en *-ant* Les noms en **-ant** se ressemblent en français et en anglais: *mutant, penchant,* etc.

A. Donnez une définition pour chaque mot en suivant le modèle.

MODELE: un habitant → quelqu'un qui habite une ville, un pays etc.

1. un(e) étudiant(e)
2. un protestant
3. un assistant
4. un géant
5. un occupant
6. un délinquant

B. Essayez de trouver un proverbe équivalent en anglais pour chacun des proverbes suivants. Si ce n'est pas possible, tâchez d'en faire une bonne traduction.

1. C'est en forgeant qu'on devient forgeron. 2. L'appétit vient en mangeant. 3. On voit les défauts de la servante à travers sept voiles; un seul cache les défauts de la maîtresse. 4. S'il n'y avait pas d'éléphants dans la brousse (*wilds*), le buffle (*buffalo*) serait énorme. 5. La vérité sort de la bouche des enfants.

*L*a vie est courte, l'art est long.
Proverbe grec

La France et les Etats-Unis

Mots et expressions

LA VIE TRADITIONNELLE

baiser la main de to kiss
the hand of
le béret beret
célébrer to celebrate
le cimetière cemetery
le lien tie, bond
libérer to liberate
renforcer to reinforce
la traversée crossing

LA VIE MODERNE

l'antibiotique (*m.*) antibiotic

antiseptique antiseptic
l'appareil (*m.*) **ménager**
household appliance
la boîte aux lettres mail-
box
le (la) caniche French
poodle
la chirurgie surgery
**le distributeur automa-
tique** vending machine

l'étoffe (*f.*) **à carreaux/à
pois/à rayures** plaid/
polka-dotted/striped ma-
terial
hebdomadaire weekly
impensable unthinkable
**le paquet de billets de
banque** roll of bills
les produits (*m.*) **surgelés**
frozen foods

ctivités

A première vue

Gaëlle va aux Etats-Unis et Gertrude part en France pour la première fois.
Comment imaginent-elles la vie dans chacun des deux pays? D'après les
dessins, dites ce qu'elles pensent voir quand elles seront à l'étranger. Ensuite,
commentez les idées de Gaëlle et de Gertrude. En quoi est-ce que leurs idées
correspondent (ou ne correspondent pas) à la réalité?

*L*a vie pratique

Comment écrire une lettre

Sans doute aimez-vous recevoir du courrier. Mais afin de le recevoir, il faut normalement se mettre à écrire des lettres ou des cartes postales. En français, comme en anglais, il est important dans une lettre de créer un ton approprié. Il faut donc faire attention aux rapports entre le destinataire et l'expéditeur (très étroits? professionnels? etc.) et aussi au genre de lettre que vous envoyez (félicitations? condoléances? etc.).

Voici quelques phrases utiles pour écrire des lettres d'affaires:

Salutations

(Cher) Monsieur/(Chère) Madame la Directrice/(Cher) Monsieur le Professeur

Comment terminer une lettre d'affaires

Veuillez agréer, Madame, l'expression de mes salutations distinguées.

Voici du vocabulaire approprié pour les lettres destinées à vos amis ou aux membres de votre famille.

Salutations

(Mon) cher Alain/(Ma) chère tante/Chers amis

Et pour terminer la lettre

Je t'embrasse très fort/Amicalement vôtre/Meilleures amitiés/Cordialement/
Sincèrement/Grosses bises/De tout cœur/Gros bisous

Entraînez-vous à deux

A. Parmi les expressions suivantes, choisissez la plus appropriée au cas correspondant. Discutez de vos choix avec un(e) camarade de classe, en expliquant pourquoi certaines réponses sont convenables et d'autres ne le sont pas.

1. Comment devez-vous commencer une demande de bourse d'études, destinée à la directrice du programme d'études?
   a. Chère Monique,...
   b. Directrice,...
   c. Chère Madame la Directrice,...
2. Comment achevez-vous une lettre à un(e) ami(e) d'enfance?

a. Je vous prie d'agréer mes respectueux hommages.
    b. Affectueusement.
    c. Veuillez agréer mes salutations distinguées.
3. Comment termine-t-on une lettre adressée à un(e) collègue éloigné(e) dans laquelle vous répondez avec intérêt à un projet qu'il (elle) a proposé?
    a. Veuillez agréer l'expression de mes salutations distinguées.
    b. Fidèlement.
    c. Croyez à toute ma sympathie.
4. Comment achevez-vous une lettre à votre sœur avec qui vous vous entendez très bien?
    a. Veuillez croire à toute ma sympathie.
    b. Je t'embrasse très fort.
    c. Je vous prie d'agréer mes sincères salutations.

B. Correspondance France/Amérique. Votre professeur de français connaît quatre Français cherchant des correspondants américains. Choisissez un(e) correspondant(e) parmi les personnes présentées ci-dessous et écrivez-lui une lettre dans laquelle vous vous présentez. Puis posez-lui une grande variété de questions afin de mieux le (la) connaître. Après avoir achevé votre lettre, donnez-la à un(e) camarade de classe et prenez la sienne. Maintenant répondez-y par oral ou par écrit.

1. Maryline (19 ans): Aime le sport, les arts martiaux, la lecture, la musique et le cinéma. Voudrais correspondre avec des Américains parlant français.
2. Pierre (22 ans): Désire correspondre avec des filles américaines ou canadiennes qui parlent français et qui aiment la vie en plein air. Aime faire du ski, les randonnées, le soleil, pêcher, les voyages.
3. Viviane (23 ans): Aime la nature, l'opéra, la danse, les USA, l'humour, les voitures rapides, etc. Cherche correspondants américains âgés de dix-huit à trente ans.
4. Jean-Jacques (25 ans): Voudrais correspondre avec des Américaines de tout âge parlant français. Ennemi de la routine, j'adore la cuisine, faire de la poterie, de la charpenterie et la bonne conversation. Joindre photo.

Voici du vocabulaire utile. Attention: Certains verbes utilisent la préposition **à, de** ou rien avant l'infinitif.

adorer	décider	prendre plaisir
s'amuser	s'entraîner	renoncer
apprendre	espérer	vouloir
s'arrêter	essayer	
commencer	préférer	

Qu'est-ce qui vous intéresse?/amuse? etc.
Qu'est-ce que vous refusez de faire? etc.
Sans quoi ne pourriez-vous pas vivre? etc.

Maintenant créez votre propre annonce, qui apparaîtra dans le magazine *L'étudiant*.

L'influence française aux Etats-Unis

Un vestige de l'influence française qui est évident aux Etats-Unis est le nombre de villes américaines dont les noms sont d'origine française. Vous allez en trouver quelques-unes. Avec un(e) camarade de classe, consultez une carte des Etats-Unis. Essayez de faire une liste de dix villes américaines ayant un nom français dans les catégories suivantes. Donnez des détails de leur histoire si vous les connaissez. Par exemple, dites quel personnage historique a donné son nom à telle ou telle ville et ce qui a rendu cette personne célèbre. Remarquez la différence de prononciation entre le français et l'anglais.

Après avoir fait votre liste, comparez-la à celles de vos camarades de classe. Combien de villes avez-vous trouvées?

PERSONNES	LA NATURE	DIVERS
MODELE: Cœur d'Alène, Id.	Pomme de Terre, Minn.	La Porte, Ind.
1.		
2.		
3.		
4.		
5.		
6.		
7.		
8.		
9.		
10.		

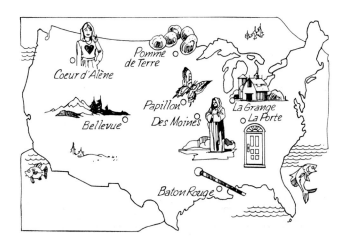

*L'*actualité

Fabriqué en France

La culture française fait-elle partie de votre vie quotidienne? Connaissez-vous tous les produits français importés aux USA? Etudiez les marques françaises présentées dans la liste ci-dessous et faites-les correspondre avec les images d'articles français.

1. Michelin ____

2. Courvoisier, Martell, Hennessy, Rémy Martin, etc. ____

3. Lacoste ____

4. Le Creuset-Croustances ____

5. Cartier ____

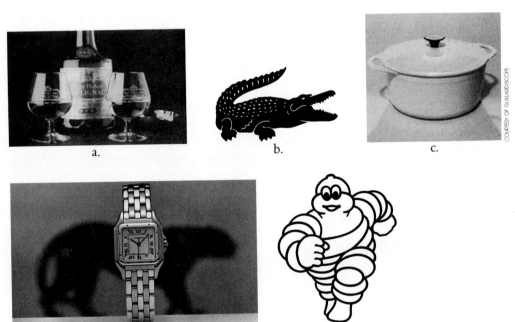

a.   b.   c.   d.   e.

Entraînez-vous à deux

Chaque classe d'objets ci-dessous se réfère à la France. Essayez de trouver une marque française connue aux USA pour chacune. Comparez vos réponses avec celles d'un(e) camarade de classe.

1. Champagne _____
2. Eau minérale _____
3. Equipement de ski _____
4. Parfum _____
5. Voiture _____

Puis, imaginez que vous et votre camarade de classe devez choisir quelques objets afin d'illustrer la vie aux Etats-Unis et en France au vingtième siècle. Que suggérez-vous et pourquoi?

1. Vêtements: des jeans? un béret? autre chose?

   Objets _____

   Raisons _____

2. Articles dans la maison: des photos? de la nourriture? etc.

   Objets _____

   Raisons _____

3. Articles en dehors de la maison: une carte de crédit? le Concorde en miniature? etc.

   Objets _____

   Raisons _____

4. Loisirs: une vidéo-cassette? (laquelle?) Le Trivia Bowl?

   Objets _____

   Raisons _____

5. La politique: un livre? un journal? etc.

   Objets _____

   Raisons _____

Aller et retour

Les sorts de la France et des Etats-Unis ont souvent été liés au cours des siècles. Voici quelques scènes de moments historiques qui ont touché les deux nations. Avec un(e) camarade de classe, vous ferez revivre l'histoire en écrivant un commentaire à côté de chaque image. Vous pouvez être aussi comique ou aussi sérieux (sérieuse) que vous voulez. L'important, c'est de faire savoir ce qui s'est passé au moment où l'action se déroulait. Ensuite comparez vos résultats avec ceux de vos camarades de classe.

MODELE: Gertrude Stein à Paris

Gertrude Stein, femme de lettres américaine, a passé la plus grande partie de sa vie à Paris. Elle y a exercé une grande influence sur toute une génération d'écrivains qu'elle a nommée «la génération perdue».

1.   Louis Jolliet et le père Marquette

2.   le Marquis de Lafayette avec George Washington

3.   la Statue de la Liberté

4.   Lindbergh à Paris

5. le débarquement des Alliés sur les plages de Normandie

Discours avec l'au-delà

Quelle surprise! Jeanne d'Arc, Béchamel, Louis Pasteur et Coco Chanel sont ressuscités d'entre les morts et vous êtes la seule personne avec qui ils peuvent communiquer. Tout le monde veut leur parler, leur poser des questions, mais on doit le faire par vous. Formez des groupes de trois personnes dont un(e) journaliste, un de ces personnages et vous-même. Un(e) étudiant(e) joue le rôle du personnage historique; un(e) autre joue le rôle d'un(e) journaliste qui va formuler des questions d'après les images présentées ci-dessous. Vous allez être l'intermédiaire en suivant le dialogue donné. Il vaut mieux que le (la) journaliste ne pose pas de questions réclamant des réponses précises; il est préférable d'interroger les célébrités au sujet de leurs attitudes et opinions générales.

Coco Chanel: depuis 1916, couturier des vêtements de femmes élégants et d'une extrême simplicité.

Béchamel: secrétaire de Louis XIV, a inventé la sauce qui porte son nom.

Jeanne d'Arc: héroïne qui, à la tête d'une petite armée, a conquis les Anglais et a libéré le roi français.

Pasteur: chimiste et biologiste, a réalisé la pasteurisation et le vaccin contre la rage; sa théorie des germes a bouleversé la médecine et la chirurgie.

MODELE

JOURNALISTE: Qu'est-ce qu'elle pense de la mini-jupe?

VOUS: Il veut savoir ce que vous pensez de la mini-jupe.

COCO CHANEL: Je ne comprends pas pourquoi une femme porterait une telle chose. C'est affreux! Ça manque d'élégance.

VOUS: Elle dit qu'elle ne comprend pas pourquoi une femme porterait une mini-jupe. Elle pense que c'est affreux et que ça manque d'élégance.

JOURNALISTE:

Déjà vu

Pour faire cette activité, relisez les paragraphes d'introduction à Déjà vu, pages 19–21.

1. Un ami français (Une amie française) et vous, vous vous trouvez sur un banc dans un parc à Paris à regarder les passants. Parmi tous ces gens, vous allez essayer d'identifier tous les Américains et les Français qui passent. N'oubliez pas de donner les raisons pour lesquelles vous pensez avoir reconnu soit un(e) Français(e), soit un(e) Américain(e) (vêtements, gestes, etc.). Si vous n'êtes pas d'accord dans chaque cas, convainquez votre ami(e) de la raison de votre choix. Faites preuve d'imagination!

2. Si vous avez voyagé en France, expliquez à un(e) Français(e) ce qui vous a le plus impressionné et pourquoi. En retour, votre camarade français(e) va vous questionner sur les coutumes américaines qui le (la) frappent (mode, cuisine, etc.). (Si vous n'avez pas voyagé en France, il se peut que vous connaissiez quelqu'un qui y soit allé et qui vous ait raconté ses impressions les plus durables.)

3. Un(e) Français(e) vous fait remarquer que selon la plupart des Français les Américains sont obsédés par l'argent, le confort et les biens matériels. Il (Elle) en cite beaucoup d'exemples. Dites si ce jugement est justifié ou faux et pourquoi vous pensez ainsi.

4. Deux Américain(e)s se rencontrent à Paris, et ils (elles) discutent de la possibilité d'habiter en France. L'un(e) des deux n'aimerait pas y habiter pour un tas de raisons (économiques, sentimentales, culturelles, etc.). L'autre propose une solution à chaque problème présenté et essaie de convaincre son (sa) camarade que cela serait une occasion excellente de connaître la culture française.

Devinez un peu

Formez des équipes de quatre personnes pour jouer au «trivia bowl». Deux équipes se font concurrence. La personne qui lève la main le plus vite a le droit de répondre à une question. L'équipe avec le plus grand nombre de réponses correctes gagne.

1. La France a à peu près la même superficie que
   a. la Nouvelle Angleterre
   b. le Colorado et l'Arizona
   c. le Texas
   d. la Californie
2. La fête nationale française est
   a. le 4 juillet
   b. le 1 mai
   c. le 14 juillet
   d. le 11 novembre
3. La population des Etats-Unis est approximativement _____ fois celle de la France.

a. deux   c. huit
b. quatre   d. dix

4. L'anniversaire de l'Armistice qui marque la fin de la Première Guerre mondiale est
    a. le 11 novembre   c. le 7 décembre
    b. le 8 mai   d. le 6 juin

5. L'Américaine a le droit de vote depuis 1918; la Française l'a depuis
    a. la Première Guerre mondiale   c. la guerre d'Algérie
    b. la Deuxième Guerre mondiale   d. la guerre du Viêt-nam

6. Cet auteur américain célèbre a vécu à Paris après la Première Guerre mondiale. *Le Soleil se lève aussi* et *L'Adieu aux armes* sont deux de ses plus grandes réussites.
    a. Thornton Wilder   c. Sinclair Lewis
    b. John Steinbeck   d. Ernest Hemingway

7. Lequel de ces personnages français n'est jamais venu aux Etats-Unis?
    a. Charlotte Corday   c. Catherine Deneuve
    b. Sarah Bernhardt   d. Marie Curie

8. Cet homme politique a été ambassadeur en France au dix-huitième siècle.
    a. Herbert Hoover   c. Alexander Hamilton
    b. Thomas Jefferson   d. Aaron Burr

9. Il a succédé à Leonard Bernstein comme chef de l'orchestre symphonique de New York en 1969.
    a. Claude Debussy   c. Maurice Ravel
    b. Erik Satie   d. Pierre Boulez

10. Lesquels de ces auteurs ont reçu le Prix Nobel?
    a. André Gide   c. Albert Camus
    b. Pearl Buck   d. Saul Bellow

Jeux de mots

Sujets de composition

Faites une composition écrite ou orale sur un ou deux des sujets suivants.

L'influence française Comment la France influence-t-elle la cuisine américaine aujourd'hui? la mode américaine? le sport? les produits cosmétiques? les arts? la langue?

La France et les Etats-Unis Quels sont aujourd'hui les rapports politiques entre la France et les Etats-Unis? De quelles organisations mondiales est-ce que les deux pays font partie? Pourquoi nous sommes-nous aidés les uns les autres pendant plusieurs guerres (la guerre d'indépendance, les deux guerres mondiales)? Que veut dire le mot «allié»? Sommes-nous de vrais alliés actuellement? Expliquez votre réponse. Que pouvons-nous faire pour renforcer les liens entre nos deux pays?

Vous et la France   S'il y a des étudiant(e)s français(es) à l'université où vous étudiez, comment les accueille-t-on? Leur faites-vous bon accueil? En quoi le sort de la France vous touche-t-il? Expliquez.

La façon de vivre des Américains   Que font les Américain(e)s moyen(ne)s pour profiter le plus de la vie? Y a-t-il une seule façon de vivre qui soit adoptée par la plupart des Américains? Laquelle? Qu'est-ce qui détermine les buts de l'Américain(e) typique? l'éducation? la classe sociale? les valeurs respectées par sa famille? D'après les étrangers, c'est l'argent qui compte le plus dans notre train de vie. Qu'en pensez-vous? Sommes-nous matérialistes? Pour la majorité des Américains, l'argent est-il une fin ou un moyen qui sert à réaliser certains objectifs? Expliquez vos réponses.

Les vrais amis

Les adjectifs en *-eux* et *-ieux*   Les adjectifs français en **-eux** et en **-ieux** correspondent aux adjectifs anglais qui se terminent en *-ous* et en *-ious*. La plupart de ces adjectifs sont dérivés des substantifs.

cancéreux (-euse) *cancerous*   furieux (-euse) *furious*
désastreux (-euse) *disastrous*

Donnez les adjectifs en **-(i)eux** qui sont dérivés des substantifs suivants.

1. l'ambition
2. la calomnie
3. le caprice
4. le courage
5. le danger
6. le délice
7. la gloire
8. l'harmonie
9. la mélodie
10. le nombre
11. la religion
12. le scandale
13. le scrupule
14. la superstition
15. la victoire

Les adjectifs en *-if*   Les adjectifs ayant la terminaison masculine **-if** en français se terminent en *-ive* en anglais.

exclusif (-ive) *exclusive*   imaginatif (-ive) *imaginative*
explosif (-ive) *explosive*   impulsif (-ive) *impulsive*

Donnez le contraire des adjectifs français suivants. Utilisez seulement des adjectifs en **-if**.

1. objectif
2. positif
3. exact
4. offensif
5. passif
6. constructif
7. hésitant
8. improductif
9. réfléchi
10. modéré

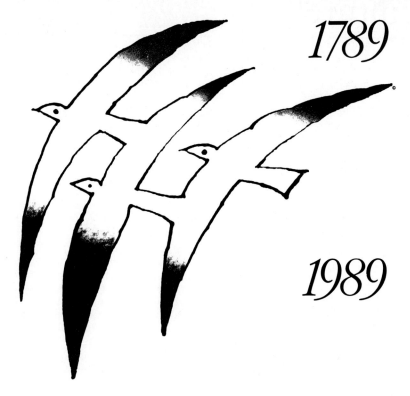

La France ou les Etats-Unis ou bien les deux à la fois? Décidez quel pays est décrit dans les expressions suivantes et expliquez brièvement la raison de votre choix. (Il est même possible qu'une seule expression se réfère aux deux pays.) Employez autant d'adjectifs semblables en anglais et en français que possible.

MODELE: une cuisine délicieuse → Une cuisine délicieuse se réfère aux
           deux pays. Ils ont chacun une cuisine très variée et délectable.

1. une population nombreuse   2. des hommes politiques scandaleux   3. des voitures dangereuses   4. des régions montagneuses   5. une industrie touristique lucrative   6. un peuple travailleur   7. des soldats courageux   8. des monuments commémoratifs   9. une capitale merveilleuse   10. une économie productive

L a France est le plus beau royaume après celui du ciel.

Proverbe hollandais

Index culturel

L'ACADEMIE FRANÇAISE—Founded in 1635 by Richelieu to edit an official dictionary of the French language. The French Academy consists of forty members.

AMBOISE—*See* **CHATEAUX DE LA LOIRE**

L'ANJOU—Region in the west of France at the intersection of three rivers. Its fertile valleys are well known for vineyards and horticulture.

L'ARC DE TRIOMPHE DE L'ETOILE—Paris monument erected by Napoleon in 1806 to commemorate his military victories. The Tomb of the Unknown Soldier has lain underneath its huge arch since 1920.

AZAY-LE-RIDEAU—*See* **CHATEAUX DE LA LOIRE**

LA BASTILLE—Royal prison 1370–1789; confined such notables as the Man with the Iron Mask, Voltaire, Sade, and many others. It stood as the symbol of repression and the injustices of the monarchy. The poor people of Paris stormed it on July 14, 1789, the first day of the French Revolution.

BEAUBOURG—*See* **LE CENTRE POMPIDOU**

BERLIOZ, HECTOR (1803–1869)—French composer whose works include *La Symphonie fantastique*.

BLOIS—*See* **CHATEAUX DE LA LOIRE**

LE BOIS DE BOULOGNE—Large, beautiful public park located to the west of Paris; first became fashionable in the eighteenth century. Today, its gardens, lakes, waterfalls, open-air theater, château, racetracks, horse-riding facilities, outdoor cafés, and so on, attract numerous Parisians, as well as tourists every day.

BOSSUET, JACQUES BENIGNE (1627–1704)—French theologian and writer. Preacher for the king and his court whose sermons were simple yet elegant appeals for charity and justice for all.

BOULEZ, PIERRE (b. 1925)—French composer and orchestra leader; succeeded Leonard Bernstein as director of the New York Philharmonic in 1969.

BUÑUEL, LUIS (b. 1900)—Spanish filmmaker; directed films in France, Mexico, and Spain. Made his directorial debut with the shocking, surrealistic *Un Chien andalou* (1929).

CAMUS, ALBERT (1913–1960)—French writer and philosopher whose works include plays, novels, short stories, and philosophical essays. His most widely known book is *L'Etranger,* published in 1942. Awarded the Nobel prize for literature in 1957.

CARCASSONNE—Completely restored in the nineteenth century, it is a perfect example of a medieval walled city with its ramparts, towers, church, castle, moat, inner city, and so on.

CARTIER, JACQUES (1491–1557)—Looking for a route to Asia, he landed in Newfoundland in 1534; discovered the St. Lawrence River, founded Montreal, and claimed possession of Canada for the French king.

CASABLANCA—Principal port and largest Moroccan city. Site of a 1943 conference between Winston Churchill and Franklin D. Roosevelt as well as the classic World War II film *Casablanca,* starring Humphrey Bogart and Ingrid Bergman.

CATHERINE DE MEDICIS (1519–1589)—Wife of Henri II, mother of François II, Charles IX, and Henri III. Capable but unscrupulous ruler of France during the coming of age of Charles IX. Instigated the massacre of 3000 Protestants during the religious wars. Patron of the arts, she continued work on the Louvre and began the construction of the royal palace in the Tuileries.

LE CENTRE POMPIDOU—National arts center in Paris until recently the number-one tourist attraction. Houses the Museum of Modern Art, libraries, bookstores, restaurants, and rotating exhibitions.

CHAMBORD—*See* **CHATEAUX DE LA LOIRE**

CHAMONIX—Famous for its glaciers; an important center for mountain climbing and winter sports in the French Alps.

LES CHAMPS-ELYSEES—Well-known avenue stretching from the Arc de Triomphe to the Place de la Concorde in Paris. Contains numerous restaurants, cafés, movie theaters, boutiques, hotels, and so on. Gardens and the residence of the president of France are nearby.

CHANEL, COCO (1883–1971)—Famous fashion designer, noted especially for simple yet elegant women's styles. Creator of the best-selling perfume in the United States, Chanel.

CHATEAUX DE LA LOIRE (DE LA RENAISSANCE)—Ensemble of royal or noble residences built during the fifteenth and sixteenth centuries along the Loire, the longest river in France. Some of the most famous are Amboise, Azay-le-Rideau, Blois, Chambord, and Chenonceaux.

CHENONCEAUX—*See* **CHATEAUX DE LA LOIRE**

CHEZ MAXIM'S—Renowned Parisian restaurant.

LA CINEMATHEQUE—First and foremost a film library where copies of French and foreign films are categorized and preserved. At present, the Paris *Cinémathèque* has over 50,000 films from all over the world. The *Cinémathèque* also collects books, costumes, photographs, and posters related to cinema. In addition, classic films and those no longer on the commercial circuit are shown daily for a minimal entrance fee.

LA COMEDIE-FRANÇAISE—National theater of France, located in Paris, featuring a classic repertory. Founded by Louis XIV in 1680.

LE CONCORDE—Controversial supersonic air transport coproduced by the British and the French in the 1970s.

CORDAY, CHARLOTTE (1768–1793)—In an attempt to end some of the massacres taking place during the French Revolution, she assassinated Marat, one of the revolutionary leaders. She, in turn, was guillotined.

LA CORSE—Mountainous Mediterranean island 170 kilometers southeast of Nice; sold by Genoa to France in 1767, two years before the birth of Napoleon. Its two departments are considered part of France proper.

CURIE, MARIE (1867–1934)—French physicist of Polish origin whose research along with that of her husband Pierre, led to the discovery of radium in 1898. First female professor at the Sorbonne. The Curies were awarded the Nobel prize for physics in 1903 and the Nobel prize for chemistry in 1911. Her daughter (Irène) and son-in-law (Frédéric) also received the Nobel prize for chemistry in 1935.

DEBUSSY, CLAUDE (1862–1918)—French composer whose most famous works include *Prélude à l'après-midi d'un faune* and *Clair de lune.*

LA DEFENSE—An immense complex of high-rise office buildings directly west of the Champs-Elysées. Soon to be completed after twenty-five years of work.

DESCARTES, RENE (1596–1650)—French philosopher, mathematician, and physicist. He created analytic geometry, developed the scientific method, and revolutionized philosophical inquiry with his famous «Je pense, donc je suis.»

L'ECOLE NORMALE SUPERIEURE—Prestigious French school for the training of teachers; one of the *Grandes Ecoles.*

L'EDIT DE NANTES—*See* **NANTES, EDIT DE**

ESSEC (ECOLE SUPERIEURE DES SCIENCES ECONOMIQUES ET COMMERCIALES)—One of the leading business schools in France.

LES ETATS-GENERAUX—Assembly made up of representatives of the three classes—clergy, nobility, and bourgeoisie. Voted new taxes during the monarchy. Its last meeting was held in 1789.

LA FAYETTE (MARQUIS DE) (1757–1834)—French general and politician who went to America in 1777 to help colonials fight against the British. Once back in France, helped persuade the French government to become officially allied with the American Army. Returned to fight valiantly in Washington's army in 1780; promoted to field marshal in 1782. During the French Revolution, his hope to reconcile the king and revolutionaries was never realized. Later joined those demanding Napoleon's abdication.

LA FETE NATIONALE FRANÇAISE—In 1880, July 14 was chosen as the French national holiday, commemorating the storming of the Bastille by the people of Paris on July 14, 1789.

LE FIGARO—*See* **LE MONDE**

LE FORUM DES HALLES—Modern Paris shopping complex with shops, restaurants, and cinemas built on four levels in a futuristic design.

LE FRANC—Official currency of France whose value often varies. Since the devaluation of the franc in 1960, one hundred old francs are now worth one new franc.

LA FRANCE—France currently has a population of 53 million people; its area is smaller than the state of Texas.

FRANCE-SOIR—*See* **LE MONDE**

FRANÇOIS Ier (1494–1547)—King during the French Renaissance; crowned in 1515. Great patron of the arts; referred to as the "Knight King." Attracted many artists (including the Italian master, Leonardo da Vinci), nobles, knights, and their ladies to his splendid court at Amboise. (He once remarked: "Une cour sans femmes est une année sans printemps.")

FRANÇOIS II (1544–1560)—Son of Henry II and Catherine de Medicis, he was king of France from 1559 to 1560 and first husband of Mary Queen of Scots.

GAUGUIN, PAUL (1848–1903)—French artist who, finding civilized life intolerable, abandoned France, his family, and his career at the age of 35. Lived and painted in Tahiti, where he had the more primitive lifestyle he had wanted.

GAULLE, CHARLES DE (1890–1970)—French statesman and general. Took charge of the French resistance against Germany in London in 1940. Head of the provisionary French government from 1944 to 1946. Retired from political life in 1953; recalled to power in 1958 after an increase in the tensions in Algeria. Elected president of the Fifth Republic in December 1958; granted independence to Algeria in 1962; withdrew France from NATO in 1966. The economic, social, and cultural crisis of May 1968 precipitated his resignation in 1969.

LES GRANDES ECOLES—Specialized schools for advanced training in administration, the armed services, business, education, literature, and science. Admission is determined by means of a very rigorous entrance exam.

LE GUIDE MICHELIN—Detailed tourist guide published annually by Michelin, famous French tire manufacturer, including information on hotels, restaurants, and sites of interest. French restaurants are divided into four categories: three-star restaurants offer the best possible food, wine, and service; two-star restaurants are excellent; one-star restaurants are very good, and no-star restaurants are fair to good.

HAITI—Caribbean island east of Cuba, colonized by the Spanish. In 1697 the island was divided in two; its western portion (Haiti) was ceded to the French. Its eastern half (Dominican Republic) remained Spanish.

HANDEL, GEORG FRIEDRICH (1685–1759)—German composer; master of the Baroque, celebrated for the *Messiah,* the *Water Music,* and the *Royal Fireworks.*

HEMINGWAY, ERNEST (1898–1961)—American author who spent the years between World War I and World War II writing in Europe, living mainly in Paris. During this period he wrote *The Sun Also Rises* (1926), *A Farewell to Arms* (1929), and *For Whom the Bell Tolls* (1940), among other works. Received the Nobel prize for literature in 1954.

HENRI II (1519–1559)—Son of François Ier, king of France 1547–1559. Greatly influenced by his mistress, Diane de Poitiers, to repress the Protestant religion. Three of the ten children from his marriage to Catherine de Medicis reigned as king.

HENRI III (1551–1589)—King of France from 1574 to 1589. Brother of François II and Charles IX.

HENRI IV (1553–1610)—"Good King Henry" ruled France from 1589 to 1610, when he was assassinated by a religious fanatic named Ravaillac. He was an extremely popular ruler. His Edict of Nantes in 1598 re-established religious peace by designating locations throughout France where Protestants were free to practice their religion and maintain standing armies.

L'IMPRESSIONNISME—Style of art that renders general impressions of a scene but suppresses detail. Light, movement, and changing aspects of nature are essential aspects of this style of painting.

INVALIDES (HOTEL DES)—Paris monument conceived by Louis XIV as a residence for soldiers wounded in his service. Under its imposing dome lie the remains of Napoleon. Contains an important Army museum.

JEANNE D'ARC (1412–1431)—At the age of 17 she led an army to several victories over the British, who occupied much of France, and restored the French king to the throne. Despite her successes, she was condemned to death for being a heretic and a witch (she claimed that three supernatural voices had commanded her into battle) and was burned alive at the stake. In 1920 she was canonized a saint by the Catholic church.

JEFFERSON, THOMAS (1743–1826)—Replaced Benjamin Franklin as American ambassador to France in 1785. He was witness to many of the events leading up to the French Revolution.

LE JEU DE PAUME—Small museum, formerly an indoor tennis court, in the Tuileries Gardens used to contain mainly Impressionist paintings (Degas, Manet, Monet, Morisot, Renoir, Toulouse-Lautrec, Van Gogh, etc.).

JOSEPHINE, IMPERATRICE (1763–1814)—Married Napoleon Bonaparte in 1796. He divorced her in 1809 when their union failed to produce any children. Died at Malmaison.

LAFITTE-ROTHSCHILD—One of the greatest **châteaux** producing Bordeaux wine.

LA LETTRE DE CACHET—Letter containing an order from the king, sealed with wax bearing the imprint of the royal crest. Often used to imprison a subject without a trial.

LA LOUISIANE—Colonized by the French in 1699. Named in honor of Louis XIV. Sold to the United States in 1803 by Napoleon Bonaparte.

LOUIS XIV (1638–1715)—The lengthy reign of the "Sun King," from 1661 to 1715, was a glorious period for the French, but one fraught with problems and conflicts. His ambition and arrogance led him into many unnecessary wars with neighboring countries, a major factor in the collapse of the French economy. In 1685 he revoked the Edict of Nantes, and France lost a good part of its workforce as French Protestants sought refuge in England, Germany, and Holland. Louis XIV was an outstanding patron of the arts and established a splendid court at Versailles. On his deathbed, he exhorted his successor (Louis XV, just five years old) to try to keep France at peace with other European nations.

LOUIS XV (1710–1774)—Called the "Beloved King," he ruled France from 1715 to 1774. He was the great-grandson and successor of Louis XIV, with whom he had very little in common. Louis XIV considered the role of sovereign to be a "delicious" one; Louis XV found it unpleasant. Under his reign, foreign relations and domestic conditions deteriorated further than they had under Louis XIV.

LOUIS XVI (1754–1793)—King of France from 1774 to 1792. He was deposed during the French Revolution and beheaded by revolutionaries.

LOUVRE (PALAIS DU)—Former royal residence; its construction was begun in 1204. Converted into an art museum in 1791, it contains one of the richest public collections of artwork, notably the Mona Lisa, Venus de Milo, and Winged Victory.

LE LUXEMBOURG—Name of both a French-speaking European country and its capital; borders Belgium, West Germany, and France.

MAINTENON, FRANÇOISE D'AUBIGNE (MARQUISE DE) (1635–1719)—Charged with the care of the children of Louis XIV and his mistress the marquise de Montespan, she married the king when his wife Marie-Therese died in 1683. She exerted a strong religious influence on him and helped create an atmosphere of austerity in the once sumptuous court at Versailles.

LA MALMAISON—Just west of Paris, this was the favorite residence of Napoleon until his divorce from Josephine. It later became her home.

MANET, EDOUARD (1832–1883)—Impressionist painter and leader of the Impressionist movement. *Olympia, Le Déjeuner sur l'herbe,* and *Bar aux Folies-Bergère* are among his most famous works.

MANS (LE)—Approximately 200 kilometers west of Paris, it is the site of the famous 24-hour car race.

LE MARCHE COMMUN (LA COMMUNAUTE ECONOMIQUE EUROPEENNE)—The Common Market, begun in 1957 to promote the free exchange of products, capital, and work among member nations: Belgium, Denmark, England, France, Greece, Holland, Ireland, Italy, Luxembourg, Portugal, Spain, and West Germany.

MARIE-ANTOINETTE (1755–1793)—Wife of Louis XVI; guillotined shortly after his execution.

LA MARSEILLAISE—French national anthem, written in 1792 by Rouget de Lisle. Its first line: "Allons enfants de la patrie, le jour de gloire est arrivé."

MICHEL-ANGE (1475–1564)—Italian artist. Though he called himself a sculptor, he also made important contributions to painting, architecture, and poetry. Some of his masterpieces include St. Peter's dome in Rome, *David, Moses,* and the Sistine chapel frescoes.

MOLIERE (1622–1673)—French actor, director, and author of comedies including *Tartuffe, Le Bourgeois gentilhomme,* and *Le Malade imaginaire.* He was protected and encouraged by Louis XIV.

LE MONDE—Along with *Le Figaro* and *France-Soir,* widely read Paris newspaper.

MONET, CLAUDE (1840–1926)—His painting *Impression, soleil levant* (1874) gave the Impressionist movement its name. Some of his best works, which typify Impressionist painting, include *La Gare Saint-Lazare, La Cathédrale de Rouen,* and *Nymphéas.*

LE MONT-SAINT-MICHEL—A Gothic, Benedictine abbey situated on an island off the northern coast of France.

MONTAIGNE (1533–1592)—French writer and philosopher, author of *Essais.*

MONTMARTRE—Picturesque quarter of Paris; a hill that was formerly a village outside the city. Its artists and nightlife are great tourist attractions.

MUSEE D'ORSAY—A renovated train station houses this museum devoted to art of the second half of the 19th century and the beginning of the 20th century. Includes galleries featuring Impressionist art, sculpture, architecture, furniture, photography, the press, and posters.

NANTES, EDIT DE (1598)—Issued by Henri IV; designated locations throughout France (excluding Paris) where Protestants could practice their faith without fear of persecution. Protestants were also allowed to maintain standing armies in 200 French towns. Its revocation by Louis XIV in 1685 was considered to be one of the most serious mistakes of Louis' reign.

NAPOLEON BONAPARTE (1769–1821)—A distinguished general during the French Revolution, Napoleon became emperor of the French in 1804. He restructured and centralized all branches of the French government. The Napoleonic, or Civil, code of 1804 outlined for the first time the civil rights of French citizens as related to matters of birth, marriage, and death. After conquering most of Europe, Napoleon was defeated at the Battle of Waterloo by the English and the Prussians. In 1815 he was exiled to the island of St. Helena, where he died in 1821.

NAPOLEON II (1811–1832)—Son of Napoleon I and Marie-Louise (Napoleon I's second wife), he spent his entire life in Vienna. He was declared Emperor of the French in 1815 but never ruled in France.

NAPOLEON III (1808–1873)—Nephew of Napoleon I, Louis-Napoleon Bonaparte was elected president of France in 1848. In 1852 he made himself emperor of the French with the title Napoleon III. Neither the soldier nor the administrator that his uncle was, he was a politician considered to be the first modern dictator. His empire ended in 1870, when the Prussians invaded France.

LA NORMANDIE—Province in the north of France known for its cattle raising and dairy products. Site of the D-Day landings in June 1944.

NOSTRADAMUS (1503–1566)—French astrologer and doctor. Author of a collection of predictions called *Centuries astrologiques.* He predicted that a general with the same name as his country would be exiled but return to restructure the nation's government. This came true when Charles de Gaulle left France in 1940 and returned after the war to help reorganize the government.

NOTRE-DAME DE PARIS—Gothic cathedral of Paris. Construction was begun in 1163 and finished about 1245.

LA NOUVELLE VAGUE—New Wave, a term describing French films of the late 1950s and the 1960s by such film makers as François Truffaut, Jean-Luc Godard, and Claude Chabrol. They considered themselves to be film authors rather than film directors, and the personal style of each is distinct and clearly visible in their works.

OPERA-BASTILLE—Opened in 1989, this $300 million complex is situated at the Place de la Bastille.

L'ORANGERIE—Small museum in the Tuileries Gardens containing murals by Monet. Formerly the royal greenhouse where orange trees were grown.

ORLEANS—City in France on the Loire River; in 1429, during the Hundred Years' War, Orléans was liberated by Joan of Arc.

PASCAL, BLAISE (1623–1662)—French scientist, writer, and philosopher. Was the first to understand well the concepts of atmospheric pressure and the equilibrium of fluids. Developed probability calculus; contributed to the theory of cycloids. Invented a principle of mechanical counting still widely used today. His *Pensées* are an important series of thoughts trying to convert atheists to belief in God.

PASTEUR, LOUIS (1822–1895)—French chemist and biologist; founded the science of microbiology. Showed the role played by germs in fermentations and diseases; discovered the vaccine against rabies. Developed the process of pasteurization (a way to protect milk, wine and beer against fermentation). Researchers at the Pasteur Institute have revolutionized modern medicine and surgery, discovering serums and vaccines against diphtheria, typhoid, cholera, bubonic plague, snake bites, etc.

PETAIN (PHILIPPE), MARECHAL DE FRANCE (1856–1951)—General victorious at Verdun in 1916; commander-in-chief of the army until the end of the war. Became Minister of War in 1934. Head of the Vichy government during the Occupation. Condemned to life imprisonment in 1945 for having collaborated with the Germans.

PICASSO, PABLO (1881–1973)—Spanish painter and sculptor whose work had a strong influence on the evolution of modern art. Two of his best-known works are *Les Demoiselles d'Avignon* and *Guernica.*

PLACE DE LA CONCORDE—One of the biggest and most beautiful plazas of Paris, situated between the Tuileries Gardens and the Champs-Elysées. Called Place de la Révolution 1790–1795 (Louis XVI and Marie-Antoinette were guillotined there), then renamed Place de la Concorde.

LE PRIX NOBEL—Prize awarded annually for outstanding work in the following fields: chemistry, economics, literature, physics, physiology, and world peace. Named after Alfred Nobel (1833–1896), whose estate provides the funds for the awards. Recipients in the field of literature include Saul Bellow, Pearl Buck, Ernest Hemingway, and John Steinbeck (United States); Albert Camus, André Gide, and Jean-Paul Sartre (refused the award) (France).

LA PROVENCE—Formerly a province of France. Colonized by the Romans in the first century B. C.; annexed to France in 1481.

LE QUEBEC—Province of Canada settled by the French; official languages today are French and English. Some Canadians want Quebec to secede from Canada; others want to maintain the status quo.

RACINE, JEAN (1639–1699)—French playwright of the classical period whose most successful tragedies include *Andromaque, Bérénice,* and *Phèdre.*

REMBRANDT (1606–1669)—Painter and etcher, the greatest master of the Dutch school. Known for the richness of his colors and the dramatic use of light and shadow. *La Ronde de nuit* and *La Leçon d'anatomie* are among his masterpieces.

RENOIR, AUGUSTE (1841–1919)—Impressionist painter, many of whose masterpieces portray the human face or scenes from contemporary life (*Le Moulin de la Galette, La Balançoire, La Grenouillère*). His paintings of women are particularly admired (*La Baigneuse, Baigneuse blonde*).

RENOIR, JEAN (1894–1979)—Son of Auguste Renoir, he was first an actor and then a filmmaker. During the French film renaissance of the 1930s he made several important films, including *Boudu sauvé des eaux* (1932), *Le Crime de Monsieur Lange* (1936), *La Grande Illusion* (1937), and *La Règle du jeu* (1939). He spent his last years in the United States.

REPUBLIQUE, PREMIERE—French political regime 1792–1804.

REPUBLIQUE, DEUXIEME—French political regime 1848–1852.

REPUBLIQUE, TROISIEME—French political regime 1870–1940.

REPUBLIQUE, QUATRIEME—French political regime 1944–1958.

REPUBLIQUE, CINQUIEME—French political regime 1958–present. As each **république** ends, so does its constitution. The French are now in their fifth **république** working under their thirteenth constitution since the revolution.

RICHELIEU (1585–1642)—Cardinal and powerful French statesman during the reign of Louis XIII. He effected many financial, legislative, and military reforms and augmented the power of the king. His lack of concern for the happiness of the average French citizen and his cold-blooded nature made him universally unpopular. Numerous assassination attempts were plotted against him; none were successful.

LA ROCHEFOUCAULD (1613–1680)—French writer and moralist whose reflections on human emotions and relationships were extremely pessimistic.

RODIN, AUGUSTE (1840–1917)—Classic master of realistic sculpture, often compared to Michelangelo. *Le Penseur, Le Baiser,* and *Les Bourgeois de Calais* are some of his most famous works.

LE ROI-CHEVALIER—the "Knight King." *See* **FRANCOIS I**^{ER}

LE ROI-SOLEIL—the "Sun King." *See* **LOUIS XIV**

LE SACRE-COEUR—Paris basilica situated in Montmartre. Built after the war against Prussia in 1870 in the Roman-Byzantine style.

SAINT LOUIS (1214–1270)—Louis IX, king of France from 1226 to 1270, canonized by the Catholic church under the name St. Louis. He led several crusades to the Holy Land to free Palestine from Egypt and had the Sainte-Chapelle and the Sorbonne built in Paris. He was known for his integrity and devotion to the Catholic faith.

SAINT-SAENS, CAMILLE (1835–1921)—French composer whose works include *Samson et Dalila* and *La Danse macabre.*

SAINT-TROPEZ—Resort on the French Riviera frequented by the international "jet set."

SARTRE, JEAN-PAUL (1905–1980)—French writer and philosopher, father of existentialism. Attended the prestigious *Ecole Normale.* Among his works are *La Nausée* (1938) and *L'Etre et le Néant* (1943). He refused the Nobel prize for literature in 1964.

LA SOCIETE NATIONALE DES CHEMINS DE FER FRANÇAIS (SNCF)—Nationalized French railroad system.

LA SORBONNE—Branch of the University of Paris founded in the thirteenth century and attended by theology students. Presently for students of the humanities.

STRASBOURG—Capital of Alsace. Industrial port city on the Rhine, located 447 kilometers east of Paris. Now a French city, it was taken over by the Germans in 1870 during the Prussian War. After being liberated in 1918, it was reoccupied by Germany from 1940 to 1944 during World War II. Seat of the European parliament.

LA SUISSE—European nation bordering France, West Germany, Austria, and Italy. Spoken languages include French, German, Italian, and Romansh (derived from Latin). Not a member of the European Common Market.

LA TOUR EIFFEL—Built by 300 workers in two years, two months, and two days for the *Exposition universelle* of Paris in 1889. Until recent years, it was the main tourist attraction in France.

LE TOUR DE FRANCE—The most arduous and most famous bicycle race in the world. Started by Henri Desgranges in 1903, it is held every July, lasts 20 days, and covers 5000 kilometers.

TRUFFAUT, FRANÇOIS (1932–1984)—French New Wave filmmaker whose most famous films include *Les Quatre Cents Coups* (1959), *Tirer sur le pianiste* (1960), and *Jules et Jim* (1961). He also acted in films, including *L'Enfant sauvage* and *Close Encounters of the Third Kind.*

LES TUILERIES—Royal residence in Paris until the seventeenth century, when Louis XIV moved the French court to Versailles. The palace was destroyed in 1882, but part of the gardens remain.

L'UNIVERSITE EN FRANCE—The oldest university in France is the University of Paris. It dates back to the thirteenth century, when students studied church law, liberal arts, medicine, or theology. Women were not admitted to French universities until the nineteenth century. In 1808, Napoleon centralized the university system and put it under the direct supervision of the French government. University courses start in late October or early November. The grading scale goes from 0 to 20, with 10 being the equivalent of a C in an American university.

VERSAILLES—Sumptuous palace of Louis XIV located just outside of Paris, considered a masterpiece of French architecture and art. The ensemble of buildings includes the royal residence, a museum with paintings and sculpture related to French history, an enormous park with formal gardens, and a few small **châteaux.** Two important treaties were signed at Versailles, the first one ending the American Revolutionary War and the second ending World War I.

LE VIET-NAM—Became a centralized empire, with French help, in 1802. During the nineteenth century, the French colonized parts of Vietnam. They refused to grant independence to certain regions of Vietnam after World War II. The French left Vietnam in 1954 after their defeat at Dien-Bien-Phu.

LA VILLETTE—This exciting and ambitious new complex in the eastern part of Paris includes a museum of science and industry, a planetarium, galleries for temporary exhibitions, a video library, a cinema for uninterrupted showing of scientific films, a concert hall with 6,400 seats, a music museum, parks and gardens, and much more. The famous geode, a sphere covered with polished steel whose diameter measures over 100 ft., houses the theatre/auditorium in the museum of science and industry. Has become the number-one tourist attraction in Paris.

DE VINCI, LEONARD (1452–1519)—Italian painter, sculptor, engineer, and architect who spent his last years at the French court under the patronage of François Ier. He gave one of his most famous paintings, *La Joconde* (the Mona Lisa), to the French; it now hangs in the Louvre.

VOLTAIRE (1694–1778)—French writer and philosopher who dominated and incarnated the Age of Enlightenment. A master of wit and irony, he is best known for his *contes philosophiques* (*Candide, Zadig,* etc.), which examined important concepts (social justice, tolerance, etc.) in a lively, humorous fashion.

WATERLOO—Belgian city, site of Napoleon's final defeat in 1815 at the hands of the British and Prussian armies. Napoleon was exiled for the second time to the British island of Saint Helena, a remote spot in the South Atlantic some 1200 miles from the African coast, where he died in 1821.

LE ZAIRE—Formerly the Belgian Congo; became an independent nation in 1960.

Lexique

This vocabulary contains French words and expressions used in this text, with contextual meanings. Exact cognates and other easily recognizable words are not included. The asterisk before certain words beginning with **h** indicates that the **h** is aspirate. The notation **Index** refers to the **Index Culturel.**

Abbreviations

adj. adjective
adv. adverb
conj. conjunction
f. feminine
fam. familiar
indef. pro. indefinite pronoun
inf. infinitive
inv. invariable
m. masculine
n. noun
pl. plural
p.p. past participle
pr.p. present participle
prep. preposition
pron. pronoun
rel. pro. relative pronoun

abandonner to abandon, to give up
abîmer to spoil; to damage
l'abonnement (*m.*) subscription
s'abonner to subscribe
abord (*m.*): **d'abord** first, to begin with
aborder to approach
aboutir à to result in
l'abri (*m.*) shelter
l'absence (*f.*) absence; lack
absolu(e) *adj.* absolute
absolument *adv.* absolutely
absorbant(e) *adj.* absorbing
absorbé(e) *adj.* absorbed
absorber to absorb
abstrait(e) *adj.* abstract
l'Académie française (*f.*) *see* **Index**
accéder to gain access
accélérer to accelerate, speed up
l'acceptation (*f.*) acceptance
accepter to accept
l'accessoire (*m.*) accessory; **les accessoires** props
l'accident (*m.*) **de voiture** car accident
l'accidenté(e) (*m., f.*) victim of an accident
accommodant(e) *adj.* accommodating

accommoder to accommodate
l'accompagnateur (**-trice**) support staff (coach, trainer, etc.)
l'accompagnement (*m.*) accompaniment
accompagner to accompany
accomplir to accomplish
l'accord (*m.*) agreement; **d'accord** agreed; in agreement
accorder to give, to grant
l'accueil (*m.*) welcome
accueillir to welcome
acheter to buy
achever to terminate; to complete; to achieve
acquérir to acquire
l'acte (*m.*) action
l'acteur (*m.*) actor
l'action (*f.*) **commerciale** stocks (and bonds)
l'activité (*f.*) activity
l'actrice (*f.*) actress
les actualités (*f. pl.*) current events
actuel(le) *adj.* present; of today
actuellement *adv.* at present
adapté(e) *adj.* suitable
l'addition (*f.*) check (*restaurant*)
adieu: faire des adieux à quelqu'un to take leave of someone
l'adjectif (*m.*) adjective
l'adjoint (*m.*) (**au maire**) deputy mayor
admettre to admit
administré(e) *adj.* administered
administrer to administrate
admirer to admire
adopté(e) *adj.* adopted
adorer to adore, love
l'adresse (*f.*) address
s'adresser à to inquire
adulte *adj.* adult; **l'adulte** (*m., f.*) adult (person)
l'adverbe (*m.*) adverb
aérien: la ligne aérienne airline
l'aérogramme (*m.*) air letter
aéronautique *adj.* aeronautical
l'aéroport (*m.*) airport

les affaires (*f. pl.*) business; affairs; **l'homme d'affaires** (*m.*) businessman
affectueusement *adv.* affectionately
l'affiche (*f.*) sign
affirmatif (-ive) *adj.* affirmative
l'affirmation (*f.*) statement
affreux (-euse) *adj.* horrible
afin de *prep.* in order to
afin que *conj.* so that
africain(e) *adj.* African
l'Afrique (*f.*) Africa
l'âge (*m.*) age; **le Moyen Age** Middle Ages
âgé(e) *adj.* old; **âgé de dix ans** 10 years old
l'agence (*f.*) agency; **l'agence de voyages** travel agency
l'agent (*m.*) **de police** city police officer; **l'agent(e) immobilier (-ère)** realtor
l'agglomération (*f.*) megalopolis; metropolitan area
agir to act; to work; **s'agir de** to be about; to be a question of
l'agneau (*m.*) lamb
agréable *adj.* pleasant
agréer to accept
les agressions (*f. pl.*) forms of aggression
l'aide (*f.*) help
aider to help; **s'aider** to help one another
l'aiguille (*f.*) needle; **l'aiguille à tricoter** knitting needle
l'aile (*f.*) wing
ailleurs: d'ailleurs besides, moreover
aimable *adj.* kind
aimer to love; to like
aîné(e) *adj.* elder; older
ainsi *adv.* in that way; **il en est ainsi** such is the case; **ainsi de suite** and so on; **ainsi que** as well as
l'air (*m.*) air; melody
l'aise (*f.*) ease; **être à l'aise** to be at ease, to be comfortable

ajouter to add
alarmant(e) *adj.* alarming
l'alcool (*m.*) alcohol
l'Algérie (*f.*) Algeria
algérien(ne) *adj.* Algerian;
  l'Algérien(ne) Algerian (person)
l'alignement (*m.*) alignment
l'aliment (*m.*) (item of) food
alimentaire *adj.* related to eating; **l'hygiène alimentaire**
  (*f.*) nutrition
l'allée (*f.*) path
l'allégresse (*f.*) joy, elation
l'Allemagne (*f.*) Germany
allemand(e) *adj.* German;
  l'Allemand(e) German (person)
aller to go
l'aller (*m.*) one-way ticket; **l'aller (et) retour** roundtrip ticket
alliance: **d'alliance** by marriage
allié(e) *adj.* allied; **l'allié(e)** ally
allô hello (*on the telephone*)
l'allocation (*f.*) subsidy
allumer to light; to start (*with appliances*)
alors *adv.* then; at that time;
  alors que *conj.* while, whereas
les **Alpes** (*f. pl.*) Alps
alphabétique *adj.* alphabetical
l'alphabétisation (*f.*) teaching of reading and writing to illiterates
l'alpinisme (*m.*) mountain climbing
l'alpiniste (*m., f.*) mountain climber
l'amande (*f.*) almond
l'amateur (*m.*) amateur; connoisseur; **l'amateur de cinéma**
  film buff, cinema enthusaist
l'ambassadeur (-drice) ambassador
l'ambiance (*f.*) environment, surroundings; tone
ambitieux (-euse) *adj.* ambitious
améliorer to improve
l'amende (*f.*) fine
l'amendement (*m.*) amendment
amener to take
américain(e) *adj.* American;
  l'Américain(e) American (person)
l'Amérique (*f.*) America
l'ami(e) (*m., f.*) friend; **le vrai ami** true friend; cognate
amical(e) *adj.* among friends
l'amitié (*f.*) friendship
Amitiés, Kind regards; Love,
l'amour (*m.*) love

amoureux (-euse) *adj.* in love;
  l'amoureux (-euse) sweetheart
l'amphithéâtre (*m.*) lecture hall
l'ampleur (*f.*) size
amusant(e) *adj.* amusing, funny
s'amuser to have a good time
l'an (*m.*) year; **tous les (cinq) ans** every (five) years
anarchiste *adj.* anarchist
l'ancêtre (*m., f.*) ancestor
ancien(ne) *adj.* ancient, old;
  former; **l'ancien combattant**
  (*m.*) veteran (of the armed forces)
andalou(se) *adj.* Andalusian
l'ange (*m.*) angel
anglais(e) *adj.* English;
  l'Anglais(e) English (person)
l'Angleterre (*f.*) England
anglophone *adj.* English-speaking; **l'anglophone** (*m., f.*) native English speaker; person who usually communicates in English
les **animaux** (*m. pl.*) animals
animé(e) *adj.* animated; **le dessin animé** cartoon
l'animosité (*f.*) animosity
l'année (*f.*) year; **les années (cinquante)** the (fifties)
l'anniversaire (*m.*) birthday; anniversary
l'annonce (*f.*) announcement; ad;
  les petites annonces want-ads
annoncer to announce
l'annuaire (*m.*) telephone directory
annuel(le) *adj.* annual
antibiotique *adj.* antibiotic;
  l'antibiotique (*m.*) antibiotic
les **antipathies** (*f. pl.*) dislikes
antiseptique *adj.* antiseptic;
  l'antiseptique (*m.*) antiseptic
l'antonyme (*m.*) opposite
l'août (*m.*) August
s'apercevoir de to become aware of
aperçu(e) *p.p. of* **apercevoir**
  perceived
apparaître to appear
l'appareil (*m.*) apparatus; camera;
  l'appareil ménager household appliance
apparemment *adv.* apparently
l'apparence (*f.*) appearance
l'appartement (*m.*) apartment;
  les appartements du roi
  king's living quarters
appartenir to belong
appartenu *p.p. of* **appartenir**
  belonged

appeler to call; **s'appeler** to be named
l'appétit (*m.*) appetite
apporter to bring
l'appréciation (*f.*) evaluation
apprécier to appreciate
apprendre to learn; **apprendre à** to teach
l'apprentissage (*m.*) apprenticeship
appris(e) *p.p. of* **apprendre**
  learned
s'approcher to approach
approprié(e) *adj.* appropriate
approximativement *adv.* approximately
appuyer to press
après *prep., adv.* after; afterward; **d'après** according to; after
l'après-midi (*m., f.*) afternoon
l'arachide (*f.*) peanut; **le beurre d'arachide** peanut butter
l'arbitre (*m.*) umpire, referee
arboricole *adj.* related to trees
l'arbuste (*m.*) bush
l'arc (*m.*) arch; **l'Arc de Triomphe** *see* Index
Arcachon sea resort 45 kilometers from Bordeaux
l'architecte (*m., f.*) architect
l'argent (*m.*) money; **l'argent de poche** pocket money
l'argot (*m.*) slang
argotique *adj.* slang
l'argumentateur (-trice) arguer
l'arme (*f.*) arm, weapon
armé(e) *adj.* armed
l'armée (*f.*) army
l'Armistice (*m.*) Armistice, signed Nov. 11, 1918
arranger to arrange
l'arrêt (*m.*) stop
arrêter to arrest; **s'arrêter** to stop
arrière: en arrière *adv.* behind
l'arrière-pays (*m.*) wilderness
  (*for camping, hiking, etc.*)
l'arrivée (*f.*) arrival
arriver to arrive; to happen; **arriver à**+*inf.* to manage to (do something)
arrondi(e) *adj.* rounded, round
l'arrosage (*m.*) watering
l'artifice (*f.*) artificial means; trick; **le feu d'artifice**
  fireworks display
l'artiste (*m., f.*) artist
artistique *adj.* artistic
l'Asie (*f.*) Asia
l'asile (*m.*) asylum; refuge
l'asperge (*f.*) asparagus

l'aspirateur (*m.*) vacuum cleaner
l'assassinat (*m.*) assassination
assassiner to assassinate
l'Assemblée (*f.*) governing body during the French Revolution
s'asseoir to sit down
assez *adv.* enough; rather
l'assiette (*f.*) plate
assis(e) *adj.* seated, sitting
l'assistant(e) assistant; l'assistant(e) social(e) social worker
assister à to attend
l'assortiment (*m.*) assortment; matching
l'assurance (*f.*) insurance
assuré(e) *adj.* guaranteed
assurer to assure; to insure
l'atelier (*m.*) (work)shop; studio
athlétique *adj.* athletic
l'athlétisme (*m.*) track and field
atlantique *adj.* Atlantic
atomique *adj.* atomic; nuclear
attacher to attach; s'attacher à to be attached to
l'attaque (*f.*) attack
attaquer to attack
attendre to wait for; s'attendre à to expect
l'attentat (*m.*) attempt
attentif (-ive) *adj.* attentive
l'attention (*f.*) attention; careful!
attentivement *adv.* carefully
atterrir to land
attirer to attract, draw
attraper to catch
aucun(e) *adj. pro.* not any; none
augmenter to increase
aujourd'hui today
auprès de *prep.* close to
auquel *see* lequel
aussi *adv.* also; aussi... que as. . .as
aussitôt *adv.* immediately; aussitôt que as soon as
l'Australie (*f.*) Australia
australien(ne) *adj.* Australian
autant *adv.* as much; as many
l'auteur (*m.*) author
l'autobus (*m.*) bus
automatique *adj.* automatic
autoriser to authorize
l'autorité (*f.*) authority
l'autoroute (*f.*) highway
l'auto-stop (*m.*) hitchhiking
autour de *prep.* around
l'autre *pro.* (*m., f.*) the other (one)
autre *adj.* other; autre chose something else
autrefois *adv.* formerly, in the past

d'autres *pro.* (*m., f., pl.*) others; *adj.* other
l'Autriche (*f.*) Austria
autrui *indef. pro.* others; other people
avance: d'avance *adv.* ahead of time; ahead
avant *prep.* before; en avant *adv.* in front; ahead
l'avantage (*m.*) advantage
avantageux (-euse) *adj.* advantageous; economical
l'avare (*m.*) miser
avec *prep.* with
l'avenir (*m.*) future
l'aventure (*f.*) adventure
aventureux (-euse) *adj.* adventurous
aveugle *adj.* blind
aveuglément *adv.* blindly
l'aviateur (-trice) aviator
l'avion (*m.*) airplane
l'avis (*m.*) opinion; changer d'avis to change one's mind or opinion
l'avocat(e) lawyer
avoir to have; avoir l'air to seem; avoir besoin de to need; avoir de la chance to be lucky; avoir envie de to want; avoir faim to be hungry; avoir l'habitude de+*inf.* to be in the habit of (*doing something*); avoir lieu to take place; avoir l'occasion de to have the chance to; avoir peur to be afraid; avoir raison to be right; avoir soif to be thirsty; avoir tort to be wrong
ayant *pr.p.* of avoir having
azur (*m.*) azure; la Côte d'Azur the Riviera

le bac(calauréat) French secondary school diploma
le/la bachelier (-ère) person who has completed the French lycée
la baguette long loaf of French bread
le/la baigneur (-euse) bather
le bain bath; le maillot de bain swimsuit
baiser la main to kiss the hand
le baiser kiss
le bal ball, dance
se balader (*fam.*) to go for a stroll
le balcon balcony
la balle small ball (*not inflatable*)
le ballon (inflated) ball (football, soccer ball, etc.)

balnéaire *adj.* pertaining to baths; la station balnéaire seaside resort
le banc bench
bancaire *adj.* pertaining to banking
la bande tape recording; la bande dessinée animated cartoon; la bande sonore soundtrack
la banlieue suburbs
la banque bank
barbare *adj.* barbaric
la barre bar, rod
la barrière barrier
bas(se) *adj.* low; le bas lower part, bottom; en bas (down) below
la base basis; à base de made of
la basilique basilica
le basket basketball
le bassin basin
la Bastille *see* Index
la bataille battle
le/la bâtard(e) bastard
le bateau boat; le bateau à voiles sailboat
le bâtiment building
bâtir to build
la batte (baseball) bat
le batteur (baseball) batter
battre to beat
le bavardage chatting
beau (bel, belle) *adj.* beautiful, handsome; les beaux-arts fine arts
Beaubourg *see* Index
beaucoup *adv.* a lot, much, many
la beauté beauty; le grain de beauté beauty mark
les beaux-arts (*m. pl.*) fine arts
la béchamel white cream sauce invented by Béchamel
belge *adj.* Belgian
la Belgique Belgium
belle *adj.* beautiful; la Belle Beauty (*as in "Beauty and the Beast"*)
bénéficier de to benefit from
la béquille crutch
le béret beret
le besoin need; avoir besoin de to need
la bête animal; fool; bête *adj.* stupid
la bêtise foolish thing
le beurre butter; le beurre d'arachide peanut butter
la bibliothèque library
le bien good; good thing; possession; dire du bien de to speak well of; bien *adv.* well;

really; **bien des** a lot of; **bien que** *conj.* even though; **bien sûr** of course; **ou bien** or else

le **bien-être** well-being

bienfaisant *adj.* good for one's health

bientôt *adv.* soon

la **bienvenue** welcome; **souhaiter la bienvenue** to welcome

la **bière** beer

le **bijou** jewel

bilingue *adj.* bilingual

le **billet** ticket; **le billet d'aller et retour** round-trip ticket; **le billet de banque** bank note; paper currency; **le billet de remonte-pente** ski-lift ticket

biologique *adj.* biological

la **bise** kiss

le **bisou** kiss

le **blanc** blank

blanc(he) *adj.* white

blessé(e) *adj.* wounded

blesser to hurt

la **blessure** injury

bleu(e) *adj.* blue; **le cordon bleu** first-rate cook; **sacré bleu!** holy cow!

blindé(e) *adj.* armored

Blois castle in the Valley of the Loire

le **bœuf** beef; **le bœuf à la mode** stewed beef

boire to drink

le **bois** wood; forest

boisé(e) *adj.* wooded

la **boisson** drink

la **boîte de nuit** nightclub

bon(ne) *adj.* good; correct; **le bon** voucher; **bon marché** *adj.* inexpensive; **Bonne Année!** Happy New Year! **bonne femme** *adj.* plain, country-style (cooking); **Bonne fête!** Happy name day! Happy holiday!

le **bonheur** happiness

bonjour hello

bonsoir good evening

le **bord** edge

border to border

la **bosse** hump

le **boubou** long tunic

le **boucher** butcher

le **bouchon** cork

la **bouillabaisse** Mediterranean fish soup

bouilli(e) *adj.* boiled

le/la **boulanger (-ère)** baker

la **boulangerie** bakery

la **boule** ball; bowl; **jouer aux boules** to play an outdoor bowling game

bouleverser to revolutionize

la **boum** party; get-together; boom!

bourgeois(e) *adj.* middle-class; **le/la bourgeois(e)** middle-class person

la **Bourgogne** Burgundy

bourguignon(ne) *adj.* from Burgundy; **le boeuf bourguignon** beef stew

le **bourreau** executioner

la **bourse** scholarship

le **bout** end; **au bout de** at the end of; **à bout de souffle** out of breath

la **bouteille** bottle

la **boutique** shop

la **boxe** boxing

la **branche** branch

le **bras** arm

bref (-ève) *adj.* brief

la **Bretagne** Britanny

le **brie** soft cheese made in the Paris region

brièvement *adv.* briefly

brillant(e) *adj.* brilliant

la **brousse** wilds

la **bru** daughter-in-law

le **bruit** noise

brûler to burn

brun(e) *adj.* brown (*hair, etc.*)

Bruxelles Brussels

bruyamment *adv.* noisily

bruyant(e) *adj.* noisy

bu(e) *p.p. of* **boire** drunk

le **buffle** buffalo

le **bureau** desk; office; **le bureau de change** foreign currency exchange; **le bureau des objets trouvés** lost and found; **le bureau de renseignements** information counter

le **but** goal, purpose

byzantin(e) *adj.* byzantine

ça *see* **cela**

la **cabine (téléphonique)** (phone) booth

la **cacahuète** peanut

cacher to hide; **se cacher** to hide (oneself)

le **cachet** seal, stamp; **la lettre de cachet** order with the king's private seal

le **cadeau** gift

le **cadre** setting; surroundings; middle management executive

le **café** coffee; café; **la pause-café** coffee break

le **cahier: le cahier de prix** price list

la **caisse** cash register; case

le/la **caissier (-ère)** cashier

le **calendrier** calendar

le **calmant** sedative

calme *adj.* calm

calmer to calm

la **calomnie** calumny, slander

le/la **camarade** friend; **le/la camarade de chambre** roommate; **le/la camarade de classe** classmate

le **cambriolage** burglary

cambriolé(e) *adj.* burgled

le **camembert** soft cheese from Normandy

le **camion** truck

la **campagne** country; countryside

canadien(ne) *adj.* Canadian; **le/la Canadien(ne)** Canadian (person)

le **canard** duck

cancéreux (-euse) *adj.* cancerous

le **cancre** dunce

le/la **candidat(e)** candidate

la **candidature** candidacy; **poser sa candidature** to apply

le/la **caniche** French poodle

la **canne à pêche** fishing rod

la **cantine** high school cafeteria

la **capitale** capital

le **capitalisme** capitalism

captivant(e) *adj.* captivating

car *conj.* for, because

le **car** bus between cities or towns

le **caractère** personality

se caractériser to be characterized

caraïbe *adj.* Caribbean

la **caravane** small recreational vehicle

cardiaque *adj.* cardiac

le **carnet** booklet

carré(e) *adj.* square

le **carreau** small square; **l'étoffe à carreaux** checked, plaid material

le **carrefour** intersection

la **carrière** career

la **carte** map; card; menu; **la carte de remonte-pente** ski-lift ticket; **le jeu de cartes** card game

le **cas** case; **au cas où** in case; **selon le cas** as the case may be

la **case** square

le **casque** helmet

la **catégorie** category

catégoriser to categorize

la **cathédrale** cathedral
le **catholicisme** catholicism
catholique *adj.* Catholic
causer to cause; to chat
la **causerie** chat, talk
le/la **cavalier (-ère)** horseman, horsewoman
la **cave** (wine) cellar
ce *pro.* this; that; it; he; she; **ce qui, ce que** *rel. pro.* what; which
ce (cet, cette) *adj.* this; that
ceci *pro.* this
la **ceinture** belt; **la ceinture de sécurité** seat belt
cela *pro.* that
célèbre *adj.* famous
célébré(e) *adj.* celebrated
célébrer to celebrate
la **célébrité** celebrity
célibataire *adj.* unmarried
celle *pro.* (*f.*) the one
celui *pro.* (*m.*) the one
Cendrillon Cinderella
le **centime** one 100th of a franc
la **centrale nucléaire** nuclear power plant
le **centre** center
le **centre-ville** center of a city
cependant *conj.* however
le **cercle** circle
la **céréale** cereal
cérébral(e) *adj.* cerebral, intellectual
la **cérémonie** ceremony
certainement *adv.* certainly
la **certitude** certainty
les **cervelles** (*f.*) brains (*in cooking*)
ces *adj.* these; those
c'est-à-dire *conj.* that is to say; in other words
ceux *pro.* (*m. pl.*) these; those
chacun(e) *pro.* each (one)
la **chaîne** chain; television channel
la **chaise** chair
chaleureux (-euse) *adj.* warm
le **chambellan** chamberlain
Chambord castle in the valley of the Loire
la **chambre** bedroom; room; chamber; **le/la camarade de chambre** roommate
le **chameau** camel
Chamonix *see* **Index**
le **champ** (playing) field
le **champignon** mushroom
le/la **champion(ne)** champion
la **chance** luck; opportunity
le **change** foreign currency exchange
le **changement** change

changer to change; **changer d'avis** to change one's mind or opinion
la **chanson** song
chanter to sing
le/la **chanteur (-euse)** singer
la **chapelle** chapel
le **chapitre** chapter
chaque *adj.* each, every
la **charcuterie** delicatessen; products of a delicatessen
chargé(e) *adj.* in charge
charmant(e) *adj.* charming
charmer to charm
la **charpenterie** carpentry
la **Chartreuse** French liqueur
la **chasse** hunting; **la chasse au trésor** treasure hunt
chasser to chase
le/la **chat(te)** cat
châtain *adj.* chestnut-colored, brown
le **château** castle
chaud(e) *adj.* hot
le **chauffeur** driver
la **chaussure** shoe
chauvin(e) *adj.* chauvinistic
le **chauvinisme** chauvinism
le **chef** chef; leader; **le chef du département** head of the department; **le chef d'orchestre** (musical) conductor; **le chef de train** (train) conductor
le **chef-d'œuvre** masterpiece
le **chemin** path; way; **le chemin de fer** railroad
la **chemise** shirt
Chenonceaux castle in the valley of the Loire
le **chèque** check; **le chèque de voyage** traveler's check
cher (chère) *adj.* expensive; dear
chercher to look for; **chercher à+*inf.*** to try to (*do something*)
le/la **chercheur (-euse)** researcher
le **cheval** horse; **la deux-chevaux** two-cylinder Citroën car
les **cheveux** (*m. pl.*) hair; **le sèche-cheveux** hair dryer
le **chèvre** goat cheese
chez *prep.* at the place of; with; among; **Chez Maxim's** *see* **Index**
le/la **chien(ne)** dog
le **chiffre** figure, numeral
la **chimie** chemistry
le/la **chimiste** chemist
chinois(e) *adj.* Chinese
la **chirurgie** surgery
choisir to choose

le **choix** choice; **au choix** as you wish
le **chômage** unemployment
le/la **chômeur (-euse)** unemployed worker
choquant(e) *adj.* shocking
la **chose** thing; **grand-chose** (*inv.*) much
la **choucroute** sauerkraut (*specialty of Alsace-Lorraine*)
chouette *adj.* (*fam.*) great
la **chronique** chronicle
chronométrer to time
ci-dessous *adv.* (mentioned) below
ci-dessus *adv.* above (-mentioned)
le **ciel** sky; heaven; **le gratte-ciel** skyscraper
le **cimetière** cemetery
le **ciné-club** film society, club
le **cinéma** cinema; movies
la **Cinémathèque** *see* **Index**
le **cinématographe** first movie camera (*invented by Lumière*)
cinématographique *adj.* film
circonflexe *adj.* circumflex (*accent*)
la **circonstance** circumstance
le **circuit** track
la **circulation** traffic
le **citadin** city dweller
la **citation** quotation
la **cité** oldest part of a city; **la cité universitaire** group of dorms
citer to quote; to cite
le/la **citoyen(ne)** citizen
le **civil** civilian
civilisé(e) *adj.* civilized
clair(e) *adj.* light; clear, bright
la **clarté** light; clearness
la **classe** class
classé(e) *adj.* classified
classique *adj.* classic; classical
le **clavier** keyboard; **l'instrument à clavier** (*m.*) keyboard instrument
la **clef** key
le/la **client(e)** customer; client
le **climat** climate
le **cloître** cloister
le **cochon** pig
le **code** code; **le code de la route** rules of the road, highway code
le **cœur** heart
le/la **coiffeur (-euse)** hairdresser
le **coin** corner
la **colère** anger
le/la **collecteur (-trice)** collector
collectif (-ive) *adj.* team; group

collectionner to collect
le collège secondary school; college
le/la collègue colleague
la colline hill
la colonie colony
la colonne column
le combattant combatant;
l'ancien combattant (*m.*)
veteran (of the armed forces)
combien *adv.* how many; how much
combiner to combine
la comédie comedy; **la Comédie-Française** *see* **Index**
le/la comédien(ne) comic actor, actress; comedian
comique *adj.* comic; comical
le comité committee
commander to order
comme *adv.* like; as
commémoratif (-ive) *adj.* commemorative
commencer to begin
comment *adv.* how; **comment?** what (did you say?)
le commentaire comment; commentary
commenter to make a comment about
commerçant(e) *adj.* commercial; business
le commerce business
commercial(e) *adj.* business
commode *adj.* convenient; suitable; comfortable
commun(e) *adj.* common; **en commun** in common
la communauté community
communiquer to communicate
la compagnie companionship; company
la comparaison comparison
le comparatif comparative (*of adjectives, adverbs, nouns*)
comparer to compare
compétent(e) *adj.* competent, capable
complémentaire *adj.* complementary
complet (-ète) *adj.* complete; full (up)
complètement *adv.* completely
le complice accomplice
composé(e) *adj.* compound
composer to compose
le/la compositeur (-trice) composer
composter to validate
compréhensif (-ive) *adj.* understanding
comprendre to understand
compris(e) *adj.* included; **y compris** including

la comptabilité bookkeeping, accounting
compter to count; to expect
le compte-rendu report
le/la comte(sse) count(ess)
concerner to concern; to deal with; **en ce qui concerne** concerning
concevoir to conceive
la concorde harmony; **la Place de la Concorde** *see* **Index**
le Concorde French-English supersonic transport
le concours competition
concret (-ète) *adj.* concrete, solid
la concurrence competition; **faire concurrence à quelqu'un** to compete with someone
le/la concurrent(e) competitor
condamné(e) *adj.* condemned
condamner to condemn; **condamner à mort** to condemn to death
le/la conducteur (-trice) driver; chauffeur
conduire to drive; **le permis de conduire** driver's license
la conférence lecture
la confiance confidence
confirmer to confirm
la confiture jelly
le conflit conflict
le confort comfort
le confrère colleague
confus(e) *adj.* confused
le congé time off; **un jour de congé** a day off
le conjoint spouse
conjugal(e) *adj.* conjugal, related to marriage
conjuguer to conjugate
la connaissance knowledge; acquaintance; **faire connaissance** to become acquainted with
connaître to be acquainted with; to know; to meet for the first time
connu(e) *p.p. of* **connaître** known; met
le conquérant conqueror
conquérir to conquer
la conquête conquest
conquis(e) *p.p. of* **conquérir** conquered
consacrer to consecrate; to dedicate
consanguinité: de consanguinité of blood
le conseil advice; council
conseiller to advise

le/la conseiller (-ère) counselor
consentir to offer
conservateur (-trice) *adj.* conservative
la conserve canned food
conserver to keep
considérer to consider
la consigne baggage room; **la consigne automatique** baggage lockers
la consistance consistency
consister (en, à) to consist (of)
le/la consommateur (-trice) consumer
la consommation consumption
consommer to consume
la consonne consonant
la constatation statement
constater to see, verify
constituer to constitute, be
constructif (-ive) *adj.* constructive
construire to build, construct
construit(e) *adj.* constructed
consulter to consult
le conte tale
contemporain(e) *adj.* contemporary
contenir to contain
content(e) *adj.* happy
le contenu contents; subject matter
la contestation claim
le contexte context
continuer to continue
le contradicteur opponent
le contraire opposite; **au contraire** on the contrary
le contraste contrast
contraster to contrast
la contravention (traffic) ticket
contre *prep.* against; **par contre** on the other hand
la contrebasse bass fiddle
contribuer to contribute
le contrôle inspection; supervision
contrôler to verify; to supervise; to control
le/la contrôleur (-euse) inspector
controversé(e) *adj.* controversial
la conurbation megalopolis
convaincant(e) *adj.* convincing
convaincre to convince
convaincu(e) *adj.* convinced
convenable *adj.* appropriate
convenir to fit
conventionné(e) *adj.* socialized
converser to converse
convier to invite
convoquer to summon
le copain friend, pal

la copine friend, pal
le coq rooster; **le coq au vin** chicken in a wine sauce
la coquille shell; **les coquilles Saint-Jacques** scallops served in a shell
la corde rope; cord; line; **l'instrument cordes** (*m.*) string instrument
le cordon rope; cord; **le cordon bleu** blue ribbon; first-rate cook
le cornet bag
le corps body; **le Corps de la Paix** Peace Corps
la correspondance correspondence; connection (between trains); **la ligne de correspondance** connecting line; **faire la correspondance entre** to match
correspondre to correspond; **faire correspondre** to match
corriger to correct
la Corse Corsica
le cortège procession
cosmétique *adj.* cosmetic
le costume suit; costume
la côte coast; rib; **la Côte d'Azur** Riviera; **la Côte d'Ivoire** Ivory Coast
le côté side; **à côté de** *prep.* next to; **de côté** *adv.* aside
la côtelette cutlet, chop
la couchette berth (*on ship, train*)
coudre to sew; **la machine à coudre** sewing machine
la couleur color
les coulisses (*f. pl.*) wings (*theater*)
le coup knock, blow; **le coup d'œil** look, glance
la coupe cup
couper to cut
la cour court
courageux (-euse) *adj.* courageous
couramment *adv.* fluently
courant(e) *adj.* current; **se tenir au courant** to keep well-informed
courbé(e) *adj.* curved
le/la coureur (-euse) runner
courir to run
la couronne crown
le couronnement coronation
couronner to crown
le courrier mail
le cours course; **au cours de** *prep.* during the course of
la course race; errand; **faire les courses** to go out shopping; to run errands

court(e) *adj.* short
le couscous popular North African main dish
le/la cousin(e) cousin; **le/la cousin(e) germain(e)** first cousin
le coût cost
le couteau knife
coûter to cost
la coutume custom
la couture dressmaking
le couturier fashion designer
le couvert place setting
couvert(e) *adj.* covered
couvrir to cover
le/la créateur (-trice) creator; **créateur (-trice)** *adj.* creative
la créativité creativity
créer to create
la crème cream
la crêpe pancake; crepe
la crête crest
la crevette shrimp
criard(e) *adj.* loud, gaudy (*of color*)
crier to shout
le/la criminel(le) criminal
la crise crisis
le critère criterion
critique *adj.* critical; **la critique** criticism; **le critique** critic
critiquer to criticize
croire to believe
la croisade crusade
la croisière cruise; **le missile de croisière** cruise missile
croissant(e) *adj.* growing
la croix cross
la croûte crust; **le pâté en croûte** pâté in a pastry shell
la croyance belief
cru(e) *p.p.* of **croire** believed
cru(e) *adj.* uncooked, raw
les crudités (*f. pl.*) raw vegetables
les crustacés (*m. pl.*) shellfish
cubiste *adj.* cubist
cueillir to gather; to cut; to pick
la cuiller, cuillère spoon
la cuisine kitchen; cooking; food
le/la cuisinier (-ère) chef
la cuisse thigh; **les cuisses de grenouille** froglegs
cuit(e) *adj.* cooked; **bien cuit(e)** well-done (*of food*)
culinaire *adj.* culinary
cultivé(e) *adj.* cultured; cultivated
cultiver to cultivate
culturel(le) *adj.* cultural
cyclable *adj.* bike
le cyclisme cycling

cycliste *adj.* pertaining to cycling
la cymbale cymbal

la dame lady; **les dames** (*f. pl.*) checkers
dangereux (-euse) *adj.* dangerous
dans *prep.* in
la danse dance
danser to dance
le/la danseur (-euse) dancer
le dauphin Dauphin (*eldest son of French king*)
le débarquement landing
débarquer to land
le débat debate
débattre to debate
débiter to debit, charge
debout *adv.* standing
les débris (*m. pl.*) messes
se débrouiller to get along, manage
le début beginning
la déception disappointment
décevant(e) *adj.* disappointing
déchaussé(e) *adj.* without shoes
la déchéance downfall
déchiffrer to decipher; to interpret
décider to decide
décisif (-ive) *adj.* decisive
se déclarer to declare oneself
déconseillé(e) *adj.* not advised
le décor decoration; setting; decor
décorer to decorate
découvert(e) *adj.* discovered; **la découverte** discovery
découvrir to discover
décrire to describe
déçu(e) *adj.* disappointed
dédier to dedicate
la défaite defeat
le défaut fault
défendre to defend; to forbid
défendu(e) *adj.* forbidden
le défenseur defender
le défi challenge
définir to define
déguiser to disguise
dehors *adv.* outside
déjà *adv.* already; before; **déjà vu** already seen
déjeuner to have lunch
le déjeuner lunch; **le petit déjeuner** breakfast
delà: l'au-delà the beyond, the next life
le délai time allowed; **à court délai** at short notice
délicat(e) *adj.* delicate
le délice delight

délicieux (-euse) *adj.* delicious
délivrer to rescue
demain *adv.* tomorrow
la **demande** demand; request
demander to ask (for)
se **démanteler** to fall apart; to become disabled
le **déménagement** moving
déménager to move
la **demeure** (place of) residence
demi(e) *adj.* half
démissionner to resign
la **demoiselle** young lady
démontré(e) *adj.* demonstrated, shown
démoralisant(e) *adj.* demoralizing
dénoncer to denounce
le **dénouement** ending
dentelé(e) *adj.* rugged
le **départ** departure
le **département** department; subdivision of France administered by a prefect
départemental(e) *adj.* departmental; **la route départementale** secondary road
dépasser to go beyond; to exceed
dépaysé(e) *adj.* out of one's element
dépeindre to depict, describe
dépendre de to depend on
dépenser to spend (money)
le **déplacement** journey
se **déplacer** to move; to travel
déplaire to displease
déposer to deposit
le **dépôt** (act of) depositing
déprimé(e) *adj.* depressed
depuis *prep.* since; **depuis deux ans** for two years; **depuis que** *conj.* since
déranger to disturb
dériver to derive
dernier (-ère) *adj.* last
dernièrement *adv.* lately; not long ago
se **dérouler** to take place
le **désaccord** disagreement
désastreux (-euse) *adj.* disastrous
le **désavantage** disadvantage
descendre to go down; to get off
la **descente** descent
déséquilibré(e) *adj.* unbalanced
désert(e) *adj.* deserted, uninhabited; **l'île déserte** (*f.*) desert island
désigné(e) *adj.* specified

désigner to indicate
le **désir** desire
désirer to desire
désolé(e) *adj.* sorry
désormais *adv.* from now on
desservir to serve, to go to (*of trains, planes, etc.*)
le **dessin** drawing; **le dessin animé** cartoon
le/la **dessinateur (-trice)** cartoonist; graphic artist
dessiner to draw
dessous *adv.* under(neath), below
dessus *adv.* (mentioned) above
le **destin** destiny; fate
le **destinataire** addressee
la **destinée** destiny
le **détail** detail
se **détendre** to relax
détendu(e) *adj.* relaxed
déterminer to determine
détester to dislike; to detest
détruire to destroy
détruit(e) *adj.* destroyed
la **dette** debt
se **dévaluer** to become devaluated
devant *prep.* in front of
développé(e) *adj.* developed
le **développement** development
devenir to become
devenu(e) *p.p. of* **devenir** become
deviner to guess
devoir to have to, must
le **devoir** duty; assignment; **les devoirs** homework
le **dévouement** devotion
le **diable** devil
le **dictateur** dictator
la **dictée** dictation
dicter to dictate
le **dictionnaire** dictionary
diététique *adj.* dietetic; **la cuisine diététique** nutritious, healthful cooking
Dieu (*m.*) God
différer to differ
difficile *adj.* difficult
la **difficulté** difficulty
digérer to digest
le **digestif** after-dinner drink (liqueur, brandy, etc.); aid to digestion
digne *adj.* worthy
diminuer to reduce
la **dinde** turkey
dîner to have dinner
le **dîner** dinner
le **diplôme** diploma
dire to say; to tell; **vouloir dire** to mean

directement *adv.* directly
la **direction** direction; **prendre la direction (Neuilly)** to take the train for (Neuilly); **les directions** directions, instructions
diriger to direct
la **discorde** discord
le **discours** speech
discuter (de) to discuss
disparaître to disappear
la **disponibilité** availability
disponible *adj.* available
disposer to take advantage of
la **disposition** disposition; **à votre disposition** at your disposal
la **dispute** dispute, quarrel
disputé(e) *adj.* fought over
se **disputer** to argue
le **disque** record (*musical*)
la **dissertation** dissertation; essay
distinctif (-ive) *adj.* distinctive
se **distraire** to amuse oneself
distrayant(e) *adj.* diverting, entertaining
la **distribution** cast (theatre)
dit(e) *p.p. of* **dire** said
divers(e) *adj.* diverse; miscellaneous
divertissant(e) *adj.* amusing, fun
le **divertissement** entertainment; distraction
divin(e) *adj.* divine, holy
divisé(e) *adj.* divided
divorcé(e) *adj.* divorced
divorcer (d'avec) to divorce
la **dizaine** (about) ten
le **docteur** doctor
le **doctorat** doctorate, Ph.D.
le **documentaire** documentary
le **doigt** finger; **montrer du doigt** to point to
le **domaine** domain; estate; sphere
domestique *adj.* domestic
dominer to dominate
dommage: c'est dommage! too bad!
donc *conj.* therefore
donné(e) *adj.* given
donner to give; **donner rendez-vous** to make a date; to set an appointment; **donner sur** to look out on; **étant donné** given
dont *rel. pro.* whose; about whom; of which; **un auteur dont j'ai lu beaucoup d'œuvres** an author, many of whose works I've read; **la façon dont vous passez votre temps** the way in

which you spend your time; **trois chefs spécialisés dont un pour les sauces** three specialty chefs, including one for sauces

dormir to sleep

le dortoir dormitory

le dos back

le dossier file

la dot dowry

le doublage dubbing

double *adj.* double; for two

doublé(e) *adj.* dubbed

doubler to pass (*vehicles*)

la douceur gentleness, tenderness; sweetness

la douche shower

doué(e) *adj.* gifted

le doute doubt

se douter to suspect

douteux (-euse) *adj.* doubtful

doux (douce) *adj.* sweet; gentle, tender

le dramaturge playwright

le drapeau flag

dresser to erect, set up; **dresser les oreilles** to prick up one's ears

la drogue drug

le droit right; law; **le droit de vote** right to vote (*obtained by French women just after World War II*)

droit(e) *adj.* straight; **tout droit** straight ahead

la droite right(hand) side; **à, de droite** on the right

drôle *adj.* funny; **un(e) drôle de...** a funny. . .

le dromadaire dromedary

le/la duc(hesse) duke, duchess

dur *adv.* hard

dur(e) *adj.* hard; hard-boiled

durable *adj.* lasting

durant *prep.* during

la durée duration

durer to last

l'eau (*f.*) water

l'échange (*m.*) exchange

l'échéance (*f.*) falling due

l'échelle (*f.*) scale, range

éclater to break out

l'école (*f.*) school; **les Grandes Ecoles** *see* Index; **l'Ecole Normale Supérieure** *see* Index

l'économie (*f.*) economy; economics; **faire des économies** to save money

économique *adj.* financial

l'Ecosse (*f.*) Scotland

écouter to listen to

l'écran (*m.*) screen

s'écrier to cry out

écrire to write

l'écrit (*m.*) written examination

écrit(e) *p.p. of* **écrire** written

l'écriture (*f.*) writing

l'écrivain (*m.*) author; writer

Edimbourg Edinburgh

l'édit (*m.*) edict; **l'Edit de Nantes** *see* Index

l'éditeur (-trice) editor

l'édition (*f.*) issue; edition

l'éducateur (-trice) educator

effectuer to establish; to carry out

l'effet (*m.*) effect, result; **en effet** in fact, as a matter of fact

efficace *adj.* effective

s'effondrer to collapse

égal(e) *adj.* equal; even

également *adv.* also, likewise

égaler to be equal to

l'égalité (*f.*) equality

l'égard (*m.*) consideration, respect; **à l'égard de** with respect to

l'église (*f.*) church

égoïste *adj.* selfish

l'élagage (*m.*) pruning

élancé(e) *adj.* slender

élargir to widen, broaden

l'électricité (*f.*) electricity

élémentaire *adj.* elementary

l'élève (*m., f.*) elementary or secondary school student

élevé(e) *adj.* high

éliminer to eliminate

élire to elect

éloigné(e) *adj.* distant

élu(e) *adj.* elected

embrasser: Je t'embrasse, Much love,

l'émission (*f.*) television or radio program

émotif (-ive) *adj.* emotional

s'empêcher de to refrain from; to keep oneself from

l'empereur (*m.*) emperor

l'emplacement (*m.*) location

l'emploi (*m.*) employment, job; use; **l'emploi du temps** timetable, schedule

l'employé(e) employee

employer to use; to employ

l'employeur (-euse) employer

emporter to carry; to take along

emprisonner to imprison

l'emprunt (*m.*) borrowing

emprunter to borrow

en *pro.* some; some of it, of

them; **en ce qui concerne** concerning; **en dessous** under

enchanté(e) *adj.* charmed, enchanted, delighted

encore *adv.* still

encourager to encourage

l'encyclopédie (*f.*) encyclopedia

s'endormir to fall asleep

l'endroit (*m.*) place

l'énergie (*f.*) energy

énergique *adj.* energetic

s'énerver to become irritable

l'enfance (*f.*) childhood

l'enfant (*m., f.*) child

enfin *adv.* at last

s'enfuir to run away

engager to hire; **s'engager** to volunteer, sign up

l'ennemi(e) (*m., f.*) enemy

l'ennui (*m.*) concern, worry

s'ennuyer to become bored

ennuyeux (-euse) *adj.* boring

énoncer to state, articulate

énorme *adj.* enormous

énormément enormously

l'enquête (*f.*) inquiry, inquest

enregistrer to record

enseigné(e) *adj.* taught

l'enseignement (*m.*) teaching

enseigner to teach

l'ensemble (*m.*) entirety; **l'ensemble des lettres, journaux, etc.** assortment of letters, newspapers, etc.; **l'ensemble d'un tableau** general effect of a painting; **l'ensemble de dix tickets** a book of ten tickets; **dans l'ensemble** on the whole

ensemble *adv.* together

ensoleillé(e) *adj.* sunny

ensuite *adv.* afterwards; then

entendre to hear; **s'entendre** to get along; **entendre dire que** to hear that; **entendre parler de** to hear about

enthousiaste *adj.* enthusiastic

entier (-ère) *adj.* whole

l'entourage (*m.*) set, circle of friends

entouré(e) *adj.* surrounded

s'entraîner to practice

l'entraîneur (*m.*) trainer, coach

entre *prep.* between

entré(e) *adj.* entered

l'entrecôte (*f.*) rib steak

l'entrée (*f.*) course between hors d'oeuvre and meat dish

entreprendre to undertake

l'entreprise (*f.*) firm

entrer to enter

entretenir to maintain; **s'entretenir** to converse
l'entretien (*m.*) maintenance
l'entrevue (*f.*) interview
envahir to invade
l'enveloppe (*f.*) envelope
envers *prep.* toward
l'envie (*f.*) desire; **avoir envie de** to feel like; to want (to)
environ *adv.* nearly, about
l'environnement (*m.*) environment; surroundings
les environs (*m. pl.*) vicinity
envisager to consider; to contemplate
l'envoi (*m.*) sending
l'envoyé(e) (*m., f.*) representative
envoyer to send
épargne: la caisse d'épargne savings bank
l'épée (*f.*) sword
épeler to spell
l'époque (*f.*) era
épouser to marry
l'époux (-se) spouse
l'épreuve (*f.*) test; meet, event
éprouver to feel
épuisé(e) *adj.* exhausted
équilibré(e) *adj.* balanced
l'équipe (*f.*) team
érigé(e) *adj.* erected
l'erreur (*f.*) error
l'escale (*f.*) stopover
l'escalier (*m.*) stairway; stairs
l'escalope (*f.*) cutlet
l'escargot (*m.*) snail
l'escorte (*f.*) escort
l'escrime (*f.*) fencing
l'espace (*m.*) space
l'Espagne (*f.*) Spain
espagnol(e) *adj.* Spanish
l'espèce (*f.*) sort, kind
les espèces (*f. pl.*) cash; **en espèces** in cash
espérer to hope
l'espoir (*m.*) hope
l'esprit (*m.*) mind; intellect; **l'esprit critique** critical ability
esquisser to sketch; to outline
l'essai (*m.*) try, attempt
essayer to try; to try on (*clothes*)
ESSEC *see* **Index**
l'essence (*f.*) gasoline
essentiel(le) *adj.* essential
estimer to consider; to be of the opinion that
l'estomac (*m.*) stomach
l'estragon (*m.*) tarragon
établir to establish; **s'établir** to settle

l'établissement (*m.*) establishment
l'étage (*m.*) floor (*of a building*)
étant; étant donné given
l'état (*m.*) state; **les Etats Généraux** (*pl.*) *see* **Index les Etats-Unis** (*pl.*) United States
été *p.p. of* **être** been
l'été (*m.*) summer
l'étoffe (*f.*) material, fabric
l'étoile (*f.*) star; **l'Etoile** plaza in Paris containing **l'Arc de Triomphe**
s'étonner to be astonished
étrange *adj.* strange
étranger (-ère) *adj.* foreign; **l'étranger (-ère)** foreigner; **à l'étranger** abroad
être to be; **être en concurrence avec** to be in competition with; **être en train de** to be in the process of; **être d'accord** to agree; **être reçu(e) à un examen** to pass an exam
étroit(e) *adj.* narrow
l'étude (*f.*) study; **les*hautes études** higher learning, studies
l'étudiant(e) student
étudier to study
eu *p.p. of* **avoir** had
européen(ne) *adj.* European
eux *pro.* them; **eux-mêmes** (*pl.*) themselves
l'évasion (*f.*) escape
l'événement (*m.*) event
éventuellement *adv.* possibly
évidemment *adv.* evidently
évoquer to evoke
exact(e) *adj.* exact; correct
exactement *adv.* exactly
exagéré(e) exaggerated
exagérer to exaggerate
l'examen (*m.*) exam
exceptionnel(le) *adj.* exceptional
exclusif (-ive) *adj.* exclusive
s'excuser to apologize
exemplaire *adj.* exemplary
l'exemple (*m.*) example
exercer to practice; to exert
l'exercice (*m.*) exercise
exigeant(e) *adj.* demanding
exiger to demand; to require
s'exiler to exile oneself
exister to exist; to be
l'expéditeur (-trice) sender
l'expérience (*f.*) experiment; experience
expérimenter to experiment
l'explication (*f.*) explanation

expliquer to explain
l'explorateur (-trice) explorer
explosif (-ive) *adj.* explosive
l'exposé (*m.*) report; **exposé(e)** *adj.* exposed; presented
l'exposition (*f.*) exhibition
expressionniste *adj.* expressionist, expressionistic
exprimer to express
l'extérieur (*m.*) exterior
extérieur(e) *adj.* outer; **la politique extérieure** foreign policy
l'extrait (*m.*) excerpt
extraordinaire *adj.* extraordinary
extrêmement *adv.* extremely

la fabrication manufacture; making
fabriquer to make
face: en face de *prep.* opposite
fâché(e) *adj.* angry
facile *adj.* easy
facilement *adv.* easily
la facilité facility
la façon manner, way; **la façon dont vous passez votre temps** way in which you spend your time
le facteur mail carrier
facultatif (-ive) *adj.* optional
la faculté faculty; **la Faculté de Droit** School of Law; **la Faculté des Lettres** College of Liberal Arts; **la Faculté de Médecine** Medical School; **la Faculté des Sciences** College of Sciences
fade *adj.* insipid; tasteless (*dish, etc.*)
la faim hunger; **avoir faim** to be hungry
faire to do; to make; **faire attention** to be careful; **faire de l'auto-stop** to hitchhike; **faire bâtir** to have built; **faire bon accueil à quelqu'un** to welcome someone; **faire une conférence** to give a lecture; **faire connaissance avec** to become acquainted with; **faire la correspondance entre** to match; **faire correspondre** to match; **faire les courses** (*f.*) to go out shopping; to run errands; **faire la cuisine** to cook (*in general*), do the cooking; **faire une demande** to ask for, request; to apply for; **faire de la lecture** to read,

do some reading; **faire partie de** to be part of; **faire preuve d'imagination, de logique** to be imaginative, logical; **faire la queue** to stand in line; **faire savoir** to make known; **faire un séjour** to stay, reside in a place (*for a while*); **faire du ski** to ski
fait(e) *p.p. of* **faire** made
le fait fact
falloir to be necessary
fallu(e) *p.p. of* **falloir** necessary
fameux (-euse) *adj.* famous
familial(e) *adj.* family
se familiariser to familiarize oneself
la famille family
la fantaisie fantasy
fantaisiste *adj.* based on fantasy
fantastique *adj.* fantastic
le fantôme ghost
la farce stuffing
farci(e) *adj.* stuffed
le fart ski wax
fascinant(e) *adj.* fascinating
fasciné(e) *adj.* fascinated
fasciner to fascinate
fatigant(e) *adj.* tiring
fatigué(e) *adj.* tired
fatiguer to tire
la faute mistake; **sans faute** without fail
le fauteuil armchair; **le fauteuil d'orchestre** orchestra seat
faux (fausse) *adj.* false
favori(te) *adj.* favorite
fédéré(e) *adj.* federate
la fée fairy
la félicitation (act of) congratulating
féminin(e) *adj.* feminine
le féminisme feminism
le/la féministe feminist
la femme woman; wife; **la femme-cadre supérieur** (female) senior executive
la fenêtre window
le fer iron (*mineral*); **la Société Nationale des Chemins de Fer Français (SNCF)** French railroad system
ferme *adj.* firm
fermé(e) *adj.* closed
la fête celebration; feast; **la Fête nationale française** French national holiday; **la Fête du travail** Labor Day
fêter to celebrate
le feu fire; **le feu d'artifice** fireworks display; **le feu rouge** red light

la feuille piece of paper
le feuilleton TV serial
fidèlement *adv.* Yours truly,
se fier à to rely on
le Figaro *See* **Index**
la figure face
figurer to appear
le filet fillet (of fish, beef)
la fille daughter; girl
le/la filleul(e) godson/goddaughter
le fils son; **le petit-fils** grandson; **tel père, tel fils** like father, like son
la fin end
fin(e) *adj.* fine; small; slender; subtle
final(e) *adj.* final; **la finale** final
financier (-ère) *adj.* financial
financièrement *adv.* financially
finir to finish
fixe *adj.* fixed, firm; **la barre fixe** horizontal bar
le flan baked custard
la fleur flower
le/la fleuriste florist
le fleuve river
flirter to flirt
la flûte flute; tall champagne glass; long, thin loaf of French bread
le foie gras goose liver paté
la fois time; **à la fois** at the same time; **une fois (entré)** once (you have entered); **une fois de plus** again
la folie craziness
les Folies-Bergère (*f. pl.*) Parisian theater featuring musical revues
folklorique *adj.* folkloric
foncé(e) *adj.* dark (*color*)
la fonction office; function; role
le fonctionnement functioning, working (*of a machine, etc.*)
fonctionner to function
le fond back, furthermost part; **au fond** in the background (*of a picture, etc.*); **le ski de fond** cross-country skiing
la fondation founding
fonder to found
la fontaine fountain
le football soccer
le footing jogging
forcément *adv.* inevitably
forestier (-ère) *adj.* pertaining to a forest
la forêt forest
forger to forge; to hammer
le forgeron blacksmith
la formation (professionnelle) training

la forme form, shape; **en forme** in shape
formellement *adv.* formally
former to form
formidable *adj.* great, tremendous
la formule (set) form of words; formula
formuler to formulate
le fort fort, stronghold
fort(e) *adj.* strong; **être fort en mathématiques** to be good at mathematics
la forteresse fortress
fortifié(e) *adj.* fortified
le Forum des Halles *see* **Index**
fou (folle) *adj.* crazy; **le savant fou** mad scientist
la foule crowd
le four oven; **au four** baked; **le four à micro-onde** microwave oven
la fourchette fork
la fourrure fur
le foyer home; family
les frais (*m. pl.*) expenses
frais (fraîche) *adj.* fresh
la fraise strawberry
le franc official currency of France, Switzerland, Belgium; *see* **Index**
français(e) French; **le français** French (language); **le/la Français(e)** French person; **à la française** in the French style
franchir to cross
franco-américain(e) *adj.* French-American
François Ier *see* **Index**
François II *see* **Index**
francophone *adj.* French-speaking; **le/la francophone** French-speaking person
la francophonie French-speaking world
le/la Frank (Franque) member of Germanic tribe that invaded France between A. D. 430 and 450
frapper to strike, to hit; to be striking; to knock
la fraternité brotherhood
le frein brake
la fréquence frequency
fréquenter to frequent; to attend (*a school*)
le frère brother
la fresque fresco
frisé(e) *adj.* curly (*of hair*)
frit(e) *adj.* fried; **les frites** (*f. pl.*) French-fried potatoes

frivolement *adv.* frivolously
froid(e) *adj.* cold; **le froid** cold
le fromage cheese
la frontière border; frontier
le fruit de mer shellfish
la fumée smoke
fumer to smoke
le/la fumeur (-euse) smoker; smoking compartment (*on a train*); **non fumeur** non-smoking compartment (*on a train*)
furieux (-euse) *adj.* furious
la fusée rocket; missile
fut was (*passé simple, temps littéraire*)
futur(e) *adj.* future
fuyant fleeing

gage: à gage hired
gagner to earn; to win; **gagner la partie** to win (a match, contest)
gai(e) *adj.* lively, bright
la galerie uppermost balcony in French theater; **la Galerie des Glaces** Hall of Mirrors (*at Versailles*)
la gamme range
le garagiste garage manager; garage mechanic
garantir to guarantee
le garçon boy; young man; waiter
la garde guardianship, care, custody; **le chien de garde** watch-dog; **en garde!** on guard!
le/la garde keeper; watchperson; **le/la garde forestier (-ière)** forest ranger
garder to keep
le/la gardien(ne) guardian; **le/la gardien(ne) de nuit** night desk clerk; **le/la gardien(ne) de zoo** zoo-keeper
la gare train station
garé(e) *adj.* parked
gaspiller to waste
la gastronomie gastronomy, good eating; culinary customs or style
le gâteau cake
gâter to spoil
gauche *adj.* left; **à gauche** on the left
Gauguin, Paul *see* Index
de Gaulle, Charles *see* Index
le/la géant(e) giant
gêné(e) *adj.* embarrassed; ill at ease; uneasy
généalogique *adj.* family
gêner to bother
généreux (-euse) *adj.* generous

génial(e) *adj.* inspired, brilliant
le genre gender; kind, type; style, manner; **un jeune couple genre haute société** a young couple of high society
les gens (*m. pl.*) people
gentil(le) *adj.* kind, nice
le gentilhomme gentleman
la géographie geography
le/la géologue geologist
la géométrie geometry
le/la gérant(e) director, manager
germain: le/la cousin(e) germain(e) first cousin
le geste gesture; motion
la gestion management
le gibier game (animal); **le gibier de passage** migratory game
le gigot leg of lamb
la glace mirror; ice cream
glacé(e) *adj.* glazed
glisser to slide
la gloire glory
glorieux (-euse) *adj.* glorious
le/la gosse (*fam.*) child
gothique *adj.* Gothic
gourmand(e) *adj.* glutton
le goût taste
goûter to taste
le gouvernement government
le grade level
le grain grain; **le grain de beauté** beauty mark
la grammaire grammar
grand(e) *adj.* big; tall; large; great; **le grand amour** true love; **le grand centre industriel** important industrial center; **un grand chef, roi** famous chef, king; **les Grandes Ecoles** *see* Index; **ne pas avoir une grande idée** not to have much of an idea; **le grand magasin** department store; **le Grand Marnier** after-dinner liqueur; **la plus grande partie** most
la grand-mère grandmother
le grand-père grandfather
les grands-parents (*m. pl.*) grandparents
le/la graphologue handwriting expert
la grappe bunch, cluster
gras(se) *adj.* fatty; greasy
gratiné(e) browned with bread crumbs and grated cheese
le gratte-ciel skyscraper
se gratter to scratch oneself
gratuit(e) *adj.* free of charge
grave *adj.* serious; **ce n'est pas grave** it doesn't matter, no

problem; **tu n'as rien de grave** there is nothing seriously wrong with you
le graveur engraver
la greffe grafting; **la greffe des organes** organ transplant
la grenouille frog; **les cuisses de grenouille** (*f. pl.*) froglegs
la grève strike
grignoter to snack
grillé(e) *adj.* grilled
gris(e) *adj.* grey
gros(se) *adj.* big, stout; **un gros inconvénient** serious inconvenience
les gros titres headlines
grossier (-ère) *adj.* gross, crass
grossir to gain weight; **faire grossir** to cause a weight gain
grouillant(e) *adj.* teeming with life
le groupe group
se grouper to get into groups
le gruyère Swiss cheese
la guerre war
le guichet counter (*post office, etc.*); **le guichet automatique** automatic (bank) teller
le guide guide; guidebook; **le Guide Michelin** *see* Index
guidé(e) *adj.* guided
Guillaume le Conquérant William the Conqueror
guillotiner to guillotine; to behead
la Guinée Guinea
la Guyane Guyana

habilement *adv.* skillfully
s'habiller to dress
l'habitant(e) inhabitant
habiter to live
l'habitude (*f.*) habit; **avoir l'habitude de**+*inf.* to be in the habit of (*doing something*); **d'habitude** usually
habitué(e) *adj.* accustomed
habituellement *adv.* habitually
s'habituer à to get used to
*haché(e) *adj.* chopped, minced
Haïti *see* Index
le *hall entrance hall; **le hall principal de l'aéroport** main terminal of the airport
*handicapé(e) *adj.* handicapped
le *haricot bean
l'harmonie (*f.*) harmony
la *harpe harp
le *hasard chance, accident; **au hasard** at random
la *hâte haste
la *hausse increase

*haut(e) *adj.* high; tall; **à haute voix** aloud

*haut *adv.* high (up); **d'en haut** from up high

le ***hautbois** oboe

la ***hauteur** height

l'**hebdomadaire** (*m.*) weekly publication

l'**hectare** (*m.*)=2.47 acres

Hemingway, Ernest *see* **Index**

Henri II *see* **Index**

Henri III *see* **Index**

Henri IV *see* **Index**

l'**herbe** (*f.*) grass

l'**héritage** (*m.*) inheritance

l'**héritier (-ère)** heir

l'**héroïne** (*f.*) heroine

le ***héros** hero

hésiter to hesitate

l'**heure** (*f.*) hour; time; **à l'heure** per hour; on time; **à l'heure actuelle** at the present time; **les heures de pointe** rush hour

heureusement *adv.* fortunately

heureux (-euse) *adj.* happy

hier *adv.* yesterday

l'**hindi** (*m.*) a language of India

l'**hippodrome** (*m.*) race track

l'**histoire** (*f.*) history; story

historico-politique *adj.* historical and political

l'**historien(ne)** historian

historique *adj.* historical, historic

l'**hiver** (*m.*) winter

la ***Hollande** Holland

l'**hommage** (*m.*) compliment

l'**homme** (*m.*) man; **l'homme d'affaires** businessman; **l'homme politique** politician

honnête *adj.* honest

l'**honneur** (*m.*) honor

la ***honte** shame

*honteux (-euse) *adj.* shameful, disgraceful

l'**hôpital** (*m.*) hospital

l'**horaire** (*m.*) schedule

l'**horloge** (*f.*) clock

l'**horreur** (*f.*) horror; **avoir horreur de** to hate, detest; **le film d'horreur** horror film

*hors de out of, outside of

le ***hors-d'œuvre** (*inv.*) appetizer

l'**hospitalité** (*f.*) hospitality

l'**hostilité** (*f.*) hostility

l'**hôte(sse)** host(ess)

l'**hôtel** (*m.*) hotel; **l'hôtel particulier** city residence of a wealthy individual, mansion; **l'hôtel de ville** city hall; **le maître d'hôtel** head waiter

l'**hôtelier (-ère)** hotel keeper

l'**hôtesse** (*f.*) hostess

l'**huile** (*f.*) oil

l'**huître** (*f.*) oyster

humain(e) *adj.* human; humane

humaniste *adj.* humanist

l'**humanité** (*f.*) humanity

l'**humeur** (*f.*) mood

humoristique *adj.* humorous

l'**humour** (*m.*) humor

l'**hygiène** (*f.*) hygiene; **l'hygiène alimentaire** nutrition

l'**hypothèque** (*f.*) mortgage

l'**hypothèse** (*f.*) hypothesis

ici *adv.* here

l'**idée** (*f.*) idea

identifier to identify

identique *adj.* identical

l'**identité** (*f.*) identity

idiot(e) *adj.* stupid

ignorer to be ignorant or unaware of; to ignore

il: il y a (20 ans) (twenty years) ago

l'**île** (*f.*) island

illicite *adj.* illicit

illustrer to illustrate

l'**image** (*f.*) picture

imaginaire *adj.* imaginary

imaginatif (-ive) *adj.* imaginative

imaginer to imagine

imbuvable *adj.* undrinkable

imiter to imitate

immédiatement *adv.* immediately

l'**immeuble** (*m.*) apartment building of several stories

immigrer to immigrate

immobile *adj.* stationary

immobilier (-ère) *adj.* real estate; **l'agent immobilier** (*m.*) real-estate agent

immodéré(e) *adj.* inordinate, excessive

impair(e) *adj.* odd, uneven (*number*)

s'impatienter to become annoyed, irritated

impensable unthinkable

l'**impératrice** (*f.*) empress

imperméable *adj.* water-repellent; **la toile imperméable** water-proofing

l'**important** (*m.*) the important thing

importer to be of importance; **n'importe quel** any, no matter which; **n'importe quelle heure** no matter when; **n'importe qui** anyone, no

matter who (whom); **peu importe** it doesn't matter; **peu importe que** it matters little whether

imposer to impose

l'**impôt** (*m.*) tax

impressionnant(e) *adj.* impressive

impressionner to impress

l'**impressionnisme** (*m.*) impressionism

impressionniste *adj.* impressionist, impressionistic

l'**imprimerie** (*f.*) printing

improductif (-ive) *adj.* unproductive

impulsif (-ive) impulsive

impur(e) *adj.* impure

inciter to urge

inclure to include, contain

inconnu(e) *adj.* unknown

l'**inconvénient** (*m.*) disadvantage

incroyable *adj.* incredible

l'**Inde** (*f.*) India

indécis(e) *adj.* indecisive

indéfiniment *adv.* indefinitely

les **indications** (*f. pl.*) instructions

l'**Indien(ne)** Indian

indigeste *adj.* indigestible

indiquer to indicate

l'**individu** (*m.*) individual

individuel(le) *adj.* individual

indochinois(e) *adj.* Indo-Chinese

l'**industrie** (*f.*) industry

industriel(le) industrial

inexistant(e) *adj.* nonexistent

infâme *adj.* wicked

inférieur(e) *adj.* inferior

l'**infériorité** (*f.*) inferiority

l'**infidélité** (*f.*) unfaithfulness

influencer to influence

l'**information** (*f.*) piece of information

l'**informatique** (*f.*) computer science

s'informer to become informed

l'**inondation** (*f.*) flood

inoubliable *adj.* unforgettable

inouï(e) *adj.* unheard of

inquiétant(e) *adj.* worrisome

s'inquiéter de to worry about

l'**inscription** (*f.*) notice

inscription: les inscriptions (*f. pl.*) registration (at school)

inscrire to write down;

s'inscrire (à) to register (for)

insensé(e) *adj.* senseless, insane

insensible *adj.* insensitive

insipide *adj.* insipid, tasteless (*of food*)

insister to insist

insolite *adj.* unusual
l'installation (*f.*) establishment
s'installer to settle
l'institut (*m.*) institute
l'instituteur (-trice) teacher
instruit(e) *adj.* educated
insuffisant(e) *adj.* insufficient
intégral(e) *adj.* complete
s'intégrer to become integrated
intellectuel(le) *adj.* intellectual
intelligemment *adv.* intelligently
intense *adj.* heavy
l'interdiction (*f.*) prohibition;
 l'interdiction de commerce trade sanctions
interdire to forbid; **Sens interdit** No Entry!
intéressant(e) *adj.* interesting
intéressé(e) *adj.* interested
intéresser to be interesting;
 s'intéresser à to be interested in
l'intérêt (*m.*) interest
l'intérieur (*m.*) interior
l'intermédiaire (*m.*) intermediary, go-between
l'interprète (*m., f.*) interpreter
interroger to question
interrompre to interrupt; to disturb
interviewé(e) *adj.* interviewed
interviewer to interview
l'intime (*m., f.*) intimate friend
l'intimité (*f.*) intimacy
intituler to entitle
intrépide *adj.* intrepid, bold
l'intrigue (*f.*) plot
introduire to introduce
inutile *adj.* useless
les Invalides *see* **Index**
inventer to invent
l'inventeur (-trice) inventor
l'invité(e) guest
inviter to invite
l'Irlande (*f.*) Ireland
irritant(e) *adj.* irritating
irriter to irritate
isolé(e) *adj.* isolated
israélien(ne) *adj.* Israeli
l'Italie (*f.*) Italy
italien(ne) *adj.* Italian;
 l'Italien(ne) Italian (person)
l'itinéraire (*m.*) itinerary
l'ivoire (*m.*) ivory; **la Côte d'Ivoire** the Ivory Coast

jamais *adv.* ever; never; **à jamais** forever
la jambe leg
le jambon ham
le Japon Japan

le jardin garden
Jefferson, Thomas *see* **Index**
jeter to throw
le jeu game; **le jeu des acteurs** acting; **le jeu de la lumière** play of (changing) light
jeune *adj.* young; **la jeune fille** girl; **les jeunes** (*m. pl.*) young people; **les jeunes gens** (*m. pl.*) young men
la Joconde Mona Lisa
la joie joy
joindre to include, enclose
joli(e) *adj.* pretty
Joséphine *see* **Index**
jouer to play
le/la joueur (-euse) player
le jour day; **un jour de congé** a day off; **de nos jours** nowadays
le journal newspaper; **le kiosque à journaux** newspaper stand
le/la journaliste journalist
la journée day; daytime; **après une seule journée** after only one day; **toute la journée** all day (long)
joyeusement *adv.* joyously
joyeux (-euse) *adj.* joyous;
 Joyeux Noël Merry Christmas!
le juge judge
le jugement judgment
juger to judge
le/la Juif (-ive) Jew
le/la jumeau (-elle) twin
jumelé(e) *adj.* twin; **les villes jumelées** (*f. pl.*) twin cities
jumeler to pair; to twin (cities)
la jupe skirt; **la mini-jupe** miniskirt
le Jura Jura (mountain range)
juridiquement *adv.* legally
le jus juice
jusqu'à *prep.* until; **jusqu'à ce que** + *subjunctive* until
juste *adv.* just
justement *adv.* it just so happens that
justifier to justify

le Kampuchea Kampuchea (*formerly Cambodia*)
kidnappé(e) *adj.* kidnapped
le kilo(gramme) kilogram (*2.2 pounds*)
le kilomètre kilometer (*.62 miles*)
le kiosque kiosk; **le kiosque à journaux** newspaper stand

là *adv.* there
le laboratoire laboratory

le lac lake
Lafayette (le Marquis de) *see* **Index**
Lafitte-Rothschild *see* **Index**
la laisse leash
laisser to leave; to let, allow;
 laisser aller votre imagination to let your imagination go; **se laisser intimider** to let oneself be intimidated; **laisser passer du temps** to let time go by; **laisser tomber** to drop; **(vous) laisser tranquille** to leave (you) alone
le lait milk
lancer to throw; **se lancer** to launch itself
la langue language
le lapin rabbit; **poser un lapin à quelqu'un** to stand someone up; to fail to show up
laquelle *pro.* which; which (one)?
 à/avec/dans/de/pendant/pour laquelle to/with/in/of/during/for which
la largeur width
La Rochefoucauld *see* **Index**
laver to wash
la leçon lesson; **la leçon particulière** private lesson
le/la lecteur (-trice) university instructor; reader
la lecture reading
la légende caption
léger (-ère) *adj.* light
le légume vegetable
le lendemain next day
lent(e) *adj.* slow
lequel *pro.* which; which (one)?;
 avec/dans/pour lequel with/in/for which
la lettre letter; **la lettre de cachet** *see* **Index**; **le papier à lettres** stationery, note paper
les lettres (*f. pl.*) literature, humanities; **la Faculté des Lettres** College of Liberal Arts; **une femme de lettres** woman of letters
lever to raise; **se lever** to get up
libérer to liberate
la liberté freedom
la librairie bookstore
libre *adj.* free
la licence college degree
le licenciement (act of) being laid off
lié(e) *adj.* linked
le lien bond, connection
le lieu place; **au lieu de** *prep.* in-

stead of; **avoir lieu** to take place

la ligne line; figure

limité(e) *adj.* limited

linguistique *adj.* linguistic, pertaining to language

lire to read

la liste list

le lit bed

le litre liter

la littérature literature

le littoral coastline

la livre pound

le livre book

le livret passbook

le/la livreur (-euse) delivery man (woman)

la localité locality

la location renting

la loge mezzanine

le logement lodging

la logique logic; **logique** *adj.* logical

la loi law

la Loire *see* **Index**, Châteaux

le loisir leisure time; **les loisirs** leisure activities

longtemps *adv.* long; (for) a long time

lorsque *conj.* (at the time) when

louer to rent

Louis XIV *see* **Index**

Louis XV *see* **Index**

Louis XVI *see* **Index**

lourd(e) *adj.* heavy

le Louvre *see* **Index**

le loyer rent(al)

lu(e) *p. p. of* **lire** read

la lumière light; **le jeu de la lumière** play of (changing) light; **le Siècle des Lumières** Age of Enlightenment

lunatique *adj.* having unpredictable mood changes from day to day

la lune moon; **la lune de miel** honeymoon

les lunettes (*f. pl.*) glasses

le luxe luxury; luxury item

le Luxembourg *see* **Index**

luxueux (-euse) *adj.* luxurious

le lycée French secondary school

machine: la machine à coudre sewing machine; **la machine à voyager** time machine

macrobiotique *adj.* macrobiotic

le magasin store; **le grand magasin** department store

la magie magic

le magnétoscope VCR

magnifique *adj.* magnificent

maigre thin, skinny

maigrir to become thin; **faire maigrir** to cause a weight loss

maillot de bain swimsuit

la main hand; **à la main** in one's hand

maintenant *adv.* now

le maire mayor

la mairie city hall

mais *conj.* but

le maïs corn

la maison house; home

le/la maître(sse) master/mistress; master painter; **le maître d'hôtel** head waiter; **le maître de la sculpture** master sculptor

la majesté majesty

majestueux (-euse) *adj.* majestic

la majorité majority

le mal evil; bad thing

mal *adv.* badly, poorly

malade *adj.* ill, sick

la maladie illness

le malentendu misunderstanding

le malheur misfortune; **par malheur** unfortunately

malheureusement *adv.* unfortunately

le/la malheureux (-euse) unfortunate, unhappy person

la Malmaison *see* **Index**

maltraiter to mistreat

la maman (*fam.*) Mom, Mommy

la mandarine tangerine

le mandat mandate; **la durée du mandat du président** length of the president's term of office

la mandature funding

Manet, Edouard *see* **Index**

manger to eat; **se manger** to be eaten

la manière way, manner

la manifestation rally, demonstration

le manque lack

manquer to be missing; to miss; to be lacking

le manuel manual

la marâtre (cruel) stepmother

le/la marchand(e) merchant; **la marchande de modes** milliner's shop

le marché market; **bon marché** inexpensive; **le Marché Commun** Common Market; **faire le marché** to go grocery shopping

marcher to walk; to work, function

le maréchal marshal

le mari husband

le mariage marriage

le/la marié(e) married person; bridegroom, bride; **les mariés** (*m. pl.*) married couple; **les nouveaux mariés** newlyweds

Marie-Antoinette *see* **Index**

marier to marry; to join, unite; **se marier avec** to get married to

marin(e) *adj.* marine; **le sous-marin** submarine

le Maroc Morocco

marquant(e) *adj.* outstanding

la marque trademark; **les vêtements de marque** designer clothes

marqué(e) *adj.* recorded; marked

la marraine godmother

le marron chestnut

marron *adj. inv.* brown

la Marseillaise French national anthem; *see* **Index**

la mascotte mascot

masculin(e) *adj.* masculine

le masque mask

la masse mass, crowd

le mât mast

le match match; game

matérialiste *adj.* materialistic

les matériaux (*m. pl.*) materials

matériel(le) *adj.* material

maternel(le) *adj.* maternal; **l'école maternelle** (*f.*) nursery school; **la langue maternelle** native tongue

les mathématiques (*f. pl.*) mathematics

la matière material; school subject; **en matière de (peinture)** in the field of (painting); **les matières premières** raw materials

le matin morning

matinal(e) *adj.* early (hour)

la matinée (all) morning

mauvaise(e) *adj.* bad; evil

Maxim's (Chez) *see* **Index**

la maxime maxim, general truth; rule of conduct

la médaille medal

le médaillon small delicate piece of meat

le médecin doctor

la médecine medicine; **la Faculté de Médecine** Medical school; **la médecine conventionnée** socialized medicine

le médicament medicine

meilleur(e) *adj.* better; best

la **mélancolie** melancholy
le **mélange** mixture
  mélanger to mix
la **mélodie** melody
  mélomane *adj.* lover of (classical) music
le **membre** member
  même *adj.* same; very; self; *adv.* even
  menacer to threaten
le **ménage** housekeeping
  ménager (-ère) *adj.* household
  mener to lead
le **mensuel** monthly publication
la **menthe** mint
  mentionné(e) *adj.* mentioned
  mentionner to mention
la **mer** sea; **les fruits de mer** (*m. pl.*) shellfish; **outre-mer** overseas
la **mère** mother
  mériter to deserve
  merveilleux (-euse) *adj.* marvelous
le/la **messager (-ère)** messenger
la **messe** Mass
  métallique *adj.* metallic
la **méthode** method
le **métier** trade; craft
le **mètre** meter (*39 inches*)
le **métro** underground railway system
la **métropole** metropolis
le **mets** dish, food
le **metteur en scène** director
  mettre to put; to put on; **(vous) mettre au courant de** to make (you) aware of; **mettre des notes** to give grades; **se mettre** to put oneself; **se mettre à** to begin; **se mettre au régime** to go on a diet
  meunier (-ère) *adj.* coated with flour, then fried
le **meurtre** murder
  Michelin (Guide) *see* **Index**
le **midi** (*m.*) noon; **l'après-midi** (*m., f.*) afternoon
le **mid-ouest** midwest
la **mie** crumb; **la mie de pain** soft interior of bread
le **miel** honey; **la lune de miel** honeymoon
  mieux *adv.* better; best; **aimer mieux** to prefer; **faire mieux** to do better; **valoir mieux** to be better
le **milieu** middle; environment
  militaire *adj.* military
le **milliard** billion
  des milliers (*m. pl.*) thousands
  mince *adj.* thin, slender

le/la **mineur(e)** minor
la **mini-jupe** miniskirt
  minime *adj.* minimal
le **ministre** minister; **le premier ministre** Prime Minister
le **miroir** mirror
  mis(e) *p.p. of* **mettre** put
la **mise en scène** directing (*of film, play*)
la **misère** misery
la **mobilité** mobility
la **mobylette** motorbike
la **mode** fashion; **à la mode** in fashion, in vogue; **le boeuf à la mode** beef stew; **la marchande de modes** milliner's shop
le **modèle** model
  modéré(e) moderate
  moderne *adj.* modern
  modifier to modify
  moindre *adj.* less(er); least
  moins *adv.* less; least; **au moins** at least
le **mois** month
la **moitié** half; **à moitié** *adv.* half
  Molière *see* **Index**
le **monarque** monarch
le **monastère** monastery
le **Monde** *see* **Index**
le **monde** world; **tout le monde** everybody
  mondial(e) *adj.* world; worldwide
  Monet, Claude *see* **Index**
le/la **moniteur (-trice)** instructor
la **monnaie** change
la **montagne** mountain
  montagneux (-euse) *adj.* mountainous
le **montant** amount
  monter to go up; **montrer une pièce** to stage a play
  Montmartre *see* **Index**
la **montre** watch
  montrer to show; **monter du doigt** to point to
la **moquerie** mockery
la **moralité** morality
le **morceau** piece
la **mort** death; **condamné(e) à mort** condemned to death; **les morts** (*m. pl.*) the dead, the departed
  mortel(le) *adj.* mortal
le **mot** word
  moteur (-trice) *adj.* motor; **le moteur** motor
  mourir to die
le **mousquetaire** musketeer
la **mousseline** light purée
  mousseux (-euse) *adj.* foamy

la **moutarde** mustard
le **mouvement** movement
le **moyen** way, means
  moyen(ne) *adj.* average; middle; **le Moyen Age** Middle Ages
  muni(e) de having
  municipal(e) *adj.* municipal
le **mur** wall
  mûr(e) *adj.* mature
  musculaire *adj.* muscular
le **musée** museum
le/la **musicien(ne)** musician
la **musique** music
  se mutiler to mutilate oneself
  mutuellement *adv.* mutually
  mystérieux (-euse) mysterious

la **nage au tuba palmes et masque** snorkeling
la **naissance** birth
  naître to be born
  Nantes: l'Edit de Nantes (*m.*) *see* **Index**
  Napoléon Ier *see* **Index**
  Napoléon II *see* **Index**
  Napoléon III *see* **Index**
le **nationalisme** nationalism
la **nationalité** nationality
  nature: le yaourt nature plain yoghurt
  naturellement *adv.* naturally
  nautique *adj.* nautical; **le ski nautique** waterskiing
le **navigateur** navigator
  navré(e) *adj.* (very) sorry
  ne: ne... jamais never; **ne... personne** no one; **ne... plus** not any more; **ne... que** only; **ne... rien** nothing
  né(e) *adj.* born
  nécessaire *adj.* necessary
  nécessiter to require
  négatif (-ive) *adj.* negative
la **neige** snow
  nerveux (-euse) *adj.* nervous
  net: prix net price including tip
  neuf (neuve) *adj.* new
  neutre *adj.* neutral
  ni... ni... ne neither. . .nor
le **nid** nest; bed
la **nièce** niece
  n'importe no matter; **n'importe quelle heure** no matter when; **n'importe quel** no matter which; **n'importe qui** anyone, no matter who (whom)
le **niveau** level
la **noblesse** nobility
la **noce** wedding; **le voyage de noces** wedding trip, honeymoon (trip)

le Noël Christmas
noir(e) *adj.* black; **le/la noir(e)** black (person)
la noisette hazel nut;
noisette *inv. adj.* hazel
le nom noun; name; last name
le nombre number
nombreux (-euse) *adj.* numerous
nommé(e) *adj.* named
nommer to name
le non-sens nonsense
le nord north; **le nord-est** northeast; **le nord-ouest** northwest
normaliser to normalize; to standardize
la Normandie *see* **Index**
Nostradamus *see* **Index**
la note grade, mark; note
noter to take notes; to put down, to jot down; to take notice
Notre-Dame de Paris *see* **Index**
nourrir to feed
la nourriture food
nouveau (-el, -elle) *adj.* new
la Nouvelle-Calédonie New Caledonia
la Nouvelle-Zélande New Zealand
les nouvelles (*f. pl.*) news
le nu nude (*figure in painting or sculpture*)
nucléaire *adj.* nuclear
la nuit night
le numéro number
nutritif (-ive) *adj.* nutritious

obéir à to obey
objectif (-ive) *adj.* objective;
l'objectif (*m.*) objective
l'objet (*m.*) object; **le bureau des objets trouvés** lost and found
obligatoire *adj.* obligatory
obliger to oblige
obsédé(e) *adj.* obsessed
observer to observe
obstiné(e) *adj.* obstinate, stubborn
obtenir to obtain
l'occasion (*f.*) occasion; opportunity
occidental(e) *adj.* western
occupé(e) *adj.* occupied; busy
occuper to fill; **s'occuper de** to take care of
l'odeur (*f.*) odor
l'œil (*m.*) eye; **le coup d'œil** glance, look
l'œuf (*m.*) egg
l'œuvre (*f.*) work; **l'œuvre d'art** work of art; **le chef-**

d'œuvre masterpiece
offenser to offend
offensif (-ive) *adj.* offensive
offert(e) *adj.* offered
officiel(le) *adj.* official
l'offre (*f.*) offer
offrir to offer
l'oie (*f.*) goose; **Ma Mère l'Oie** Mother Goose
l'oignon (*m.*) onion
olympique *adj.* olympic
on *pro.* people; they; we; one
l'once (*f.*) ounce
l'oncle (*m.*) uncle
l'onde (*f.*) wave; **le four à micro-onde** microwave oven
l'opportunité (*f.*) opportunity
optique *adj.* optical
l'or (*m.*) gold
l'orage (*m.*) storm
l'Orangerie (*f.*) *see* **Index**
l'orchestre (*m.*) orchestra; **le chef d'orchestre** conductor
ordinaire *adj.* ordinary
l'ordinateur (*m.*) computer
ordonner to command; to order
l'ordre (*m.*) order
l'oreille (*f.*) ear
organisé(e) *adj.* organized
organiser to organize;
s'organiser to get oneself organized
l'orgue (*m.*) organ (*musical*)
l'originalité (*f.*) originality
l'origine (*f.*) origin
l'orthographe (*f.*) spelling
osé(e) *adj.* daring
l'otage (*m.*) hostage
où *adv.* where
oublier to forget
l'ouest (*m.*) west
l'ouie (*f.*) (sense of) hearing;
toute ouie all ears
l'ours (*m.*) bear
l'outil (*m.*) tool
outre-mer *adv.* overseas
ouvert(e) *adj.* open; frank
l'ouvreur (-euse) usher(ette)
l'ouvrier (-ère) worker
ouvrir to open
Oxford prestigious British university

pacifique *adj.* Pacific
le pain bread; **la mie de pain** soft interior of bread
pair(e) *adj.* even-numbered
la paire pair
la paix peace; **le Corps de la Paix** Peace Corps
le palais palace
pallier to offset

palmier: le coeur de palmier heart of palm
la palourde clam
le pamplemousse grapefruit
la panne breakdown, mishap;
tomber en panne to have a breakdown; to have engine trouble
le panneau (posted) sign
la panthère panther
la papeterie stationery shop
le papier paper; **le papier à lettres** stationery, note paper
la Pâque Passover; **les Pâques** (*m. pl.*) Easter
le paquet bundle, packet; package
par *prep.* by
le paragraphe paragraph
paraître to seem, appear
le parapluie umbrella
le parc park
parce que *conj.* because
le parent parent; relative
parfait(e) *adj.* perfect
parfois *adv.* sometimes
Pariscope guide to entertainment in Paris
parisien(ne) *adj.* Parisian
la parité parity, equality
parler to speak; **se parler** to speak to each other; **entendre parler de** to hear of (*someone, something*)
parmi *prep.* among
la parole word; **avoir la parole** to have the floor
la part part; slice (*of pie, cake*); **de la part des citoyens** among citizens; **quelque part** *adv.* somewhere
partager to share
le/la partenaire partner
le/la participant(e) participant
participer to participate
particulier (-ère) *adj.* particular; private; **en particulier** *adv.* in particular
particulièrement *adv.* particularly
la partie part (*of whole*); **la partie du discours** part of speech; **faire partie de** to be part of; **gagner la partie** to win the contest; to win
partir to leave; **à partir de** beginning with
partout *adv.* everywhere
le parvenu self-made man
le passage passage, crossing; **de passage** migratory
le/la passant(e) passer-by
le passé past

passé(e) *adj.* spent
le **passeport** passport
passer to spend (*time*); **passer à la banque** to go to the bank; **passer son autorité à** to hand down one's authority to; **passer un examen** to take an exam; **passer un film** to show a film; **passer par** to go through; **laisser passer du temps** to let time go by; **se passer** to happen; to take place; **se passer de** to do without
le **passe-temps** pastime
passif (-ive) *adj.* passive
passionnant(e) *adj.* exciting
passionné: passionné de musique music lover
Pasteur, Louis *see* Index
paternel(le) *adj.* paternal, fatherly
les **pâtes** (*f. pl.*) pasta
le **patin** skate
le **patinage** skating **le patinage à roulettes** roller-skating
le/la **patineur (-euse)** skater
la **patinoire** skating rink
le/la **pâtissier (-ère)** pastry cook
la **patrie** country; homeland
le **patrimoine** legacy
le **patriotisme** patriotism
le/la **patron(ne)** owner; employer
la **pause-café** coffee break
pauvre *adj.* poor; unfortunate
la **pauvreté** poverty
payer to pay (for)
le **pays** country, land; **l'arrière-pays** (*m.*) wilderness area
le **paysage** countryside
la **pêche** fishing
pêcher to fish
peindre to paint
peint(e) *p.p. of* **peindre** painted
le **peintre** artist
la **peinture** painting
pendant *prep.* during
la **pendule** clock
pénible *adj.* bothersome; trying
la **pensée** thought
penser to think
le **penseur** thinker
la **pente** slope; **un billet/une carte de remonte-pente** ski-lift ticket
percer to drill
perdre to lose
perdu(e) *adj.* lost
le **père** father
perfectionner to improve
la **période** period of time

le **périodique** periodical
permettre to permit
permis(e) *adj.* permitted, permissible; **le permis** permit; **le permis de conduire** driver's license
la **perruque** wig
le/la **perruquier (-ère)** wigmaker
le **persil** parsley
le **personnage** person
la **personnalité** person; personality
la **personne** person; **les personnes** people; **une personne de votre connaissance** acquaintance
personne (*m.*) *pro.* anybody; **personne... ne (ne... personne)** no one
personnel(le) *adj.* personal
persuader to persuade
la **perte** loss
Pétain, Philippe *see* Index
la **pétanque** popular French game similar to outdoor bowling
petit(e) *adj.* small, little; short **le/la petit(e)** little one; **le/la petit(e) ami(e)** boy/girlfriend; **les petites annonces** want-ads; **le petit déjeuner** breakfast; **le petit-fils** grandson; **les petits pois** (*m. pl.*) peas
le **pétrole** oil
peu *adv.* little; **peu amusant** not very funny; **peu importe** it matters little; **à peu près** about, approximately; **depuis peu de temps** for a short time; **le peu (a) little; le peu de logements disponibles** what little housing is available
le **peuple** people; nation; **le peuple de Paris** poor people of Paris
la **peur** fear; **avoir peur** to be afraid; **faire peur** to frighten
le **phénomène** phenomenon
la **philosophie** philosophy
philosophique *adj.* philosophical
le **photographe** photographer
la **photographie** photography
la **phrase** sentence
le **physique** physique, outward appearance
physique *adj.* physical
phytosanitaire *adj.* regarding health
la **pièce** play; piece; room; **la pièce de dix centimes** ten centimes coin
le **pied** foot; **le verre à pied** stemmed glass

piéton(ne) *adj.* pedestrian
piétonnier (-ère) *adj.* pedestrian
piquant(e) *adj.* racy; spicy
le **pique-nique** picnic
pique-niquer to picnic
pire *adj.* worse; worst
pis *adv.* worse; worst
la **piscine** swimming pool
la **piste** ski slope
pittoresque *adj.* picturesque
la **place** place; plaza; seat; **la Place de la Concorde** *see* Index
placer to place
le **plafond** ceiling
la **plage** beach
plaire to please
la **plaisanterie** joke
le **plaisir** pleasure
le **plan** map; floorplan; blueprint; **le premier plan** foreground
la **planche** board; **la planche à voile** windsurfing
planifier to organize
plastique *adj.* plastic
le **plat** dish (*of food*); course
le **plateau** tray
plein(e) *adj.* full; **en plein air** outdoors
pleurer to cry
la **pluie** rain
la **plume** feather
la **plupart** majority
le **pluriel** plural
plus *adv.* more; **en plus (de)** in addition (to); **le plus** the most
plusieurs *adj., pro.* (*m. pl.*) several
plutôt *adv.* rather
pluvieux (-euse) *adj.* rainy
la **poche** pocket
poché(e) *adj.* poached
le **poids lourd** heavy truck
la **poignée** handful
le **point** point; **à point** medium rare; **un joli point sur les i** a pretty dot over the i's; **à quel point** to what extent; **le point de vue** point of view
pointe: les heures de pointe (*f. pl.*) rush hour
la **pointure** shoe, glove or collar size
la **poire** pear
le **pois** pea; **l'étoffe à pois** (*f.*) polka-dotted material; **les petits pois** (*m. pl.*) green peas
le **poisson** fish
le **poivre** pepper
polaire *adj.* polar
poli(e) *adj.* polite

policier (-ère) *adj.* relating to the police
poliment *adv.* politely
la politesse politeness
la politique politics; **la politique extérieure** foreign policy; **politique** *adj.* political; **l'homme politique** (*m.*) politician
pollué(e) *adj.* polluted
la Pologne Poland
la Polynésie Polynesia
la pomme apple; **la pomme de terre** potato; **la tarte aux pommes** apple pie
Pompidou, le Centre *see* **Index**
le pont bridge
populaire *adj.* popular
la porte door
le portefeuille wallet
porter to wear; to carry; **porter l'inscription suivante** to bear the following inscription; **porter le (même) nom** to have the (same) name; **porter un toast** to propose a toast
le/la portraitiste portrait painter
poser to pose; **poser sa candidature à** to apply for; **poser un lapin à** to stand someone up; to fail to show up; **poser une question** to ask a question
positif (-ive) *adj.* positive
possédant having
la possibilité possibility
postal(e) *adj.* postal; **la carte postale** post card
la poste post office
le poste job, post
la postérité posterity
le pot pot; jar
potable *adj.* drinkable; fit to drink
le potin gossip
le pouce thumb; inch
la poule hen
le poulet chicken
pour *prep.* for; in order to; **pour que** *conj.* so that
le pourboire tip
le pourcentage percentage
pourquoi *adv.* why
poursuivre to pursue
pourtant *conj.* however
pousser to push; to encourage
pouvoir to be able; **si vous le pouviez** if you could (do it)
le pouvoir power
la pratique practice
pratique *adj.* practical

pratiquer to practice; **pratiquer un sport** to play a sport
précédent(e) *adj.* preceding
le/la précepteur (-trice) tutor
précis(e) *adj.* precise
préciser to state precisely
prédire to predict
préféré(e) *adj.* favorite
préférer to prefer
le préjugé prejudice
préliminaire *adj.* preliminary
premier (-ère) *adj.* first; **le/la premier (-ère)** the first (one); **les matières premières** (*f. pl.*) raw materials; **le premier ministre** Prime Minister; **au premier plan** in the foreground
prendre to take; **prendre une décision** to make a decision; **prendre une leçon particulière** to take a private lesson; **prendre à loyer** to rent; **prendre (nourriture)** to eat, have (food); **prendre plaisir à** to enjoy, to take pleasure in; **prendre soin de** to take care of
le prénom first name, given name
préparer to prepare; **se préparer** to prepare oneself
près *adv.* near; **à peu près** *adv.* about, approximately; **près de** *prep.* near, close to
présent(e) *adj.* present; **à présent** *adv.* just now
présenter to present; **se présenter** to present oneself
préserver to preserve; to keep
présidé(e) (à) *adj.* presided (over)
la présidence presidency
présidentiel(le) *adj.* presidential; **le mandat présidentiel** the president's term of office
presque *adv.* almost
la presse press
la pression pressure
prêt(e) *adj.* ready
prêter to lend
le prêtre priest
la preuve proof; **faire preuve d'imagination** to be imaginative; **faire preuve de logique** to be logical
prévoir to foresee
prévu(e) *adj.* planned
prier to request; **je vous en prie** you're welcome
primaire *adj.* primary
prime: en prime gratis, as a bonus
la priorité priority; right of way

pris(e) *adj.* taken
la prise capture; power source; **la prise de la Bastille** storming of the Bastille
privé(e) *adj.* private
le prix prize; price; **la hausse des prix** price increases
probablement *adv.* probably
le problème problem
le procès trial
prochain(e) *adj.* next; **le/la prochain(e)** the next one
prochainement *adv.* shortly
proche *adj.* close
se procurer to get, obtain for oneself
le/la producteur (-trice) producer
productif (-ive) *adj.* productive
le produit product; **le produit laitier** dairy product; **le produit de luxe** luxury item
le professeur professor; **la femme-professeur** female professor
professionnel(le) *adj.* professional
profiter de to take advantage of
profondément *adv.* profoundly
la profondeur depth
le programme program
le progrès progress; **faire des progrès** to make progress
le projecteur projector
le projet plan, project
la promenade stroll, outing
se promener to go for a walk, ride, row, sail
le/la promeneur (-euse) walker; pedestrian; hiker
le pronom pronoun
prononcer to pronounce; to express
la prononciation pronunciation
le propos subject, matter; **à propos de** with regard to
proposer to suggest
propre *adj.* own; clean
la propreté cleanliness
le/la propriétaire owner
la propriété property
propulsé(e) *adj.* propelled
la prospérité prosperity
le/la protecteur (-trice) protector; **protecteur (-trice)** *adj.* protecting
protéger to protect
le protestantisme Protestant religion
la protestation protest
prouver to prove
provençal(e) *adj.* from the Provence region of France

la Provence *see* **Index**
  provenir to come from, originate from
le proverbe proverb
la province province; **en province** in the provinces; in the country
le/la provincial(e) person from the provinces, country
les provisions (*f. pl.*) food
  prudemment *adv.* prudently, carefully
  prussien(ne) *adj.* Prussian
le psychiatre psychiatrist
la psychologie psychology
  pu *p.p. of* **pouvoir** (been) able
le public public; audience
  publicitaire *adj.* relating to advertising
la publicité publicity; advertising
  publier to publish
  puis *adv.* then, afterward
  puis-je can (may) I?
  puisque *conj.* because
  puissant(e) *adj.* powerful
  puni(e) *adj.* punished
  punir to punish
  pur(e) *adj.* pure

le quai platform (*train*); pier
  qualifié(e) *adj.* qualified
la qualité quality
  quand *adv.* when
la quantité quantity
le quartier neighborhood; **le Quartier latin** Latin Quarter
  que *conj., pro.* that; whom; which
le Québec *see* **Index**
  québécois(e) *adj.* from, of Quebec
  quel(le) *adj., interrog. pro.* what? which?
  quelconque *adj.* commonplace, any
  quelque some; any; **quelqu'un(e)** *pro.* someone (*pl.* **quelques-un(e)s** some); **quelque chose** *pro.* something; **quelque part** *adv.* somewhere
la querelle dispute
  qu'est-ce que *interrog. pro.* what? (*object*) **qu'est-ce qui** *interrog. pro.* what? (*subject*)
  questionner to question; **se questionner** to question each other
la queue tail; **faire la queue** to stand in line
  qui *pro.* who; which; that

  quitter to leave
  quoi *pro.* what
la quote-part quota
  quotidien(ne) *adj.* daily
  quotidiennement *adv.* daily

  raccrocher to hang up
Racine *see* **Index**
le racisme racism
  raconter to tell; to recount
  raffiné(e) *adj.* refined
la rage rabies
  raide *adj.* stiff; straight
le raisin grape(s)
la raison reason; **la raison d'être** justification; **la raison pour laquelle** the reason why; **avoir raison** to be right
  raisonnable *adj.* reasonable
  ramasser to pick up; to collect
  ramener to bring back
la randonnée walk, outing; **le ski de randonnée** ski touring
le rang row
  rangé(e) *adj.* arranged
  rapidement *adv.* quickly; fast
  rappeler to remind
le rapport connection; **les rapports** (*m. pl.*) relations; relationships
  rarement *adv.* rarely
  rassembler to gather together
  rater to fail
  ratifié(e) *adj.* ratified
le rationalisme rationalism
  ravagé(e) *adj.* ravaged
  ravissant(e) *adj.* entrancing, ravishing
le rayon department (*in a store*)
la rayure striping; **à rayures** striped
le réacteur reactor
  réagir to react
le/la réalisateur (-trice) film director
  réaliser to achieve; **se réaliser** to materialize
  réaliste *adj.* realist
la réalité reality
  rebelle *adj.* rebellious
le rébus picture puzzle; punning riddle
  récemment *adv.* recently
la réception reception; hotel reception desk or office
la recette recipe
  recevoir to receive; to welcome
la recherche research
  rechercher to search for, seek
  réclamer to demand
  se récolter to be harvested

  recommandé(e) *adj.* recommended
  recommander to recommend
  recommencer to start over
  reconnaître to recognize
  reconnu(e) *adj.* recognized
  récrire to rewrite
  recruter to recruit
  rectangulaire *adj.* rectangular
  reçu(e) *adj.* received; **être reçu(e) à un examen** to pass an exam
le recueil anthology, collection
  recueillir to collect
le recyclage recycling
le/la rédacteur (-trice) editor
  redescendre to go down again
  redevenir to become again
  rédigé(e) *adj.* drawn up
  réduire to reduce
le réel real, reality
  réellement *adv.* really, actually
la référence reference; **faire référence à** to make reference to
  se référer à to refer to
  réfléchi(e) *adj.* cautious, wary, thoughtful
  réfléchir to reflect
le réfrigérateur refrigerator
le/la réfugié(e) refugee
  se réfugier to take refuge
  refuser to refuse
  regarder to look at; to watch
le régime diet; **le régime à la mode** diet in fashion, in vogue
la règle rule
le règlement rules, restrictions
  régner to reign
  regrouper to put together
  régulièrement *adv.* regularly
la reine queen
  rejeter to reject
  se réjouir de to be delighted at, be glad of; **se réjouir d'avance** to look forward to
les relations (*f. pl.*) relations; relationships
  relier to connect
  religieux (-euse) religious; **la religieuse** nun
  relire to reread
la remarque remark
  remarquer to notice
le remboursement reimbursement
  remercier to thank
  remettre to put back (again)
la remise delivery; **la remise des diplômes** graduation ceremony

remonter to go up again; **remonter au (premier) siècle** to go back to the (first) century; **le billet de remonte-pente** ski-lift ticket
remplacer to replace
remplir to fill in (*a form*); to fulfill
la **rencontre** encounter; sporting competition
rencontrer to meet; to encounter
le **rendez-vous** appointment; date; **donner rendez-vous à** to make a date with
rendre to give back; **rendre cette personne célèbre** to make this person famous; **se rendre à** to go to; **se rendre compte de** to realize
rendu(e) *p.p. of* **rendre** made; handed in; **le compte-rendu** report
renfermé(e) *adj.* uncommunicative
renforcer to strengthen
Renoir, Auguste *see* **Index**
Renoir, Jean *see* **Index**
renommé(e) *adj.* famous; la **renommée** fame
renoncer à to renounce, give up
le **renseignement** information; piece of information
se **renseigner** to inform oneself
la **rentrée** return; la **rentrée des classes** reopening of school
rentrer to go home; to come home; to reenter
renvoyer to send back
répandre to spread
répandu(e) *adj.* widespread
le **repas** meal
le **repassage** ironing
répertorier to index
répéter to repeat
la **répétition** rehearsal
la **réplique** retort, answer
le **répondeur automatique** (telephone) answering machine
répondre (à) to answer
la **réponse** answer
le **reportage** reporting
se **reporter** to refer
le **repos** rest
se **reposer** to rest
repoussé(e) *adj.* pushed back
le/la **représentant(e)** representative
représenter to represent
reprocher to reproach, find wrong
la **république** republic (*see* **Index**)
la **réserve** Indian reservation

réservé(e) *adj.* reserved
la **résidence** residence; la **résidence universitaire** dormitory
résoudre to resolve
respecter to respect
respirer to breathe
la **responsabilité** responsibility
le/la **responsable** person in charge
ressembler à to resemble; **se ressembler** to resemble each other
ressuscité *adj.* revived
la **restauration** restoration
restaurer to restore
le **reste** rest; remainder
rester to stay, remain; to be remaining
restructurer to restructure; to reorganize
le **résultat** result
le **retard** delay, slowness; **être en retard** to be late
retirer to withdraw
le **retour** return; **en retour** in return; **l'aller (et) retour** (*m.*) round-trip ticket
retourner to return (*somewhere*)
le **retrait** withdrawal
la **retraite** retreat; retirement
retrouver to rediscover; **se retrouver** to be found again and again
le **rétroviseur** rearview mirror
la **réunion** reunion; meeting, assembly
se **réunir** to get together
réussir à to succeed; **réussir à un examen** to pass an exam
la **réussite** success
le **rêve** dream
le **réveil** alarm
se **réveiller** to wake up
le **Réveillon** New Year's Eve
révéler to reveal
revenir to come back
rêver to dream
la **révérence** reverence
revivre to relive; **faire revivre** to bring back to life
revoir to see again
révolutionnaire *adj.* revolutionary
le **Rhin** Rhine (*river*)
riche *adj.* rich; heavy (*of food*)
Richelieu *see* **Index**
la **richesse** wealth; riches; richness
le **rideau** curtain
ridicule *adj.* ridiculous
rien *pro.* nothing; **afin de ne rien perdre d'essentiel** so as not to lose anything of impor-

tance; **de rien** you're welcome; don't mention it; **tu n'as rien de grave** there is nothing seriously wrong with you
rigueur: à la rigueur strictly speaking
rire (de) to laugh (*at*)
le **rire** laugh
le **risque** risk
risquer to risk
la **rive** bank (*of a river*)
la **rivière** river, stream
la **robe** robe; gown
la **robotique** robotics
robuste *adj.* robust, sturdy
le **rocher** rock
rocheux (-euse) *adj.* rocky
Rodin, Auguste *see* **Index**
le **rognon** kidney
le **roi** king; **le Roi-Chevalier** *see* **François I**er in **Index**; **le Roi-Soleil** *see* **Louis XIV** in **Index**
le **rôle** role; **à tour de rôle** taking turns
romain(e) *adj.* Roman
le **roman** novel
romantique *adj.* romantic
rompre to break; **rompre avec une personne** to break off a relationship with someone
rond(e) *adj.* round
rose *adj.* pink
rôti(e) *adj.* roast(ed)
rouge *adj.* red; **le rouge** red (*color*)
rouler to drive along
la **rousseur** redness (*of hair, skin*); **la tache de rousseur** freckle
la **route** road; highway; **en route** on the way (to); **la route départementale** country road; **la route nationale** state highway; **le code de la route** rules of the road
roux (rousse) *adj.* red, reddish-brown (*of hair*)
royal(e) *adj.* royal
le **royaume** kingdom
rude *adj.* hard, arduous
la **rue** street
russe *adj.* Russian; **le/la Russe** Russian (*person*)
le **rythme** rhythm

le **sable** sand, beach
le **sac** bag, sack
le **sacre** coronation
sacré(e) *adj.* sacred; **sacré bleu!** holy cow!
le **Sacré-Cœur** *see* **Index**

sage *adj.* wise; well-behaved
saignant(e) *adj.* rare (*meat*)
sain(e) *adj.* healthy
Saint Louis *see* Index
Saint-Tropez *see* Index
la saisie seizing; **la saisie d'une hypothèque** foreclosure on a mortgage
la saison season
la salade salad
le salaire salary
sale *adj.* dirty
salé(e) *adj.* salty, salted; **le salé** salted or salty foods
la saleté dirtiness, filth
la salle room; **la salle de conférence** lecture hall; **la salle à manger** dining room; **la salle de spectacle** theater
le salon living room; beauty shop
sans *prep.* without
la santé health
Sartre, Jean-Paul *see* Index
satanique *adj.* satanic
satisfait(e) *adj.* satisfied
le saucisson salami
sauf *prep.* except
le saumon salmon
sauté(e) *adj.* fried quickly
sauvage *adj.* wild
le/la savant(e) scientist
savoir to know (*something*); **faire savoir** to make known
la saynète little scene, skit
le scandale scandal
scandaleux (-euse) *adj.* scandalous
le/la scénariste script writer
la scène stage; scene; **le metteur en scène** (theater) director; **mettre en scène** to bring to the stage, screen
le schéma diagram; plan
scientifique *adj.* scientific
scolaire *adj.* school
la scolarité tuition
sculpter to sculpt; to carve
la séance scheduled performance
sec (sèche) *adj.* dry
le sèche-cheveux hair dryer
sécher to dry; **sécher un cours** to cut class
le séchoir dryer
secondaire *adj.* secondary
la seconde second (*of time, arc, angle*)
le/la secrétaire secretary
le secteur sector
la section section; department (*of a university*)
sécurisant(e) *adj.* comforting
la sécurité security; **la ceinture de sécurité** seat belt

séduire to seduce
séduisant(e) *adj.* seductive
le seigle rye
le seigneur lord
le séjour stay (*in a place*)
séjourner to stay (*in a place*)
le sel salt
selon *prep.* according to
la semaine week
semblable *adj.* similar
sembler to seem
le semestre semester
le sénateur senator
le sens direction; meaning; sense; **Sens interdit!** No Entry! **le non-sens** nonsense; **une rue à sens unique** one-way street
la sensibilité sensitivity
sensible *adj.* sensitive
sensoriel(le) *adj.* sensory
le sentiment feeling
sentir to smell; **se sentir** to feel
séparément *adv.* separately
la série series
sérieux (-euse) *adj.* serious
le/la servant(e) servant
le/la serveur (-euse) waiter, waitress
le service service; **le service (non) compris** tip (not) included; **la station-service** gas station
servir to serve; **servir de** to serve as; **se servir** to help oneself; to be served; **se servir de** to use, make use of
le seuil threshold
seul(e) *adj.* only; alone; lonely
seulement *adv.* only
sévèrement *adv.* severely
shakespearien(ne) *adj.* Shakespearean
si *adv.* so; *conj.* if, whether
le siècle century; **le Siècle des Lumières** Age of Enlightenment
le siège seat; center
siffler to whistle
le sigle acronym
signaler to indicate
le signe sign; symbol
signifier to signify
similaire *adj.* similar
la similitude similarity
simple *adj.* simple; one-way
simplement *adv.* simply
simpliste *adj.* simplistic
la situation situation; job
situé(e) *adj.* situated
sixtine *adj.* Sistine (chapel)
le sketch skit
le ski skiing; ski; **faire du ski** to ski; **le ski alpin** downhill ski-

ing; **le ski de fond** cross-country skiing; **le ski nautique** water skiing; **la station de ski** ski resort
le/la skieur (-euse) skier
SNCF *see* Index
social(e) *adj.* social; **l'assistant(e) social(e)** social worker
socialiste *adj.* socialist; **le/la socialiste** socialist (person)
la société society; firm; **la haute société** high society; **le jeu de société** family game (*like Monopoly*)
la sœur sister
la soie silk
soigner to take care of
le soin care
le soir evening
la soirée evening; evening outing; evening performance; party
soit... soit *conj.* either. . .or
le sol ground, earth; **le sous-sol** basement
le soldat soldier
les soldes (*m. pl.*) (clearance) sales
le soleil sun; **le Roi-Soleil** *see* **Louis XIV** *in* Index
solitaire *adj.* solitary
sombre somber, dark, gloomy
le sommaire summary
la somme sum; **en somme** in short
le sommeil sleep
le/la sommelier (-ière) wine steward
somptueux (-euse) *adj.* sumptuous
le son sound
sondage survey
songer to dream
sonore *adj.* loud, resounding; **la bande sonore** sound track
la Sorbonne *see* Index
le sort destiny; **tirer au sort** to pick at random
la sorte sort, type
la sortie outing; trip; exit; **à la sortie des cours** when students leave school (for the day)
sortir to go out; to take out; to come out
sot(te) *adj.* silly, stupid
soudain *adv.* suddenly
le souffle breath
souhaitable *adj.* desirable
souhaiter to wish; **souhaiter la bienvenue** to welcome
souligné(e) *adj.* underlined
se soumettre to submit oneself

la **soupe** soup
souple *adj.* flexible
sourd(e) *adj.* deaf
souriant(e) *adj.* smiling
le **sourire** smile
sous *prep.* under; **le sous-marin** submarine; **le sous-sol** basement
le **soutien** support
le **souvenir** souvenir; memory
se **souvenir de** to remember
souvent *adv.* often
le/la **souverain(e)** sovereign, one having supreme power
soyez be (*command*)
spatial(e) *adj.* outer space
spécialisé(e) *adj.* specialized
se **spécialiser en** to specialize in; to major in (*at school*)
le/la **spécialiste** specialist
la **spécialité** specialty; major (*academic*)
spécifier to specify
spécifique *adj.* specific
le **spectacle** show; entertainment; **la salle de spectacle** theater
spectaculaire *adj.* spectacular
le/la **spectateur (-trice)** spectator, beholder
spirituel(le) *adj.* witty
la **splendeur** splendor
spontané(e) *adj.* spontaneous
sportif (-ive) *adj.* athletic; **le/la sportif (-ive)** athlete
la **stabilité** stability
le/la **standardiste** (telephone) operator
la **station** station; **la station balnéaire** summer resort; **la station-service** gas station; **la station de ski** ski resort
le **stationnement** parking
stimuler to stimulate
Strasbourg *see* Index
structuraliste *adj.* structuralist
le **studio** efficiency apartment
su(e) *p.p. of* **savoir** known
subir to undergo; to suffer
le **substantif** noun
subventionné(e) *adj.* subsidized
succéder à to succeed in; to follow; replace
le **succès** success
successivement *adv.* successively
le **sucré** sweet-tasting food; **sucré(e)** *adj.* sugared, sweetened
le **sud** south
suffisamment *adv.* sufficiently; enough
suffisant(e) *adj.* sufficient
le **suffrage** suffrage, vote

se **suicider** to commit suicide
la **Suisse** Switzerland
suisse *adj.* Swiss
la **suite** continuation; (**deux jours**) **de suite** (two days) in a row; **tout de suite** right away
suivant(e) *adj.* following
suivi(e) *p.p. of* **suivre** taken
suivre to follow; **suivre un cours** to take a class
le **sujet** subject; **au sujet de** *prep.* about, concerning
la **superficie** area, surface
superficiel(le) *adj.* superficial
supérieur(e) *adj.* superior; **le cadre supérieur** senior executive
la **supériorité** superiority
le **superlatif** expression containing a superlative
le **supermarché** supermarket
supersonique *adj.* supersonic
supporter to bear; to tolerate, stand
sur *prep.* on; about
sûr(e) *adj.* sure; **bien sûr** of course
le **surclassement** moving up
le **surf** surfing
la **surgélation** process of freezing foods
surgelé(e) *adj.* frozen
surhumain(e) *adj.* superhuman
surmené(e) *adj.* overworked
la **surpopulation** overpopulation
surprenant(e) *adj.* surprising
surpris(e) *adj.* surprised
surréaliste *adj.* surrealist
surtout *adv.* especially
surveiller to watch over; to supervise
suspendre to suspend
symbolique *adj.* symbolic
symétrique *adj.* symmetrical
les **sympathies** (*f. pl.*) likes
sympathique *adj.* nice, likable
symphonique *adj.* symphonic
le **syndicat** trade union
le **synonyme** synonym
synonyme *adj.* synonymous
systématiquement *adv.* systematically
le **système** system

le **tabac** tobacconist's shop; tobacco
le **tableau** painting
la **tache** stain, spot; **la tache de rousseur** freckle
la **tâche** task, duty
tâcher to try
la **taille** size

le **tambour** drum
tant *adv.* so much, so many
la **tante** aunt
tantôt *adv.* sometimes
taper to type (in)
taquiner to tease
tard *adv.* late
tardif (-ive) *adj.* late (hour)
la **tarte** pie
le **tas** heap, pack; **un tas de raisons** a lot of reasons
technique *adj.* technical
la **technologie** technology
le **teint** complexion, color
tel(le) *adj.* such; like; **tel(le) que** such as, like
le **télégramme** cable, telegram
téléguidé(e) *adj.* guided (*of missile*)
le **téléphone** telephone
téléphoner (à) to phone
téléphonique *adj.* telephone
télévisé(e) *adj.* televised
tellement *adv.* so, to such a degree
le **témoin** witness
la **tempête** storm
le **temps** time; weather; (verb) tense; **depuis combien de temps?** for how long? **en même temps** at the same time; **de temps en temps** from time to time
la **tendance** tendency; **avoir tendance** to have a tendency
tendre *adj.* tender, affectionate
tenir to hold; **tenir compte de** to take into account; **se tenir au courant de** to keep oneself informed about; **se tenir debout** to remain standing
la **tente** tent
le **terme** term; **aux termes de** according to the terms of
la **terminaison** ending
terminer to finish; **se terminer** to end
terrain: le véhicule tout-terrain four-wheel-drive vehicle
la **terrasse (d'un café)** sidewalk (in front of a café), outdoor area of café
la **terre** earth; **par terre** on the ground; **toucher terre** to reach land
la **Terre-Neuve** Newfoundland
terrestre *adj.* terrestrial
la **terrine** individual clay cooking/serving utensil
le **territoire** territory
le/la **terroriste** terrorist
la **tête** head

le texte text; textbook
le thé tea
le théâtre theater; **faire du théâtre** to act
la théorie theory
tiers (tierce) *adj.* one-third
le timbre stamp
timide *adj.* timid
tiré(e) *adj.* taken, derived
tirer to derive; to pull; **tirer au sort** to pick at random
le titre title
la toile oilskin; **la toile imperméable** waterproofing
la toilette washing; dressing
les toilettes (*f. pl.*) restroom
le toit roof
la tomate tomato
le tombeau tomb
tomber to fall; **laisser tomber** to drop; **tomber amoureux (-euse)** *adj.* to fall in love; **tomber en panne** to have a (mechanical) breakdown
tôt *adv.* early; soon
la touche touch, manner (*of painter*); button; key; **la touche-conseil** counseling service
toucher to touch; to be touching; **toucher un chèque** to cash a check; **toucher terre** to reach land
toujours *adv.* always; ever
la tour tower; **la tour Eiffel** *see* **Index**
le tour tour; trip; turn; **à son tour** in turn; **à tour de rôle** taking turns
le/la touriste tourist
touristique *adj.* tourist
tourner to turn; **tourner un film** to make, shoot a film
le tournoi tournament
tous *pro.* all; **tous les deux** *pro.* both
le tout the whole, the main thing; **pas du tout** not at all
tout(e) *adj.* all, each, every; **comme toute bonne marraine** like every nice godmother; **tout le monde** everybody; **toutes les deux semaines** every two weeks
tout *adv.* quite, entirely, completely, very; **tout droit** straight ahead; **tout à fait** completely; **tout(e) seul(e)** all alone, all by oneself; **tout de suite** right away
tout-terrain *adj.* for all terrains;

le véhicule tout-terrain four-wheel-drive vehicle
traditionnel(le) *adj.* traditional
la traduction translation
traduire to translate
traduit(e) *p.p. of* **traduire** translated
le trafic trade, trading; **le trafic de drogue** drug traffic
le trafiquant trafficker
la tragédie tragedy
tragique *adj.* tragic
le train train; movement; **être en train de** to be in the middle of; **le train de vie** lifestyle
le traité treaty
traiter to handle; to deal with
la tranche slice
tranquille *adj.* quiet, peaceful; **laisser tranquille** to leave alone
transformer to transform
le transport method of transportation; **les transports publics** mass transportation
transporter to transport
le travail work; **les conditions du travail** (*f.*) working conditions; **la Fête du travail** Labor Day
travailler to work
travailleur (-euse) hard-working; **le/la travailleur (-euse)** worker
travers: à travers *prep.* through
la traversée crossing
très *adv.* very
le trésor treasure
tricoter to knit; **les aiguilles à tricoter** (*f. pl.*) knitting needles
le triomphe triumph
triste *adj.* sad
trompé(e) *adj.* betrayed, deceived
se tromper to be mistaken, make a mistake
trop *adv.* too much, too many; too; **en trop** left over
troubler to trouble; to disturb
trouver to find; **se trouver** to be found
Truffaut, François *see* **Index**
la truffe truffle
la truite trout
tuer to kill
le/la tueur (-euse) killer
les Tuileries (*f. pl.*) *see* **Index**
la Tunisie Tunisia
le/la tuteur (-trice) guardian (of a minor)

tutoyer to address someone as **tu** and **toi** instead of **vous**
typique *adj.* typical

uni(e) *adj.* united
unique *adj.* only, single; **une rue à sens unique** one-way street
uniquement *adv.* only, solely
unir to unite;
universel(le) *adj.* universal
universitaire *adj.* university; pertaining to or belonging to the university
l'université (*f.*) university
urbain(e) *adj.* urban; **l'agglomération urbaine** (*f.*) metropolitan area
l'U.R.S.S. (Union des Républiques Socialistes Soviétiques) (*f.*) Soviet Union, U.S.S.R.
l'usage (*m.*) use
l'usine (*f.*) factory
utile *adj.* useful
utiliser to use
l'utilité (*f.*) usefulness

les vacances (*f. pl.*) vacation
le vaccin vaccine
le va-et-vient coming and going
la vague wave; **la nouvelle vague** new wave (*see* **Index**)
la vaisselle dishes
valable *adj.* good, valid
la valeur value
la valise suitcase
la vallée valley
valoir to be worth; **valoir mieux** to be better
vaniteux (-euse) *adj.* vain, conceited
la vapeur steam
la variante variation
varié(e) *adj.* varied
varier to vary, change
la variété variety
vaste *adj.* vast
le veau veal
vécu(e) *p. p. of* **vivre** lived
la vedette celebrity, star
le véhicule vehicle; **le véhicule tout-terrain** four-wheel-drive vehicle
la veille eve; preceding day
la veine luck
le vélo bicycle
le vélomoteur motorbike
le velouté smooth, rich soup
le/la vendeur (-euse) seller; salesperson
vendre to sell
la vengeance revenge

venir to come; **venir de**+*inf.* to have just (*done something*)
le vent wind; **l'instrument à vent** (*m.*) wind instrument
venté(e) *adj.* windy
venu(e) *p.p. of* **venir** came, has come
le verbe verb
vérifier to verify
véritable *adj.* true
la vérité truth
le verre glass; **le verre à pied** stemmed glass
vers *prep.* toward; about; **vers quelle heure?** at about what time?
Versailles *see* **Index**
le vert green (*color*)
vert(e) *adj.* green
verticalement *adv.* vertically
le vestiaire locker room
les vêtements (*m. pl.*) clothes
le/la veuf (veuve) widower (widow)
la viande meat
la victime victim
la victoire victory
vide *adj.* empty
la vie life; **le coût de la vie** cost of living; **une fois dans la vie** once in a lifetime; **gagner sa vie** to earn a living; **le train de vie** lifestyle
vieux (vieil, vieille) *adj.* old
le vignoble vineyard
vilain(e) *adj.* unpleasant, dangerous

la ville city; **le centre-ville** the heart of the city; **l'hôtel de ville** town hall, city hall; **en ville** downtown
le vin wine; **le quart de vin** one quarter of a liter of wine
de Vinci, Léonard *see* **Index**
vinicole *adj.* wine-growing
le viol rape
le virement transfer
le visage face
la visite visit
visiter to visit (*a place*)
le/la visiteur (-euse) visitor
vite *adv.* fast, quickly
la vitesse speed
le vitrail (les vitraux) stained-glass (*church*) window(s)
vivant(e) *adj.* living; raw
vivre to live; to be alive
le vocabulaire vocabulary
le vœu wish
voici here is (are)
la voie route; track; thoroughfare
voilà there is (are)
la voile sail; **le bateau à voiles** sailboat; **la planche à voile** windsurfing
le voile veil
voir to see
voire *adv.* indeed
voisin(e) *adj.* neighboring, adjoining; **le/la voisin(e)** neighbor
la voiture car
la voix voice; **à haute voix** aloud

le vol flight; robbery
la volaille poultry
le volant steering wheel
le volley volleyball
le/la volontaire volunteer
volontiers *adv.* gladly, willingly
le vote vote; voting; **le droit de vote** right to vote
vouloir to want; **vouloir dire** to mean
le voyage trip; **le voyage d'affaires** business trip; **le voyage de noces** honeymoon; **le chèque de voyage** traveler's check; **partir en voyage** to go traveling
voyager to travel
le/la voyageur (-euse) traveler
la voyelle vowel
vrai(e) *adj.* true
vraiment *adv.* really, truly
vu(e) *adj.* seen; **déjà vu** already seen
la vue sight; view; **le point de vue** point of view

Waterloo *see* **Index**
les W.C. (*m. pl.*) restroom

y *pro.* there; **y compris** including
le yaourt yogurt
les yeux (*m. pl.*) eyes

le Zaïre *see* **Index**

Realia (*continued from p. iv*)

Page 14 © Caisse d'Epargne Ecureuil d'Aquitaine; *30* © Christiane Charillon-Paris; *33* From *Médécines Nouvelles,* no. 11, Feb. 1986; *44* © *Vendredi, Samedi, Dimanche Magazine;* *73* © Christiane Charillon-Paris; *80* From *Nouveau Petit Larousse* 1968. Reprinted with permission, *81* © Librairie Larousse. Reprinted with permission; *84* © Educatel; *88* © Cartoonists and Writers Syndicate; *119* © Brito-*Le Monde;* *128* Paris Match; *181* © Guy Laroche, Paris. Reprinted with permission; *186* (*middle*) © Izod Lacoste; *186* (*middle right*) Reprinted with permission of Le Creuset—Fashion, Quality, and Longevity; *186* (*bottom left*) Reprinted with permission of Cartier, Inc.; *186* (*bottom right*) Reprinted with permission of Michelin; *193* American Committee on the French Revolution.

About the Authors

Lucia F. Baker holds a Diplôme de Hautes Etudes from the University of Grenoble and an M.A. from Middlebury College, and has done additional graduate work at Radcliffe College and Yale University. She recently retired after more than twenty years of teaching at the University of Colorado (Boulder). In addition to teaching first- and second-year French language courses, she coordinated the Teaching Assistant Training Program, which includes the methodology class and language course supervision. Professor Baker received two Faculty Teaching Excellence awards and in 1983 was honored by the Colorado Congress of Foreign Language Teachers for unusual service to the profession.

Ruth A. Bleuzé holds an M.A. in International Relations from the University of Pennsylvania and a Ph.D. in French from the University of Colorado (Boulder). She has taught language, literature, history, and civilization courses at the University of Colorado (Boulder and Denver campuses), Loretto Heights College, and Dartmouth College. She received a graduate student Teaching Excellence award in 1976, and in 1977 was listed in *Who's Who in American Colleges and Universities*. Dr. Bleuzé is currently director of training for Moran, Stahl, and Boyer International, a management consultant firm providing cross-cultural and language training for executives from multinational companies who are relocating to foreign countries.

Laura L. B. Border received her M.A. in French from the University of Colorado at Boulder and is currently a Ph.D. candidate in French Literature. She has taught first-, second-, and third-year French courses for many years. She studied French language, literature, and culture at the University of Bordeaux as an undergraduate student, and later taught English conversation, translation, and phonetics there. A recipient of the graduate student Teaching Excellence award at Boulder, she is now director of the Graduate Teacher Program at the Graduate School of the University of Colorado at Boulder.

Carmen Grace is the coordinator of *Collage, Third Edition*. She received her M.A. in French from the University of Colorado at Boulder, where she has taught courses in literature, language, civilization and methodology during the last fifteen years. She supervised and coordinated the Teaching Assistant Program for three years. She has also taught English courses at the University of Bordeaux. In 1974 she was granted a French Government Fellowship to the Sorbonne, and in 1978 she received a graduate student Teaching Excellence award.

Janice Bertrand Owen received her Ph.D. in French Literature from the University of Colorado (Boulder). She has taught language and literature classes at the Boulder and Denver campuses for eighteen years. In 1977 she directed the University of Colorado Study Abroad Program in Chambéry, and in 1979 designed and taught an intensive course for secondary teachers of French in the Boulder Valley Schools.

Mireille A. Serratrice was born and raised in France. She holds a license in English and American Literature from the Centre Universitaire de Savoie, and in 1979 received an M.A. in French from the University of Colorado (Boulder), where she has also completed all course work for her Ph.D. She has taught first- and second-year French language and literature courses at the University of Colorado since 1977. In 1980 she was the Director of the Study Abroad Program in Chambéry. At present she is teaching in Paris.

Ester Zago holds a Doctorate in Foreign Languages and Literature from the Bocconi University of Milan and a Ph.D. in Comparative Literature from the University of Oregon (Eugene). She has taught at Pacific University and at Oregon State University at Corvallis. Since 1974 she has taught French and Italian grammar, literature, and civilization courses at the University of Colorado (Boulder). She received a Faculty Teaching Excellence Award in 1982, and during the 1982–83 academic year she was the Director of the Study Abroad Program at Bordeaux. She has published several articles and a book entitled *La Bella Addormentata, origine e metamorfosi di una fiaba*.